보험학 강의

저자 임동섭

머리말

보험학은 실용학문으로서 보험산업의 발전과 함께 진화하고 있습니다. 보험산업이 기술의 진보만큼이나 빨리 발전해가는 것과는 달리 교육현장의 보험학은 과거 10년전의 논의들을 답습하고 있는 것이 현실입니다. 특히 2014년 개발된 국가직무능력표준(NCS)의 보험산업분야의 학습모듈은 이제 본격적인 확산을 앞두고 있으나 대학의 교육 커리큘럼은 이를 따라가지 못하고 있습니다.

이 책은 철저히 '실용성'에 초점을 두고 기술하였습니다. 뜬구름 잡는 이론서가 아니라 실제 현장에서 적용할 수 있도록 사례를 기반으로 '스토리' 중심의 기술을 위해 애썼습니다. 보험학은 무조건 어려운 학문이 아니라 우리가 늘상 TV방송과 뉴스 등을 통해서 접하는 그 사고와 관련된 것이라는 이야기를 하고 싶었습니다. 또한 국가직무능력표준(NCS)을 적용하기 위한 '보험입문서'가 될 수 있도록 하는 것은 물론 보험전공자가 아닌 누구라도 쉽게 이해하고 현장에서 적용할 수 있도록 하는 데에 초점을 두고 기술하였습니다.

제1장에서는 보험학을 언급하기에 앞서 인류에게 많은 피해를 입힌 다양한 사고들을 기술하였습니다. 세계적인 사건사고와 함께 우리나라에서 발생한 사건사고들을 이야기 형식으로 기술하여 과거의 사고들을 통해 위험을 인지하도록 하는데 목적을 두고 기술하였습니다.

제2장에서는 제1장에서 언급한 사고들과 같은 '위험'이 우리 주변에 상존하고 있음을 바탕으로 위험의 개념과 위험을 처리하는 다양한 방법들, 그리고 위험관리에 대하여 기술하였습니다.

제3장에서는 '보험'의 정의와 보험과 유사한 개념들을 설명하고, 보험의 효용과 비용에 대해 설명하였습니다. 아울러 보험과 유사한 제도들에 대해 설명하고 문제점에 대한 내용도 함께 기술하였습니다.

제4장에서는 보험이 등장하게 된 역사적인 배경과 보험산업의 현재에 대해 기술하였습니다. 따라서 보험의 역사적인 측면과 현재 보험산업의 현황에 대해 이해할 수 있도록 하였습니다.

제5장과 제6장에서는 확률과 대수의 법칙, 이득금지의 원칙과 같은 보험제도를 존재할 수 있게한 보험의 기본원리와 실제 현장에서 등장하는 다양한 사례를 통해 이해할 수 있도록 기술하였습니다.

제7장에서는 보험판매채널의 종류와 관련 제도적 장치에 대해 기술하였으며, 제8장과 제9장, 제10장, 제11장에서는 생명보험과 제3보험, 연금보험, 배상책임보험과 자동차보험, 화재보험에 대해 실용적인 내용을 중심으로 순차적으로 기술하였습니다.

끝으로 아직 이책에 담아내지 못한 내용으로 보험회사의 경영지표와 신용평가기관의 평가, 그리고 국제회계기준(IFRS4)의 적용과 관련된 다양한 논의는 개정판을 통해 담아낼 것을 약속드립니다. 또한 각 장에서 지면의 한계상 담아내지 못한 내용들도 정제된 자료와 고민을 통해 충분히 담아내겠습니다.

이 책의 출간을 위해 흔쾌히 승락해주신 에듀컨텐츠휴피아출판사의 이상렬 대표님께 감사드리며, 대장암으로 투병중이신 이재복 지도교수님의 쾌유를 진심으로 기원합니다.

2017년 2월

저자 임동섭 씀.

목 차

제1장 세계의 사고 한국의 사고 ▣ 3
제1절 다양한 사고 ■ 4
 1. 세계의 사건·사고 ▶ 4
 2. 우리나라의 사건·사고 ▶ 15
 3. 하인리히 법칙과 도미노이론 ▶ 36

제2장 위험과 위험관리 ▣ 277
제1절 위험 ■ 39
 1. 위험의 개념 ▶ 40
 2. 개인의 위험 ▶ 44
 3. 위험의 분류 ▶ 48

제2절 위험관리 ■ 52
 1. 위험의 측정 ▶ 52
 2. 위험을 처리하는 방법 ▶ 53
 3. 위험관리 ▶ 58

제3장 보험의 정의와 유사보험 ▣ 61
제1절 보험의 정의 ■ 62
 1. 보험의 개념 ▶ 62
 2. 보험의 효용과 비용 ▶ 68
 3. 보험과 유사개념 ▶ 73

제2절 유사보험 ■ 77
 1. 유사보험의 의의 ▶ 77
 2. 유사보험의 현황과 쟁점 ▶ 78
 3. 유사보험의 종류 ▶ 84

제3절 보험의 종류 ■ 97
 1. 손해보험과 인보험 ▶ 97
 2. 손해보험과 생명보험 ▶ 97

제4장 보험의 역사와 현재 　103

　　제1절 보험의 역사　■ 104
　　　　1. 베니스의 상인과 해상보험　▶ 104
　　　　2. 보험의 발상지, 카페　▶ 109
　　　　3. 화재보험의 탄생　▶ 112
　　　　4. 생명보험의 탄생　▶ 113
　　제2절 보험산업의 현재　■ 115
　　　　1. 우리나라의 보험산업　▶ 115
　　　　2. 한국보험산업의 문제점 - 낮은 보험만족도　▶ 119
　　　　3. 우리나라의 보험회사　▶ 122

제5장 확률과 대수의 법칙　129

　　제1절 보험의 기본원리　■ 130
　　　　1. 보험의 원리　▶ 130
　　　　2. 보험의 기본원리　▶ 130
　　제2절 확률과 대수의 법칙　■ 134
　　　　1. 확률　▶ 134
　　　　2. 대수의 법칙　▶ 138
　　제3절 이득금지의 원칙　■ 148
　　　　1. 실손보상의 원칙　▶ 148
　　　　2. 피보험이익과 초과·중복보험　▶ 149
　　　　3. 타보험조항　▶ 158
　　　　4. 보험자대위　▶ 160

제6장 보험료와 수지상등　163

　　제1절 보험계약의 요소　■ 164
　　　　1. 보험계약 관계자　▶ 164
　　　　2. 보험계약의 내용　▶ 167
　　제2절 보험료와 수지상등의 원칙　■ 170
　　　　1. 수지상등의 원칙　▶ 170
　　　　2. 보험료불가분의 원칙　▶ 172
　　제3절 보험료의 구성　■ 175
　　　　1. 영업보험료의 구성　▶ 175
　　　　2. 보험료지수　▶ 180
　　　　3. 보험료산출방식　▶ 183
　　　　4. 책임준비금 적립방식　▶ 188
　　　　5. 보험안내자료의 개선　▶ 190

제7장 보험판매채널   195

제1절 보험판매채널의 종류 ■ 196
1. 보험판매채널 ▶ 196
2. 보험판매채널의 종류 ▶ 198
3. 보험산업환경의 변화와 판매채널 ▶ 212

제2절 보험판매채널의 법적 권한 ■ 219
1. 보험판매채널의 의무 ▶ 219
2. 보험안내자료 ▶ 223
3. 보험약관 이해도 평가 ▶ 224
4. 적합성의 원칙 ▶ 225
5. 특별이익의 제공금지 ▶ 227
6. 모집을 위탁한 보험회사의 배상책임 ▶ 229
7. 중복보험 확인의무 ▶ 230

제3절 보험판매채널의 최근 이슈 ■ 233
1. 보험설계사는 산재보험 가입이 가능할까? ▶ 233
2. 보험설계사 모집이력 시스템 제도 도입 ▶ 233

제8장 생명보험과 제3보험   239

제1절 보험가입과 권리 ■ 240
1. 보험가입의 우선순위 ▶ 240
2. 보험상품을 선택할 때 고려할 사항 ▶ 242
3. 보험상품 가입시 보험소비자의 권리 ▶ 248

제2절 생명보험 ■ 251
1. 생명보험의 의의 ▶ 251
2. 생명보험의 보험료 ▶ 251
3. 생명보험의 보험상품 ▶ 258

제3절 제3보험 ■ 264
1. 제3보험의 의의 ▶ 264
2. 제3보험의 상품 ▶ 266

제4절 이런 보험 저런 보험 ■ 273
1. 세계 유명 스타들의 보험 ▶ 273
2. 역사속의 다양한 보험 ▶ 274

제9장 노후와 연금보험 　281

제1절 노후와 초고령화 사회 ■ 282
　1. 고령사회의 그늘 ▶ 282
　2. 평균수명의 연장 ▶ 285
　3. 초고령화 사회의 문제점 ▶ 288

제2절 연금보험 ■ 293
　1. 불안한 노후와 노후준비 ▶ 293
　2. 연금보험의 구성 ▶ 296
　3. 국민연금 ▶ 297
　4. 퇴직연금 ▶ 297
　5. 개인연금 ▶ 298
　6. 주택연금 ▶ 298
　7. 농지연금 ▶ 299
　8. 연금설계 ▶ 300
　9. 연말정산과 세액공제 ▶ 303

제3절 간병보험 ■ 306
　1. 치매현황 ▶ 306
　2. 노인장기요양보험 ▶ 311

제10장 배상책임보험과 자동차보험 　317

제1절 배상책임보험 ■ 318
　1. 민법상의 불법행위책임 ▶ 318
　2. 배상책임보험의 보상 ▶ 323
　3. 배상책임보험의 종류 ▶ 327

제2절 교통사고와 보험 ■ 330
　1. 교통사고 ▶ 330
　2. 교통사고 발생시의 책임 ▶ 331
　3. 교통사고처리특례법 ▶ 332

제3절 자동차보험 ■ 338
　1. 자동차보험 ▶ 338
　2. 자동차보험의 배상책임 보장종목 ▶ 342
　3. 자동차보험의 배상책임 이외의 보장종목 ▶ 346

제4절 자동차사고와 손해배상 ■ 348
　1. 자동차사고 발생시 대처요령 ▶ 348
　2. 대인사고 발생시의 손해배상 ▶ 351
　3. 자동차보험의 보험료와 할인할증 ▶ 354
　4. 운전이 가능한 자와 임시운전자 특약 ▶ 358
　5. 대리운전과 자동차보험 ▶ 362

제11장 화재보험 369

제1절 화재보험 ■ 370
1. 화재보험의 종류 ▶ 370
2. 화재보험의 주요 용어 ▶ 371
3. 화재보험의 보상하는 손해 ▶ 374
4. 화재보험의 손해의 통지 및 조사 ▶ 377
5. 보험금의 지급절차 ▶ 378
6. 보험금 등의 지급한도 ▶ 379
7. 지급보험금의 계산 ▶ 381
8. 화재보험의 주요 특별약관 ▶ 386

보험학 강의

저자 임동섭

제1장

세계의 사고 한국의 사고

학습목표

○ 세계적으로 많은 인명손실과 재산피해를 야기한 사건 사고를 이해할 수 있다.
○ 우리나라에서 최근 발생한 대형 인명사고를 이해할 수 있다.
○ 대형사고와 관련된 이론을 이해할 수 있다.

제1장 세계의 사고 한국의 사고

제1절 다양한 사고

1. 세계의 사건·사고

가. 미국의 9·11테러

9·11테러사건은 2001년 9월 11일 오전 8시 45분 테러리스트에 의해 납치된 항공기가 뉴욕의 세계무역센터(WTC) 110층 건물에 충돌하면서 발생한 사고이다. 이 사고는 오전 7시 59분 92명의 승객을 태운 아메리칸 항공 소속 항공기가 보스턴을 출발해 로스앤젤레스를 향하던 비행기와 오전 8시 14분 65명을 태운 유나이티드 항공의 보스턴에서 로스앤젤레스로 향하던 비행기가 각각 항로를 바꾸어 오전 8시 45분 세계무역센터 북쪽건물과 충돌하였고, 이후 오전 9시 3분 다른 항공기가 남쪽 건물에 충돌하였다.

이외에도 추가로 2대의 비행기가 더 납치되어 펜타곤 건물까지도 공격을 당한 미국은 '제2의 진주만 공습'이라고 부를 만큼 미국인들에게 많은 영향을 미쳤으며, 당시 대통령이던 부시대통령은 테러 개입자들에 대해 사전 경고없이 보복할 것을 발표하고, '21세기 첫 전쟁'으로 규정하기도 하였다.

Morgan Stanley 연구소는 무역센터의 빌딩 2개동 붕괴손해(약 33억 달러), 비행기체 손실(약 5억달러), 기업휴지손해(약 50억 달러) 등으로 재산손실이 총 90억 달러에 이르며, 건물내에서 근로중이던 근로자에 대한 배상책임손실 약

60억 달러, 항공배상책임 손실 약 30억 달러를 포함하여 전체 손실을 약 250억 달러에서 300억 달러로 집계하였다.[1]

미국의 9·11테러사건은 인명피해만 5,372명에 이르고 경제적 손실은 90조원에 이르며, 보험손실은 30~50조원에 이른다. 이 당시 대형 재보험회사들이 대규모 손해로 인해 재무건전성이 취약해지고, 일부 재보험회사는 파산하거나 M&A 되는 등 세계 재보험시장의 판도 변화를 가져온 사고였다.

<그림 1-1> 9·11 테러당시 사진

<그림 1-2> 무역센터 붕괴후 시민

나. 허리케인 카트리나(2005)

허리케인 카트리나는 2005년 8월 말 미국 남동부를 강타한 초대형 허리케인으로 북대서양에서 발생한 허리케인이다. 허리케인 카트리나는 플로리다를 거치면서 2005년 8월 28일 하루동안 5등급에 이르는 어마어마한 허리케인으로 성장하였다. 8월 29일에는 최고시속 225km에 이르는 강풍과 함께 3등급 허리케인으로 루이지애나주 등에 2차 상륙하여 피해를 입힌 후 8월 31일 소멸하였

---
[1] 보험경영연구회, 보험과 리스크, 문영사, 2010, p.3.

다.

<표 1-1> 허리케인의 등급과 위력

등급	풍속(시속)	예상 피해
5	250km 이상	- 주택과 산업용 건물 파괴 - 해일에 의한 해안구조물의 대규모 피해
4	210~249km	- 비내력벽 건물의 파손 - 해안의 대규모 침식 - 내륙지방 큰 홍수 피해 가능성
3	178~209km	- 해일에 의한 소규모 건물 파괴 - 내륙의 홍수 피해 가능성
2	154~177km	- 지붕, 문, 창문, 식목, 이동식 주택 등에 적지 않은 피해 가능성
1	119~153km	- 이동식주택, 나무 등의 피해 - 해안에서 약간의 침수와 부두 피해가능성

자료 : Saffir-Simpson Scale에 의한 등급

2005년에 미국의 루이지애나, 앨라배마, 미시시피까지 그 피해가 확산된 데다 멕시코만 일대의 주요 항만시설과 석유생산 및 정유시설 등 에너지 인프라를 파괴함으로써 이전의 자연재해에 비해 경제적 손실이 매우 컸던 사고이다. 허리케인 자체의 위력도 컸지만 폰차트레인 호의 제방이 붕괴되면서 도시 대부분이 물에 잠기게 되었으며 주민 2만 여명이 실종되었다.

<그림 1-3> 허리케인 카트리나 위성사진

<그림 1-4> 허리케인 카트리나 피해지역

물난리에서 구조된 사람들은 인근 슈퍼돔에 6만명 이상, 컨벤션센터에 2만명 이상 수용되었으나 전기와 물 공급이 끊기고 환기가 되지 않아 수용시설과 시가지에서는 약탈, 총격전, 방화, 강간 등의 범죄에다가 흑인들의 인종갈등까지 번져 결국은 주정부와 연방정부에서 군병력까지 투입하였다. 허리케인 카트리나로 확인된 사망자만 1,000여명에 이르고, 실종자는 2,600여명에 이른다.

다. 중국의 쓰촨성 대지진

지진은 지구의 지반이 갈라지거나 뒤틀리면서 그 충격으로 지표면이 흔들리거나 엇갈리는 현상을 말한다. 실제 지표면에 도달하는 지진파는 진원지에서 시작된 파동이 전해진 것이다. 지진은 그 자체로서 인간에게 많은 피해를 주기도 하지만 해일(쓰나미)로 이어지면서 더 큰 피해를 안겨주기도 한다.

최근에 일어난 지진 중 가장 많은 인명 피해를 입힌 지진은 2010년 1월에 아이티에서 발생한 아이티 지진이다. 아이티 지진은 규모 7.0 정도의 지진이었으나 이후 5.9와 5.0에 이르는 여진이 계속되면서 많은 인명피해를 냈다. 이렇게 인명피해가 많은 것은 지진을 견딜 수 있는 내진 설계가 되어 있지 않은 건물이 거의 대부분을 차지했기 때문이었다.

인도양 지진(동남아 쓰나미)은 지진 그 자체보다도 거대한 쓰나미를 일으키면서 인명피해가 커진 대표적인 사례이다.

우리나라와 가까운 지진 사례로 중국의 쓰촨성 대지진이 있다. 2008년 5월 12일 오후 2시경 중국의 쓰촨성(사천성)에서 리히터 규모 8.0의 강진이 발생하였다. 이 지진으로 사망자만 약 7만 여명에 이르고, 실종자 약 1만 8천여명, 중상자 37만 4천여명에 달하고 경제적 피해도 1,500억 위안에 이를 정도로 엄청난 피해를 입힌 지진이다.

이 지진으로 학교 건물의 붕괴로 인해 교사와 학생에게 많은 피해가 발생하면서 지방간부의 독직과 부실공사 문제가 대두되었다.

<표 1-2> 세계의 주요지진

명칭	발생시기	피해자	규모
멕시코 지진	1985. 9.19	약 9,500명 사망	M8.0
고베지진	1995. 1.17	약 5,520명 사망	M6.9
인도양 지진 (동남아 쓰나미)	2004.12.26	약 227,898명 사망 실종	M9.1
쓰촨성 대지진	2008. 5.12	약 69,195명 사망	M7.9
아이티 지진	2010. 1.12	약 316,000명 사망	M7.0
도호쿠 대지진	2011. 3.11	약 15,703명 사망 4,647명 실종	M9.0
터키 동부지진	2011.10.23	534명 사망	M7.1

자료 : 한국시설안전공단(http://www.kistec.or.kr) 지진정보관 자료 재구성

<그림 1-5> 쓰촨성 대지진

<그림 1-6> 쓰촨성 대지진

라. 동남아의 쓰나미

2004년 12월 26일 인도양 해저 30km 지점에서 리히터 규모 9.0의 초대형 지진이 발생하였다. 이 지진은 1900년 이래 4번째로 강한 지진으로서 약1,200km에 이르는 대륙판이 30m 이상 융기하면서 발생하였다. 이 지진으로 인해 해일이 발생하였으며, 이 해일은 지진 발생 30분만에 수마트라섬에 도달하였고, 1시간만에 방글라데시, 미얀마, 태국, 인도, 스리랑카 등을 덮쳤다. 그 당시 해일로 인해 뉴질랜드는 65cm, 캘리포니아는 42cm, 칠레는 70cm나 해수면이 높아졌다.[2]

이 쓰나미로 공식적인 사망자수는 175,458명, 부상 124,000명, 실종 26,000명에 이르렀으며, 사망자중 인도네시아가 115,229명, 스리랑카가 38,195명으로 가장 피해가 컸다. 이번 쓰나미 사고는 1970년에 방글라데시에서 발생한 홍수로 인한 30만명 사망, 1976년 중국 탄산시의 25만명 사망에 이은 세 번째로 큰 피해로 기록되고 있다.

<그림 1-7> 동남아 쓰나미

<그림 1-8> 동남아 쓰나미

---

[2] 보험경영연구회, 보험과 리스크, 문영사, 2010, p.2.

마. 후쿠시마 원전 폭발사고

원자력 발전소와 관련된 사고는 일시적인 폭발이나 파괴를 나타낸다기보다 방사능의 반감기가 지속되어 소멸될 때까지 인체에 치명적인 영향을 미치기 때문에 매우 중요한 사고로 인식된다. 핵을 에너지원으로 활용하면서 인류는 보다 저렴한 가격에 전기를 공급받을 수 있게 되었지만, 방사능 누출이라는 위험을 안고 있다.

핵에너지로 인한 가장 큰 피해는 제2차 세계대전의 종전을 앞당겼던 일본의 원자폭탄 투하사건이다. 이후 여러 차례 핵에너지로 인한 피해사례가 보고되고 있다.

<표 1-3> 세계의 원자력 발전소 사고

명칭	발생시기	발생지	레벨
후쿠시마 원자력 발전소 사고	2011년	일본	7
체르노빌 원자력 발전소	1986년	러시아	7
키시팀 사고	1957년	구소련	6
스리마일 섬 원자력 발전소	1979년	미국	5
윈드스케일 원자로 화재사고	1957년	영국	5
고이아니아 방사능 물질 누출사고	1987년	브라질	5

대부분은 원자력 발전소의 설비상의 문제로 인한 방사능 오염 사고로 확인되지만 고이아니아 방사능 누출사고는 독특하다. 브라질 고이아니아 지역의 암전문병원이 새 건물로 이전하면서 1977년에 구매해서 사용하던 방사선 치료기기를 기존 건물에 남겨 두고 떠났다. 기존 건물의 철거과정에서 분쟁이 발생하자 법원은 의료기기에 사용되던 염화세슘을 보호하기 위해 경비원을 보냈

다. 그러나 경비원이 무단결근 한 날, 두 청년이 폐건물에서 의료기기가 돈이 될 것이라는 생각에 의료기기를 집으로 가져가고, 기기를 해체하면서 봉인된 염화세슘 캡슐을 파손하고 방사능에 오염된다. 캡슐 해체과정에서 구토, 설사 등의 방사능 피폭 증세를 보였지만 동네 병원에서는 음식물에 의한 식중독으로 판단하고 치료를 했다.

이후 캡슐안에서 푸른 빛이 발산하는 것을 보고 화약이라 생각했으며, 캡슐을 다시 고물상에 25달러에 판매하였고, 고물상 주인은 캡슐내의 염화세슘 가루를 주변인들에게 보여주며 나누어주기까지 했다. 이들 중 일부는 피부에 바르기도 했으며, 이 가루를 먹은 아이도 있었다. 이 기간 동안 많은 사람들이 방사능에 노출되었으며, 치료과정에서는 열대성 질환으로 생각했지만 가루를 의사에게 보여주면서 결국 방사능 물질로 확인되었다.

이 사고로 25가구가 오염되었으며 250여명이 방사능 피폭을 당했고 4명 이상이 사망했으며, 최초 캡슐을 파손했던 사람은 한 팔을 절단했다.

일본의 도호쿠 지방 태평양 해역 지진은 2011년 3월 11일 오후 2시 45분경 발생한 리히터 규모 9.0의 초대형 지진이다. 이 지진의 여파로 도호쿠의 이와테현에서는 40m 이상의 대형 쓰나미가 발생하여 후쿠시마의 원자력 발전소가 폭발사고를 일으키는 등 사태는 걷잡을 수 없게 커졌다.

이 지진은 혼슈지방의 지반을 2.4m 정도 동쪽으로 이동시켰고, 일본 경시청 보고서에서는 15,878명 사망, 6,126명 부상, 2,713명 실종되었다. 건물 손해도 254,204동이 반파 되었고, 129,225동이 붕괴되었으며 691,766동은 부분적 손상을 입은 것으로 보고하고 있다.[3]

또한 지진과 해일은 도쿄전력이 운영하는 후쿠시마 제1원자력 발전소의 원자로에서 방사능이 누출되는 사고로 이어졌다. 후쿠시마 원전의 방사능 누출 사고는 체르노빌 원전사고와 함께 국제 원자력 사고 등급 중 최고 등급인 7단

---

[3] "Damage Situation and Police Countermeasures... December 12, 2012" National Police Agency of Japan. Retrieved 18 December, 2012. (from "deaths" template)

계(Major Accident)를 기록할 정도로 큰 피해를 입혔다. 이 사고의 여파로 방사능 물질이 공기와 태평양 바다로 지속적으로 누출되고 있다.

후쿠시마 원자력 발전소는 도호쿠 대지진으로 인해 주변 송전선로와 변전시설 등이 손상되면서 외부 전력이 차단되었고, 전력 공급을 위해 자동시스템에 따라 비상용 디젤 발전기가 가동되었으나 15m 이상에 이르는 해일이 덮치면서 발전시설도 작동을 멈추었다. 원자로 냉각을 위한 전력 공급은 필수적이었으나 전력공급이 차단되면서 냉각수 펌프 가동이 불가능해지면서 원자로 내부의 핵연료가 냉각수 온도를 상승시키면서 냉각수가 증발하였다. 냉각수가 증발하고 없어지자 원자로의 노심 온도가 섭씨 1,200도까지 상승하면서 방호벽이 녹아내리고 구멍이 뚫리면서 핵연료가 공기중에 확산되고, 이후 수소 폭발을 일으켜 대규모 방사능 누출이 시작되었다.

<그림 1-9> 도호쿠 대지진

<그림 1-10> 후쿠시마 원자력발전소 사고

바. 스페인 독감

스페인 독감은 인류 역사상 가장 많은 사람을 사망하게 한 질병중의 하나로 기록된다. 1918년 3월 미국 시카고 지역에서 시작되었으나 고병원성으로 발전한 것은 1918년 8월 아프리카 서해안에서부터였다. 스페인 독감으로 전 세계

인구의 5% 정도가 사망하였으며, 발병이 시작된 1918년부터 1919년까지 2년간 사망자수는 약 5,000만 명으로 추정되는데 이 수는 1차 세계대전 사망자수보다 3배나 많은 수이다.

발병지는 미국이고, 고병원성으로 발전한 것은 서아프리카 지역이지만 스페인이 제1차 세계대전 참전국이 아니었기 때문에 전시 보도 검열이 이루어지지 않아 스페인 언론에서 집중 보도되면서 연합국에서 이를 '스페인 독감'으로 부르게 되었다.

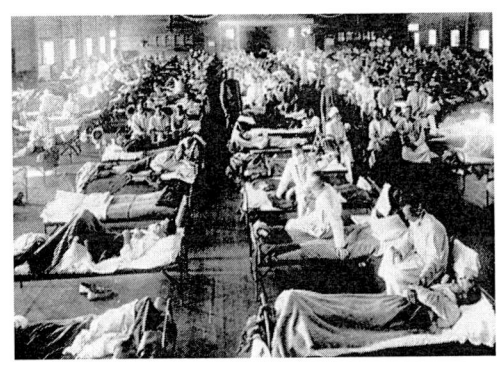
<그림 1-11> 스페인 독감

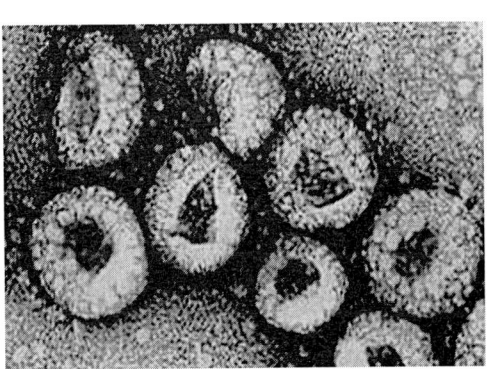
<그림 1-12> 중증급성호흡기증후군(사스)

스페인 독감 이전에는 1340년대에 유럽을 휩쓸었던 페스트가 가장 무서운 질병이었다. 페스트는 1347년 경 유럽 전역에 퍼지면서 당시 유럽인구의 약 30%에 달하는 2,500여만 명이 희생되었다. 페스트는 전염될 경우 피부가 검게 변하고 변색된 부위에 괴저가 발생하여 사망에 이르게 되면서 흑사병으로 불렸다.

바이러스에 의한 질병의 전염은 이후에도 1957년 아시아독감, 1968년 홍콩독감, 1997년 조류인플루엔자, 2002년 중증급성호흡기증후군(SARS, Severe Acute Respiratory Syndrome), 2014년 에볼라 바이러스(Ebola Virus) 등으로 이어지고 있다.

이중에서 '사스'로 불리던 중증급성호흡기증후군은 2002년 11월 중국 광둥성에서 처음 환자가 발생한 이후 전 세계로 번져가면서 사망자가 800여명에 이르렀다. 2014년 서아프리카 지역에서 번져간 에볼라 바이러스는 이 바이러스가 처음 발견된 주변의 강 이름 '에볼라'에서 따왔다. 전염될 경우 출혈과 저혈압에 의한 다발성 장기손상이 발생하여 발병후부터 7일~14일 정도가 지나면 사망에 이르는 치사율이 50%~89% 정도에 이르는 바이러스로 알려져 있다.

< 표 1-4 > 세계의 전염병과 피해 정도

명칭	발생시기 (기간)	발병지	전염지역	피해상황
스페인독감	1918.3 (27개월)	미국	전세계	10억명 감염 5,000만~1억명사망
아시아독감	1957.2 (20개월)	중국	전세계	100만~400만명 사망
홍콩독감	1968.7 (18개월)	홍콩	전세계 (유럽제외)	70여만명 사망
조류인플루엔자 (AI)	1997 (현재까지 지속)	홍콩	아시아 중동	258명 사망
사스	2002.11 (8개월)	중국	전세계 (남미제외)	774명 사망
에볼라	2014	서아프리카	서아프리카	5,200여명 (2014년 11월 기준)
메르스 (MERS)	2015	중동	중동, 유럽	705명 사망

사. 런던대화재

런던 대화재(Great Fire of London) 사건은 1666년 9월 2일 새벽 2시경 시작된 불이 동쪽에서 불어온 강풍을 타고 런던 시내 전체로 번진 화재사고이다. 당시 런던의 건축물은 대부분 빈민들이 거주하는 목조주택으로 지어진데다가 초기진압에 실패하면서 5일간 계속되는 동안 런던의 80%에 이르는 1만 3천여채

의 주택이 전소되고 80여개 이상의 교회가 불탄 거대 화재사고였다.

런던 대화재를 계기로 화재보험의 필요성이 대두되었고, 화재보험의 설계가 쉽지 않아 지연되다가 1681년 치과의사인 니콜라스 바본이 국왕의 명을 받아 11명의 직원들과 영국 최초의 화재보험 회사를 설립했다. 이렇게 설립된 화재보험사를 통해 런던에서만 5,000건이 넘는 화재보험을 판매하였다.[4]

런던 대화재는 대형 화재사고를 경험한 사람들이 화재보험에 대한 필요성을 느끼고 화재보험을 탄생하게 한 보험역사상 중요한 사건이었다.

<그림 1-13> 런던대화재

<그림 1-14> 런던대화재 기념탑

2. 우리나라의 사건 · 사고

1950년 한국전쟁을 겪은 우리나라는 유례없는 고성장을 거듭하며 지금은 세계 10위권의 선진국대열에 접어들고 있다. 하지만 이러한 고성장의 이면에는 산업화에 따른 많은 고통을 담고 있다. 정치적 민주화와 함께 경제적 성장이 이루어졌지만 사회 곳곳에는 안전불감증에 따른 대형사고들이 즐비하고 있다. 2014년 만 하더라도 신용카드사의 개인정보유출사고, 세월호사고, 고양종합터

---

4) 류근옥, 세상을 바꾼 보험, 교보문고, 2013, pp.31~32.

미널 화재사고, 군부대의 총기난사 사건, 열차충돌사건, 판교 테크노밸리 축제 환풍구 붕괴사고 등의 사고로 국민들의 불안이 가중되었다.

특히 1990년대에는 1993년 서해 훼리호 침몰사고, 1994년 성수대교 붕괴사고, 1995년 대구 가스폭발사고, 1995년 삼풍백화점 붕괴사고, 1997년 대한항공 여객기 추락사고가 발생하였으며, 1997년에는 IMF 사태까지 발생하면서 국가적인 위기상황에 처했다.

대형사고가 발생할 때마다 정부는 항상 사고재발 방지를 위한 근본적인 대책을 강구하겠다고 발표해왔지만, 사회 곳곳에 뿌리 깊히 박힌 부조리와 부실은 끝도 없이 나타나고 있다.

<표 1-5> 우리나라의 대형 인명 피해사고

사고 명	사고장소	시기	사망자수
삼풍백화점 붕괴	서울 서초구	1995년 6월 29일	사망 502명
남영호 침몰	전남 여수	1970년 12월 15일	사망 326명
세월호 침몰	전남 진도	2014년 4월 16일	사망·실종 304명
서해훼리호 침몰	전북 부안	1993년 10월 10일	사망 292명
대한항공 여객기 피격	러시아 사할린	1983년 9월 1일	사망 269명
창경호 침몰	부산 다대포	1953년 1월 9일	사망 229명
대한항공 여객기추락	괌	1997년 8월 6일	사망 228명
대구 지하철 방화사건	대구 중구	2003년 2월 18일	사망·실종 213명
대연각 호텔 화재사건	서울 중구	1971년 12월 25일	사망 163명
대구 가스폭발사건	대구 상인동	1995년 4월 28일	사망 101명

자료 : 김민주, 하인리히법칙, 미래의 창, p.96. 도표인용.

물론 대형 인명피해가 발생할 때마다 사회적으로 경각심을 일으키고 최소한의 제도변화가 이루어지고 있음은 그나마 다행이지만, 발생하지 않았어야할 사고와 인명피해가 개인의 욕심이나 부조리에 의해 확대된다는 점은 안타깝기 그지 없다. 이러한 대형 인명피해가 발생할 때마다 항상 등장하는 것이 피해자들에 대한 적절한 보상여부이다. 사안에 따라 국가나 지방자치단체 등에서 국민성금을 모집하고 특별위로금을 지급하는 경우도 있으나 그렇지 못한 경우도 있다. 기업이나 단체, 학교 등에서도 많은 사고가 발생하고 있지만 충분한 보험을 가입하지 않아 피해자들에 대한 적절한 보상이 이루어지지 못하고 있다. 아래에서는 우리나라에서 그동안 발생한 대형사고와 함께 해당 사고별로 피해자들에 대한 보상내용이나 보험 가입 등에 대해서도 살펴보기로 한다.

가. 성수대교 붕괴사고

성수대교 붕괴사고는 1994년 10월 21일 오전 7시 38분경 성수대교의 제5번과 6번 사이의 상부 트러스 50m 가량이 붕괴되어 많은 인명피해를 냈던 사고이다.

<그림 1-15> 성수대교 붕괴사고

<그림 1-16> 성수대교 붕괴당시 신문보도

이 사고로 붕괴지점을 지나던 승합차 1대와 승용차 2대는 한강으로 추락했고, 붕괴되는 지점에 걸쳐 있던 승용차 2대는 물속으로 빠졌다. 한성운수 16번 시내버스는 통과 도중 뒷바퀴가 붕괴지점에 걸쳐 있다가 추락하면서 뒤집혀 떨어진 상판에 찌그러지는 바람에 등굣길의 학생들과 시민 24명이 사망하였다.

성수대교 붕괴사고는 다리 하부의 트러스가 제대로 연결되지 않았던 데다가 연결부분의 부식이 심하고, 압력을 분산시키는 이음새의 결함, 볼트의 강도 약화, 과적차량으로 인한 다리의 피로도 누적 등으로 일어난 사고였다.

이 사고로 32명이 사망하고, 17명이 부상을 입어 총 49명의 사상자를 냈다. 이 사고는 해외에도 크게 보도되어 국내 건설업계에도 큰 타격을 입혔다.

성수대교 붕괴사고 이후 성수대교의 무너지지 않은 부분을 연결하여 그대로 사용할 수 있다는 학계 의견이 있었으나 서울시민들의 정서를 반영하여 1995년 4월부터 1997년 7월까지 재건설하여 현재까지 이용되고 있다.

나. 대구지하철 가스폭발 사고

대구지하철 가스폭발사고는 1995년 4월 28일 오전 7시 52분경 대구광역시 달서구 상인동 영남고교 사거리 지하철 1호선 공사장 구간에서 발생한 폭발사고이다. 이 사고는 사고발생지역 남쪽 77m 지점에 있는 대구백화점 상인지점 신축공사를 위한 그라우팅 천공작업 중 100mm 도시가스관이 파손되면서 유출된 가스가 하수관을 통하여 지하철 공사장으로 유입되어 원인불명의 화인(火因)으로 폭발한 사고이다.[5]

---

5) 국가기록원(http://www.archives.go.kr) 자료 인용.

<그림 1-17> 사고당시의 현장 사진   <그림 1-18> 사고당시 신문보도 자료

사고가 발생한 오전 7시 52분경에는 주변의 영남 중고교 학생들이 등교중이어서 학생 42명을 포함한 101명이 사망하고 202명이 부상을 입어 303명의 인명피해와 건물 346채 자동차 152대가 파손된 대형사고이다. 이 사고는 1994년 삼풍백화점 붕괴사고, 1995년 성수대교 붕괴사고와 함께 3대 대형사고로 기록되고 있다.

다. 삼풍백화점 붕괴사고

서울특별시 서초구 서초동에 있던 삼풍백화점 붕괴사고는 1995년 6월 29일 목요일 오후 5시 57분경 발생했다. 삼풍백화점은 1987년 5월 착공하여 1989년 12월 개장한 백화점으로 당시 전국 2위 규모를 가진 대형 쇼핑몰이었다. 이 건물은 옥상에 76톤이나 되는 장치를 설치해서 원래 설계했던 하중의 4배 이상을 초과했고, 건물을 지을 당시 필수적으로 들어가야 할 철근은 빠져 있었다. 이러한 부실시공에 관리부실로 인해 벽과 천장의 곳곳에 균열이 발생하고 내부직원들의 위험신호와 같은 많은 사전적 징후가 있었지만 경영진은 이를 무시하고 영업행위를 계속하였다. 그 결과 건물은 백화점 A동 5층 식당부 바닥이 가라앉으면서 전 층 바닥판 하중이 인접기둥으로 추가로 전달되면서 연쇄적인 전단파괴가 발생하여 붕괴되었다. A동이 붕괴된 이후 B동은 이상이 없었지만 B동 역시도 붕괴위험이 우려되어 폐쇄조치 이후 1999년 철거되었다.

<그림 1-19> 삼풍백화점 붕괴사고 당시   <그림 1-20> 사고당시 신문보도자료

 붕괴사고는 사고당일 일시적으로 갑자기 발생한 사고가 아니었다. 1995년 4월 건물 5층 남쪽 천장에서 균열이 발견되기 시작했지만, 이에 대한 조치는 최고층의 상품과 상점들을 지하로 옮긴 것이 전부였다. 이후 1995년 5월 균열이 증가하자 5층을 폐쇄하고 전문가들의 '건물 붕괴위험'자문결과에도 불구하고 영업활동을 계속하였다. 사고 당일인 6월 29일 오후 옥상의 에어컨 진동으로 인한 파열음으로 고객들의 신고가 계속되자 에어컨 동작을 멈추었다. 백화점은 더위로 인해 쇼핑객들의 일부가 빠져나갔으나 오후 5시경 4층 천장이 가라앉기 시작했다. 이 시점에서라도 신속히 대피령을 내려야 했지만 백화점측은 영업을 계속했고, 사고발생 7분 전에 이르러서야 건물이 붕괴되는 소리가 들리기 시작하자 비상벨을 울리고 고객들을 대피시키기 시작하면서 인명피해가 커졌다. 오후 5시 57분경 옥상이 무너

지면서 그곳에 있던 에어컨 실외기가 5층으로 떨어지고 연쇄적으로 아래층의 상판들이 무너지며 20초만에 지하 4층까지 붕괴되고 말았다.

삼풍백화점 붕괴사고는 '외부의 충격없이' 붕괴된 사고로서 전 세계의 모든 건축가들의 뇌리에 기억되었다. 인명피해도 사망 502명(남 106명, 여396명 / 사망확인 472명, 사망인정 30명), 부상 937명, 실종 6명으로 한국전쟁 이후 가장 큰 참사로 기록되었다. 재산피해는 건축물 A동 붕괴 및 B동 파손, 차량 310대 및 869개 업체의 물품이 파손되었다.

사고 이후 1996년 3월 20일 유가족과의 합의에 의해 유가족에 대한 보상은 총액 1,874억원(1인당 평균 3억 7300만원)을 보상하였고, 부상자는 938명 중 714명에게 총 1,004억원(1인당 평균 1억 4100만원)을 보상하였다.[6] 삼풍백화점이 무너진 그 자리는 1996년 대상그룹이 공개입찰에서 낙찰받아 2004년 현재의 아크로비스타라는 주상복합단지로 건설되었다.

라. 대연각호텔 화재사고

대연각 호텔 화재사고는 1971년 12월 25일 오전 9시 50분 경 서울특별시 중구 충무로 소재 22층 대연각 호텔에서 일어난 화재사고이다. 화재는 1층 커피숍 주방에 있던 LP가스가 폭발하면서 발생하였다.[7]

폭발로 인해 화재가 발생하자 불길이 계단 통로를 차단하면서 투숙객들이 아래층으로 내려오지 못했고, 엘리베이터도 가동이 중단되어 탈출할 수 없는 상태에서 화재는 1시간 반만에 21층 건물 전체가 화염에 휩싸였다. 건물 내부 인테리어는 벽지를 한지로 되어 있었고 건물 인테리어는 주로 목재를 사용하였고, 출입문도 목재로 되어 있어서 화재를 차단하지 못했다. 또한 빌딩은 방

---

6) 소방방재청 국가재난정보센터 자료 인용(http://www.nema.go.kr)
7) 국가기록원(http://www.archives.go.kr) 자료 인용.

화문이 없는 개방형 구조로 불길의 통로가 되었고, 스프링클러나 비상계단도 없었다. 게다가 호텔에서 오피스텔로 연결되는 통로 문도 잠겨 있었고, 옥상으로 대피하는 문도 잠겨 있어 탈출구가 봉쇄 되면서 많은 투숙객들이 사망하였다.

이 사고로 호텔 투숙객 등 163명이 사망하고 63명이 부상을 입었는데 사고 당일은 크리스마스 전날 파티 등으로 인해 밤 늦게 잠든 투숙객이 대부분이어서 희생된 사람들이 많았다. 호텔과 소방서까지의 거리는 700m 정도로 매우 가까운 거리였지만 사다리차는 32m 7층 높이까지 밖에 운용할 수 없었기 때문에 많은 인명이 희생될 수 밖에 없었다.[8]

<그림 1-21> 대연각호텔 화재사고

<그림 1-22> 사고당시 신문보도자료

이 사건 이후로 모든 대형 건물에는 스프링클러의 설치, 화재 진압시스템, 방화문과 같은 방화설비, 소방장비의 발전도 가져왔으며, 화재사고 당시 호텔 경영진이 구속되는 등 피해자 보상이 제대로 이루어지지 않자 1973년 2월 6일에는 「화재로 인한 재해보상과 보험가입에 관한 법률」이 제정되면서 피해자 구제를 위한 법률제정이 단초가 되었다.

---

[8] 김인태, 10대 화재분석 및 대책, 방재기술 제28호, 한국화재보험협회, 2000.

또한 이 화재사고는 진화에 10시간 이상 소요되면서 당시 TV 보급률이 100%에 달하던 유럽과 미국 지역에 중계되면서 많은 관심을 일으켰으며, 실제 영화「타워링(1974년)」의 소재가 되기도 했던 세계 최대의 화재사고중 하나로 기록되고 있다.

대연각 호텔은 한자로 쓰면 '大然閣'인데 이를 '大燃(크게 불사르다)' 또는 '大煙(큰 연기)'와 같이 풍자되기도 하였는데, 2010년 2월 27일에 옥상의 냉각탑 교체도중 또 다시 화재가 발생하였으나 20분만에 진압되기도 하였다. 대연각 호텔 건물은 1969년에 완공되어 화재사고 후에는 전면적인 리모델링을 통해 '고려 대연각 타워'라는 이름으로 영업을 하고 있다.

마. 서해훼리호 침몰사고

여객선 서해훼리호(110톤)는 1993년 10월 10일 09시 40분경 여객정원 221명보다 148명이나 더 많은 승객을 초과승선 시키고 전라북도 부안군 위도면 파장금항을 출항하여 격포항으로 항해 중 오전 10시경 임수도 근해에서 심한 풍파로 인하여 항해가 불가능해지자 위도로 회항하려고 선수를 돌리는 순간 선체가 파도에 기울어져 정원초과된 승객과 과적된 화물이 한쪽으로 쏠리면서 선박의 복원력을 상실하여 침몰되었다.

이 사고로 승선원 362명(승객 355명, 선원 7명)중 79명이 생존 구조되고 나머지 292명이 사망하였다.

사고발생후 유가족 보상은 총액 295억원(1인당 평균 약 1억원)으로 장례비 및 위로금으로 5억 8400만원, 배상금으로 289억 3700만원이 지급되었다. 부상자에게는 총액 기준 3,500만원(1인당 50만원)이 지급되었다.[9]

---

9) 소방방재청 국가재난정보센터(http://www.nema.go.kr) 자료 인용.

<그림 1-23> 서해훼리호 침몰사고   <그림 1-24> 사고당시 신문보도자료

바. 세월호 침몰사고

세월호 사고는 가장 최근에 일어난 후진국형 대형인명피해 사고였다. 2014년 4월 16일 오전 8시 48분경 전남 진도군 조도면 부근 해상에서 청해진 소속 인천발 제주행 연안여객선 세월호가 침몰한 사고이다.

세월호는 원래 1994년 6월 일본에서 여객·화물 겸용선으로 건조되어 18년간 운항하다가 2012년 9월 퇴역한 선박을 청해진 해운이 2012년 10월 중고로 도입하여 선미쪽의 증축과 개조작업을 통해 2013년 3월부터 인천과 제주를 오가는 항로에 투입하였다. 2009년 해운법 시행규칙이 개정되면서 여객선 운용 시한을 진수일로부터 20년에서 30년으로 연장되었고, 이에 따라 청해진 해운은 일본에서 선령 18년짜리 세월호와 20년짜리 오하마나호를 도입하였다.

세월호 사고는 사고전날인 2014년 4월 15일 오후 6시 30분에 출항예정이었으나 짙은 안개로 인해 2시간 30분이 지연된 오후 9시가 되어서야 인천항을 출발하였다. 출항 후 12시간 정도가 지난 4월 16일 오전 8시 30분경 맹골도와 서거차도 사이를 최고 속도로 진입하였다가 항로를 바꾸어 8시 49분경에는 병

풍도 부근에서 다시 급격히 항로를 바꾸면서 침몰하게 된다.

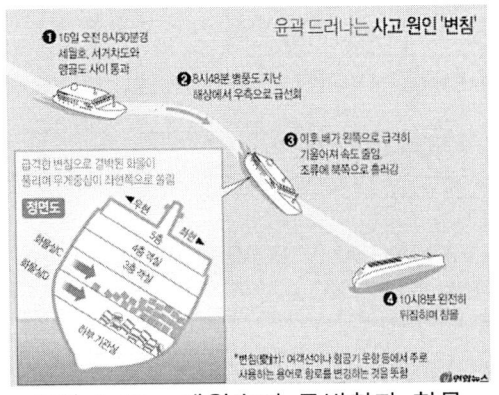

<그림 1-25> 세월호 침몰당시 사진   <그림 1-26> 세월호의 급변침과 침몰

 침몰과정에서 선장과 선원들이 보여준 무책임한 행동은 수학여행에 나섰던 많은 학생들과 교사를 사지로 몰아넣었다. 승무원들은 선체가 기울어지면서 침몰해가고 있는 와중에도 선체에서 별도의 지시를 기다리라고 안내방송을 보내면서 본인들은 옷을 갈아입고 탈출한다. 전체 탑승객 475명 중 구조된 사람은 179명으로 구조율이 38%에 이르지만 단원고 학생과 교사는 각각 23%와 14%에 불과했다. 반면 승무원은 69%에 이르러 학생들과는 생존율 면에서 대조를 이룬다.
 세월호 사고는 많은 문제들이 복합적으로 작용한 결과였다. 불법 증축과 과도한 선적, 짙은 안개에도 불구하고 무리한 출항, 평형수의 부족, 과도한 항로변경(변침), 선원들의 집단이기주의, 잘못된 안내방송, 해경의 미숙한 구조활동, 무시된 안전훈련 등 수없이 많은 문제들이 대두되었다.

<표 1-6> 세월호 사고의 탑승자수와 구조자수

구분	전체	단원고학생	단원고교사	일반승객	화물기사	승무원
탑승자	475	325	14	73	33	29
사망·실종	296	250	12	48	0	9
구조자	179	75	2	25	33	20
구조율	38%	23%	14%	34%	100%	69%

자료 : 김민주, 하인리히법칙, p.103. 도표 인용

사고가 발생한 이후 국가재난처가 신설되고 대피훈련이 강화되었으며, 긴급신고전화를 단일화하고, 승선시 신분확인 절차가 강화되었다.

세월호 사고 당시에도 희생자들에 대한 적절한 보상여부도 관심을 집중시켰다. 세월호에 승선했던 여객에 대해서는 한국해운조합이 인수하였다. 한국해운조합은 피해 승객 1인당 3억 5천만원에 해당하는 보험금을 지급하되, 해당 보험금 중 코리안리에 1인당 1억 2천만원, 삼성화재에 1인당 1억 8천만원을 재보험으로 출재하였고, 코리안리와 삼성화재는 다시 해외 재보험사에 재출재하였다. 이에 따라 코리안리의 부담한도액은 31억원이고 삼성화재의 부담 한도액은 50억원에 이르렀으며, 초과액은 전액 해외 재보험사에서 지급하게 되었다.

<표 1-7> 세월호에 승선한 여객 공제

구 분	원보험	국내 재보험	해외 재보험
여객공제	한국해운조합 : 1인당 3.5억원	코리안리 : 1인당 1.2억원	1인당 1천 4백만원
		삼성화재 : 1인당 1.8억원	50억원 초과분 출재

자료 : 금융감독원 보도자료, 2014년 4월 17일자

그러나 정부가 세월호의 침몰원인을 조사한 결과, 선체를 불법으로 개조했다거나 화물을 보다 더 많이 싣기 위해 평형수를 기준치를 훨씬 밑도는 수준으로 채우는 등의 경영진의 고의 또는 중대한 과실이 있었다는 점을 밝혀 냈다. 이는 보험약관에서의 면책요건에 해당하는 것으로서 해당 보험금을 지급한 보험회사가 글로벌 재보험사와의 치열한 법리논쟁이 예고 되어 있다.

또한, 단원고 학생들은 학생 325명에 대해 동부화재에 단체 여행보험을 가입하였다. 동부화재는 사망 1인당 1억원을 한도로 인수하였고, 인수 부담분 중 3,400만원을 코리안리에 출재하였으며, 코리안리는 다시 인수부담분 중 1인당 2,500만원을 해외에 재출재하였다. 동부화재는 별도 재보험계약을 통해 말레이시아리 등에 출재하여 손실부담 한도액을 10억원으로 설정해두었다.

<표 1-8> 세월호 탑승한 단원고 학생들의 여행자보험

구 분	원보험	국내 재보험	해외 재보험
여행자보험	동부화재 : 1인당 1억원	코리안리 : 1인당 3,400만원	1인당 2,500만원

자료 : 금융감독원 보도자료, 2014년 4월 17일자

세월호 선체는 여객선의 보험가액이 114억원에 이르러 메리츠화재에서 78억원(68.4%), 한국해운조합이 36억원(31.6%)을 각각 인수하였다. 코리안리는 메리츠화재와 한국해운조합으로부터 61억원을 인수하여 27억원을 해외재보험사에 재출재하여 코리안리의 부담한도액은 34억원에 이른다. 메리츠화재는 별도의 재보험계약을 통해 뮌헨리 등에 출재하여 손실부담 한도액을 10억원으로 줄일 수 있었다.

그리고 세월호는 유류오염 및 잔해물 제거 배상책임보험에도 가입하였다. 삼성화재, 메리츠화재 및 코리안리 등 3개 보험사가 1,000억원 한도로 인수하였으나, 3개 보험사의 부담한도액은 10억원이고, 이를 초과하는 금액은 전액 해외 재보험사에 출재하였다.

<표 1-9> 세월호 선체보험

구 분	원보험	국내 재보험	해외 재보험
선체보험 (가액 114억원)	메리츠화재 : 78억원(68.4%)	코리안리 : 47억원	27억원
		코리안리 : 14억원	
	한국해운조합 : 36억원(31.6%)	삼성화재 : 3천만원	-

자료 : 금융감독원 보도자료, 2014년 4월 17일자

세월호 사고에 대한 손해배상으로 해양수산부는 위자료와 일실수익, 장례비로 구성하여 단원고 학생 희생자 1인당 위자료 1억원, 일실수익은 도시일용노임단가를 적용해 하루 87,000원 가량 책정하여 평균배상금은 4억 2천 5백만원, 교사는 7억 6천 3백만원 정도로 산정되었다. 가정주부는 2억 9천 8백만원, 소득이 없는 60살의 경우는 1억 6천 6백만원 가량이 산정되었다. 사고해역의 유류오염으로 인한 피해 어민들에게는 재산피해와 수입손실 등을 감안하고, 구조에 참여하거나 어업활동과 수산물판매 감소 피해를 본 어민들에게도 손해배상액을 산정하였다.

사. KAL 괌 추락사고

대한항공 여객기의 괌 추락사고는 1997년 8월 6일 금요일 01시 55분경 미국령 괌 아가나 공항 인근 5km 산중턱에서 대한항공 801편(B-747)기가 착륙을 위해 접근 중 추락한 사고이다. 이 사고로 인한 인명피해는 총 254명이며 이중 사망 229명(한국인 213, 외국인 16), 부상 25명(중상)이 발생하였으며, 재산피해는 여객기 1대, 승객소지물품 전체이다.[10]

사고의 원인으로는 기상악화가능성에 대한 준비 미비, 관제시설이 불량하여 안전운행이 불가능, 성수기 무리한 비행으로 인한 조종사와 항공기의 피로 가중, 괌 인근해상에 태풍이 발생했는데도 이륙을 강행한 것으로 밝혀졌다. 안전착륙을 위한 첨단장비 미장치, 해외에서 발생한 사고를 효율적으로 수습할 수 있는 국가차원의 적극적인 대응체계 미흡, 괌 영사관의 경우, 평소 외교업무 이외의 재난사고 발생시 본국으로부터 긴급인력지원 등의 신속한 대응태세 미흡, 사고경위, 수습과정, 당사국과의 협의내용 등을 언론 및 유가족에게 신속히 알리는 언론 및 홍보대책이 미흡, 유가족의 애로사항 및 충격에 대한 해결 등 유가족대책 미흡 등의 문제점이 지적되었다.

<그림 1-27> 대한항공 괌 추락사고

<그림 1-28> 대한항공 격추사고 보도

이 사고의 처리과정에서 미국 정부를 상대로 손해배상청구 소송을 제기하여 사망자의 유가족과 부상자 등 14명은 3,000만 달러의 손해배상금을 받은 것으로 유명하다. 항공기 사고는 몬트리올 협약에 의해 항공기 사고로 승객이 숨지거나 다칠 경우 과실여부에 상관없이 항공사는 11만 3,100

---

10) 국가기록원(http://www.archives.go.kr) 자료 인용.

SDR(약 1억 9천만원)한도로 손해배상책임을 부담한다. 그러나 이 금액보다 항공사의 책임이 크다고 생각할 경우 소송을 통해 그 이상의 손해배상을 받을 수 있다. 따라서 유족들은 조종사의 실수와 미연방항공국의 부적절한 체계를 사고 원인으로 들어 손해배상책임 소송을 통해 승소하였다.

<표 1-10> 역대 항공기 사고

순위	비행기	발생연도	발생장소	사망자	사고원인
1	KLM항공 팬암항공	1977년	스페인	583명	공중충돌
2	JAL항공	1985년	일본	520명	부품고장으로 추락
3	사우디항공 카자흐스탄항공	1996년	인도	349명	공중충돌
4	터키항공	1974년	파리	346명	추락
5	인도항공	1885년	대서양	329명	추락
6	사우디항공	1980년	리야드	301명	화물칸 화재로 추락
7	이란항공	1988년	걸프만	290명	미해군 격추
8	아메리칸항공	1979년	시카고공항	273명	이륙중 엔진탈락으로 추락
9	팬암항공	1988년	영국	270명	테러로 공중폭발
10	대한항공	1983년	사할린	269명	소련 전투기 격추

자료 : 김민주, 하인리히법칙, 미래의 창, p.23. 도표인용.

대한항공 괌 추락사고 외에도 1983년 9월 1일에는 대한항공 소속의 민간항공기가 소련 전투기에 의해 격추되는 사고가 있었다. 이 사고는 미국과 소련 간의 냉전이 절정에 달하고 있을 시기에 발생한 사고로서 소련은 미국이 소련 영공의 레이더 상태를 확인하기 위해 미국에 의해 의도적으로 도발된 것으로 믿었고, 미국 역시도 실제 이 지역에 대한 항공첩보활동을 했었다고 인식되고

있다. 사고당시 교신내용으로 볼 때, 대한항공 조종사는 최단거리 노선을 택하면서 소련영공으로 진입했고, 소련의 전투기 조종사는 모든 국제 협약을 준수하여 사전조치를 취하고 순응할 것을 요구했지만 거부당하고, 경고사격을 했음에도 반응을 보이지 않고 공해상으로 빠져나가자 격추한 사고이다.

아. 씨랜드 화재 참사

씨랜드 청소년 수련원 화재사고는 1999년 6월 30일 경기도 화성군 서신면 백미리에 있는 씨랜드라는 청소년 수련원에서 발생한 화재사고를 말한다. 이 사고로 유치원생 19명과 인솔교사 및 강사 4명 등 총 23명이 숨졌다.

<그림 1-29> 씨랜드 화재당시 사진

<그림 1-30> 씨랜드 화재사고

화재는 청소년 수련원 시설내에 피워둔 모기향이 이불로 옮겨 붙으면서 시작된 것으로 추정되지만 정확한 원인은 밝혀내지 못했다. 이 사고는 화재발생 1시간여가 지난 새벽 1시 41분에 신고를 접수한 소방서에서 출동하여 진화하였지만, 신고시간이 너무 늦은 데다가 소방서와 수련원간의 거리가 70km 거리

여서 조기진화에 실패했다.

특히, 이 수련원 건물은 1층 건물위에 52개의 컨테이너를 얹어 2~3층 객실을 만든 임시건물로서 청소년 수련원으로 사용하기에는 부적합한데다가 화재경보기는 불량품으로 작동하지 않았다.

화재사고 당시 서울 소망유치원생 42명, 안양 예그린 유치원생 65명, 서울 공릉미술학원생 132명, 부천 열린 유치원생 99명, 화성 마도초등학교 학생 42명 등 497명의 어린이와 인솔교사 47명 등 모두 544명이 있었다.[11]

자. 대구지하철 화재 참사

대구 지하철 화재 사고는 2003년 2월 18일 화요일 오전 9시 55분 경 대구광역시 중구 남일동 대구지하철 1호선 중앙로역 내 전동차에서 발생한 사고이다. 사고 원인은 승객의 방화로 시작되었는데, 방화범이 신나가 들어 있는 플라스틱 병 뚜껑을 열어 라이터를 켜는 순간 '펑'하는 소리와 함께 착화되어 방화범의 옷과 차량 좌석 시트에 옮겨 붙으면서 급격히 전동차 내부로 확산되었다. 또한 화재가 발생하였음에도 불구하고 마주오던 전동차가 멈추지 않고 사고역 내로 진입하면서 불이 옮겨 붙어 피해가 커졌다. 이때 마주오던 전동차의 기관사가 차량문을 닫은 채 대피하는 바람에 객차 안에서 빠져나가지 못한 승객 100여명이 사망하였다.[12]

이 사고로 인한 인명피해는 사망 192명, 부상 148명이 발생하였다. 당시 실종자로 접수된 사람은 총 619명이었는데 이중 380명은 생존해 있는 것으로 확인되었고, 지하철 화재사고와 무관한 사망 60명, 지하철 사고 부상자 4명, 기타 54명을 제외하고 121명의 인정사망 심사를 거쳐 확정 사망 99명, 인정사망

---

11) 한겨레신문, 2013년 7월 27일자 보도자료 인용.
12) 국가기록원(http://www.archives.go.kr) 자료 인용.

1명, 불인정 20명 등으로 결정되었다. 인정사망이 많은 이유는 화재사고로 인해 사체확인 및 DNA감정이 불가능한 경우가 많았기 때문이다. 사망자가 많이 발생하게 된 데에는 우선 전동차량 내의 가연성 내장재를 사용한 것을 들 수 있다. 이로 인해 연소가 급속히 확대되면서 유독가스까지 발생하면서 시계가 차단되고 질식으로 인한 인명피해가 컸다. 또한 차량내 소화기의 위치 인식 및 소화장비 부족으로 초기 진화에 실패한 데다가 화재가 발생했음에도 불구하고 역 내로 진입한 지하철, 그리고 기관사의 대응 실패가 사태의 확산을 키웠다.13)

<그림 1-31> 사고당시 지하철 내부

<그림 1-32> 사고후 전소된 지하철 내부

지하철 사고의 방화범 김대한(사고당시 56세)은 2001년에 뇌졸중으로 쓰러지면서 오른쪽 상하반신의 장애가 오면서 지적장애 2급 판정을 받고 호전될 가망이 없자 삶을 비관하여 다른 사람들과 죽을 생각을 하고, 가스라이터 2개와 흰색 플라스틱 통에 휘발유 7,500원어치를 구입하여 지하철에 탑승하였다. 사고당시 김대한이 1회용 가스라이터를 꺼내 불을 켜려고 망설이던 중 맞은편 승객으로부터 "왜 자꾸 불을 켜려고 하느냐"라고 하자 불을 붙이기로 결심하고 휘발유통에 불을 붙였으나 방화범의 옷에 불이 붙자 휘발유통을 객실바

---

13) 위키백과, 대구 지하철화재 참사 자료 인용.

닥에 던졌고, 이로 인해 화재가 확대되었다. 기관사는 소화기를 들고 가서 화재를 진압하려 하였지만 이미 불이 확대되어 끌 수 없게 되자 승객을 대피시켰다. 방화범 김대한은 사고 발생 2시간 뒤 대구 북구 노원동에 위치한 병원에서 치료를 받던 중 경찰에 체포되었다. 이후 대구고등법원은 김대한이 범행 당시의 정신상태와 직접 방화한 열차의 인명피해가 크지 않다는 점 등을 감안해 무기징역을 선고했다. 김대한은 형이 확정된 뒤 진주교도소로 이감되었다가 2004년 8월 31일 지병이 악화되어 사망하였다.

　방화범이 탑승했던 열차의 기관사는 직접 화재를 진압하려다 실패하자 화재 발생사실을 종합사령실에 보고하지 않은채 역사 밖으로 대피하였고, 마주오던 열차의 기관사는 이미 연기가 자욱한 역사안으로 진입한 후 열차문이 자동으로 열리면서 유독가스가 열차로 들어오자 즉시 출입문을 닫았다. 그후 전동차의 전원이 차단되자 전동차가 움직일 수 없는 상태가 되었고, 기관사는 운전사령에게 "엉망입니다. 빠른 조치 바랍니다"라며 적정한 지시를 내려주도록 요구하였다. 이에 운전사령은 상황을 제대로 파악하지 못하고 "대기하고 승객들에게 안내방송하라"고 지시하였으며, 기관사는 지시에 따라"잠시 후 출발할 것이니 기다려 달라"고 안내방송을 하였다. 이후 종합사령실에서 승객을 대피시키라고 지시를 내렸으나 기관사는 승객들의 안전과 대피를 확인하지 않은 채 전동차의 마스터 키를 뽑아 역사 밖으로 탈출했다. 이 기관사에게는 금고 5년 형이 선고되었다.

　이 사고의 결과로 지하철 내의 좌석 등에는 불연재료의 사용이 의무화 되었고, 화재사고 발생시 역내 진입이 차단되는 등의 안전 조치가 강구되었다.

차. 세월호 사고이후 발생한 대형 참사

세월호 사고가 선박회사를 운영하는 회사의 안전불감증과 정부당국의 늑장 대응으로 인해 대형인명 피해를 일으켰다는 것은 수없이 반복되는 TV방송과 신문지상에서 확인되고 있다.

<표 1-11> 세월호 사고 이후 대형 안전사고

일시	사건	사상자	원인
2014년 5월 2일	서울지하철 2호선 상왕십리역 열차 추돌사고	24명 중상 등 388명 부상	신호기 관리 및 관제 업무 소홀 등
5월26일	경기 고양시 고양종합터미널 건물화재사고	9명 사망, 60명 부상	지하 1층 방화셔터 작동안함. 소방시설 자동 연동기능 차단
5월28일	전남 장성 요양병원 화재	22명 사망, 6명 부상	야간 간호인력 부족, 비상구 폐쇄, 소화기 캐비닛에 보관
10월17일	판교 환풍구 붕괴사고	16명 사망, 11명 부상	시설물 안전관리 소홀, 무면허 업체의 부실시공
12월1일	원양어선 오룡호 침몰사고	27명 사망, 26명 실종	악천후 속 무리한 조업
2015년 1월10일	의정부 아파트 화재 사고	5명 사망, 125명 부상	주차되어 있던 오토바이에서 화재발생. 좁은 간격과 필로티구조
3월22일	강화도 캠핑장 화재	5명 사망, 2명부상	안전 인증 받지 않은 난방용 전기패널(추정)

이러한 안전불감증은 거의 예외 없이 모든 대형사고의 필수요소로 각인되고 있지만, 2014년 4월 이후 대한민국에서 발생하는 대형 사고들을 살펴보면 아직도 사회곳곳에는 안전불감증이 자리하고 있다.

3. 하인리히 법칙과 도미노이론

가. 하인리히 법칙

1920년대 초반 미국의 한 여행보험사의 관리자였던 허버트 W. 하인리히(Herbert W. Heinrich)는 과거 산업재해를 처리하던 동안의 사건 자료 75,000여 건을 분석하면서 매우 흥미로운 규칙을 발견한다.

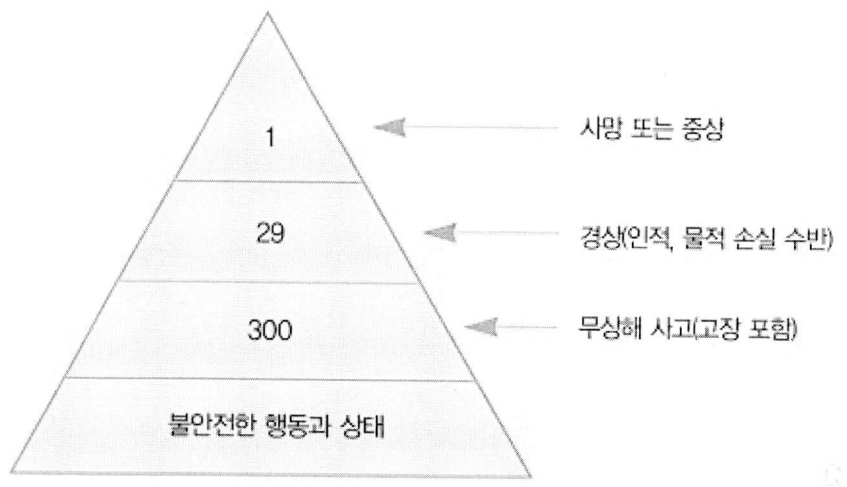

하인리히가 발견해낸 법칙은 대형 산업재해가 발생한 경우에는 그 전에 같은 원인에 의한 29번의 작은 재해가 있었으며, 또한 실제 재해가 발생하지는 않았지만 같은 원인으로 인해 재해가 발생할 뻔한 일이 300건 정도 존재한다는 사실이었다. 이를 각각 확률로 나타낼 경우 같은 원인으로 인해 실제 사고가 발생하지 않을 확률은 90.9%, 경미한 재해가 발생할 확률은 8.8%, 대형 재해가 발생할 확률은 0.3%에 이른다는 것이다.

나. 도미노이론

도미노이론은 원래 18세기 이탈리아에서 시작된 도미노카드놀이에서 유래된 것으로 알려져 있다. 그러나 베트남전쟁 당시 미국은 '한 국가가 공산화되면 다른 국가들도 연쇄적으로 공산화된다'라는 논리로 베트남전 참전에 대한 논리를 공식화하였다. 실제 미국이 베트남전에서 실패하고 철수하자 1개월 내에 베트남은 물론 인접국가인 라오스와 캄보디아까지 모두 공산화되었다.

하인리히는 인간이 겪게 되는 재해는 3가지 요인에 기인한다고 주장하였다.

제1요인 : 인간의 유전적 요소나 사회적으로 바람직하지 못한 현상
제2요인 : 제1요인에 의해 생기는 인간의 결함
제3요인 : 인간의 결함에 따른 불안전한 행위 및 기계적 신체적 위험

위의 세 가지 요인에 의해 사고가 발생하기 때문에 이들 요인을 제거할 경우 사고를 줄이거나 없앨 수 있다고 보았다.

그러나 제1요인과 제2요인은 인간의 결함자체에서 오는 것이기 때문에 인위적으로 없앨 수 없지만 제3요인에 해당하는 '인간의 결함에 따른 불안전한 행위 및 기계적·신체적 위험'은 인위적으로 제거할 수 있다고 보았다. 이렇게 제3요인을 제거하면서 연쇄적으로 이어지는 사고나 재해를 막을 수 있다고 보았다. 이를 하인리히의 '도미노 이론'이라 한다.

제2장

위험과 위험관리

학습목표

○ 보험의 전제조건이 되는 위험의 개념과 위험의 종류에 대해 설명할 수 있다.

○ 위험(risk)과 위태(hazard), 손인(peril), 손해(loss)를 각각 구분하고 설명할 수 있다.

○ 다양한 위험관리기법을 이해하고 설명할 수 있다.

제2장 위험과 위험관리

제1절 위험

1. 위험의 개념

가. 위험의 정의

위험(risk)이란 어떤 결과가 발생할지의 여부가 불확실한 것과 그 결과가 부정적인 것을 말한다. 위험은 ① 결과의 불확실성과 ② 그 결과가 부정적인 것을 말한다. 예를 들어, 자동차를 운전하는 운전자의 경우 운전중 교통사고가 발생할지의 여부가 불확실하며, 교통사고가 발생할 경우 형사적 책임, 민사적 책임 등 다양한 손해가 발생한다. 이러한 상황을 '위험(risk)'이라 한다.

그런데 로또를 구입하고 당첨여부를 기다리는 상황을 우리는 위험하다고 표현하지 않는다. 우선 로또에 당첨될지의 여부는 불확실한 상황이지만, 로또에 당첨되지 않는다면 로또 구입비용을 허비하는 결과가 발생하지만 로또에 당첨된다면 엄청난 금전의 이득을 취할 수 있기 때문이다. 결과의 발생이 불확실하고 그 결과가 부정적인 것일 때 우리는 '위험'이라고 말한다.

나. 손인

손인(peril)이란 손해(손실, loss)가 발생한 원인을 말한다. 즉 교통사고로 자동

차가 손상되면서 수리비가 1,000만원이 발생했다면, 1,000만원이라는 손실의 원인, 즉 손인은 교통사고가 된다. 다시 말해, 손인은 위험이 현실화 된 손실의 원인을 말하는 것으로 흔히 '사고'로 표현되기도 한다. 이러한 손인에는 담보손인(perils covered), 면책손인(exceptions), 비담보손인(부담보 손인, exclusions)으로 구분된다.

· 담보손인 : 보험회사가 보상하기로 한 손인
· 면책손인 : 보험회사가 보상하지 않기로 한 손인
· 비담보손인 : 보험회사가 담보범위에서 제외한 손인

<그림 2-1> 위태와 손인과 손해의 구분

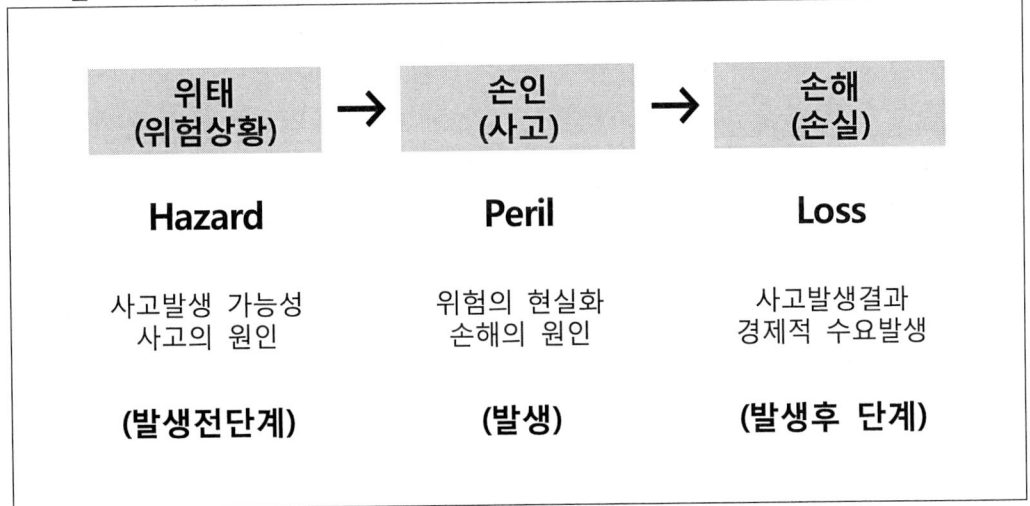

※보험연수원, 보험심사역 공통1, 2015, p.4. 그림인용

다. 위태(해저드, Hazard)

위태(hazard)란 손실(loss)의 빈도(frequency)와 심도(severity)를 증가시키는 상태를 말한다.14) 즉 손실의 원인인 손인(사고, peril)을 발생시켜 손실발생가능성이

나 손실의 규모를 증대시키는 것을 말한다. 예를 들어, 도로의 결빙으로 자동차가 미끄러지면서 자동차사고가 발생하였고, 그 결과 자동차 수리비로 500만원이 발생했다면, 자동차 수리비 500만원은 손실(loss)이고, 이러한 손실의 원인인 자동차 사고는 손인(peril)이며, 자동차 사고(손인)를 발생시킨 '도로의 결빙'은 위태(hazard)이다.

위태는 '위험' 또는 '위험상황'이라고 불리기도 하지만, 영문을 그대로 읽어서 '해저드'라고 부르기도 한다.

위태는 그 형태에 따라 물리적 위태(physical hazard), 도덕적 위태(moral hazard), 정신적 위태(morale hazard)로 구분한다.

물리적 위태(physical hazard)는 손실의 빈도나 심도를 증가시키는 물리적 특성에 기인한 것을 말한다. 예를 들어, 비가 내려 미끄러워진 도로나 결빙으로 인해 미끄러운 도로의 경우 자동차 사고 등을 증가시키는 중요한 원인이 된다. 이와 같은 물리적 조건이나 특성에 기인한 위태를 물리적 위태라 한다.

도덕적 위태(moral hazard)란 개인의 성향에 기인한 위태를 말한다. 즉 보험금을 받기 위해 살해하거나 보험금을 받기 위해 고의로 방화를 하는 경우 등이 도덕적 위태의 대표적인 예이다. 도덕적 위태는 흔히 '도덕적 위험'이라고 번역되기도 하는데, 보험금을 받기 위해 의도적으로 사고를 발생시키는 경우이다.

정신적 위태(morale hazard)는 사고의 방지를 위해 마땅히 기울여야 할 주의를 기울이지 않음으로써 사고의 위험을 증가시키는 것을 말하는 것으로 흔히 부주의, 무관심 등이 대표적인 예이다. 따라서 난로 주변에 인화물질을 방치하면서 '보험을 가입했으니 인화물질로 인해 화재가 발생하더라도 어쩔 수 없다'라는 식의 부주의, 방관 등을 정신적 위태로 구분한다.

도덕적 위태와 정신적 위태를 구분하는 기준은 보험사고의 발생에 '고의'가 개입했는지의 여부에 따라, 사고를 '고의로' 발생시켰으면 도덕적 위태로 보고,

---

14) Nyce, Foundations of Risk Management and Insurance, 2ed, American Institute for Chartered Property Casualty Underwriters, 2007, p.1.8.

고의적으로 사고를 발생시키지 않았다면 정신적 위태로 본다.

사례연구: 도덕적 위태와 정신적 위태

선영근은 도시 외곽지역에 별장으로 목조주택을 구입했다. 주택을 구입한 첫 해에는 화재보험을 가입하지 않았기 때문에 건물주변에 불에 탈 수 있는 인화물질이나 청소 등을 깨끗이 하고, 전기누전, 누수 등의 안전조치와 도둑이 들지 않도록 문단속도 철저히 했다. 그러나 주택구입 2년차에는 이러한 위험들에 대비하여 주택화재보험을 가입하고 여러 가지 특약도 가입했다. 그러자 이때부터 선영근은 더 이상 건물주변을 청소하지도 않고 인화물질을 제거하지도 않고, 문단속도 철저히 하지 않고 방치하기에 이르렀다. 주택구입 5년차에 이르렀을 때 선영근은 사업이 파산하는 등 경제적 어려움에 직면하게 되면서, 주택을 매각하려 하였으나 매각도 쉽지 않았다. 그러자 선영근은 급기야 보험금을 받기 위해 건물에 불을 지르게 된다.

도덕적 위태와 정신적 위태의 차이점은 이 경우 세 단계로 이해할 수 있다.

먼저 주택구입 1년차에 선영근은 개인이 위험에 대응하는 전형적인 모습을 보여주고 있다. 즉 건물주변의 인화물질이나 문단속 등 발생가능한 위험에 대해 철저히 대비했다. 이러한 상황은 도덕적 위태나 정신적 위태와는 무관하다.

그러나 두 번째 해에 보험을 가입하면서 태도가 바뀌었다. 더 이상 건물주변의 인화물질을 제거하거나 문단속을 철저히 하지도 않았다. 이러한 상태가 정신적 위태의 상태에 해당한다.

마지막 5년째에는 재정적 어려움으로 보험금을 받기 위해 일부러 불을 지르게 된다. 이것은 보험금을 받기 위해 고의적으로 사고를 발생시킨 것으로 도덕적 위태에 해당한다.

2. 개인의 위험

위험은 개인이나 회사 등과 같은 조직 등에서 다양하게 존재한다. 흔히 개인에게 존재하는 위험은 다음과 같이 크게 네 가지 범주로 구분된다.

- 재산손실 위험
- 배상책임손실 위험
- 인적 손실 위험
- 소득감소 위험

가. 재산손실 위험

재산손실 위험(Property loss exposures)은 개인이나 조직이 가지고 있는 재산이 사용할 수 없게 되거나 파손되는 등의 손실을 입게 되는 것을 말한다. 예를 들어, 스마트폰을 100만원에 구입한 사람은 그 스마트폰을 소유하지만 그 스마트폰이 파손되거나 도난 되는 등의 위험에 직면하게 되며, 그러한 사고가 발생할 경우 100만원이라는 재산적 손실을 입게 된다. 즉 유형 또는 무형의 재산을 소유하게 될 경우, 그 재산의 파손이나 손실 등의 위험을 가지게 된다. 재산손실위험은 다시 직접손해와 간접손해로 구분된다.

나. 배상책임 손실 위험

배상책임 손실 위험(Liability loss exposures)은 개인이나 조직이 신체적 또는 재산적 손실을 입은 상대방에게 지는 법률적 배상책임 위험을 말한다. 법률적 배상책임을 지게 되는 이유는 법률상의 의무를 이행하지 않았거나 계약상 책

임을 이행하지 않은 경우 또는 불법행위 등으로 타인에게 손해를 가한 경우 등이다. 이러한 상황에서는 상대방에 대해 이행해야할 법률상 배상책임 손해와 변호사 선임비용, 소송비용 등의 손실을 입게 된다. 예를 들어, 자전거를 타고 가다가 앞서 걸어가던 행인을 뒤에서 부딪쳐서 상대방이 치료중 사망하였다면, 자전거 운전자는 상대방의 치료비와 사망에 따른 위자료와 일실소득, 변호사 선임비용, 소송과정에서 발생하는 소송비용 등의 부담을 하게 된다. 이러한 것들을 배상책임 손실 위험이라 한다.

다. 인적 손실 위험

사람은 누구나 나이가 들면서 병들거나 죽음에 이르게 된다. 죽음에 이르는 이유는 다양하지만 다양한 질병과 사고가 원인이 된다. 보통 가장의 갑작스런 사망, 후유장해, 은퇴, 해고 등의 위험을 겪게 된다. 이러한 상황이 되면 한 개인은 물론 생계를 같이 하는 가족들은 다양한 경제적 위험에 직면하게 된다. 이렇게 사람의 상해, 질병, 노령, 조기사망, 은퇴, 해고 등 개인의 신변에 대한 문제 등으로 인한 위험을 인적 손실 위험이라 한다.

라. 소득감소 위험

소득감소 위험은 순소득의 감소를 의미한다. 순소득은 일정기간 동안의 수입에서 비용과 세금 등을 제외한 나머지 금액을 말한다. 이러한 소득감소 위험은 재산손실, 배상책임 위험 손실, 인적 손실 위험 등의 결과로 나타난다.

나의 위험

1. 재산손실 위험

2. 배상책임손실 위험

3. 인적 손실 위험

4. 소득손실 위험

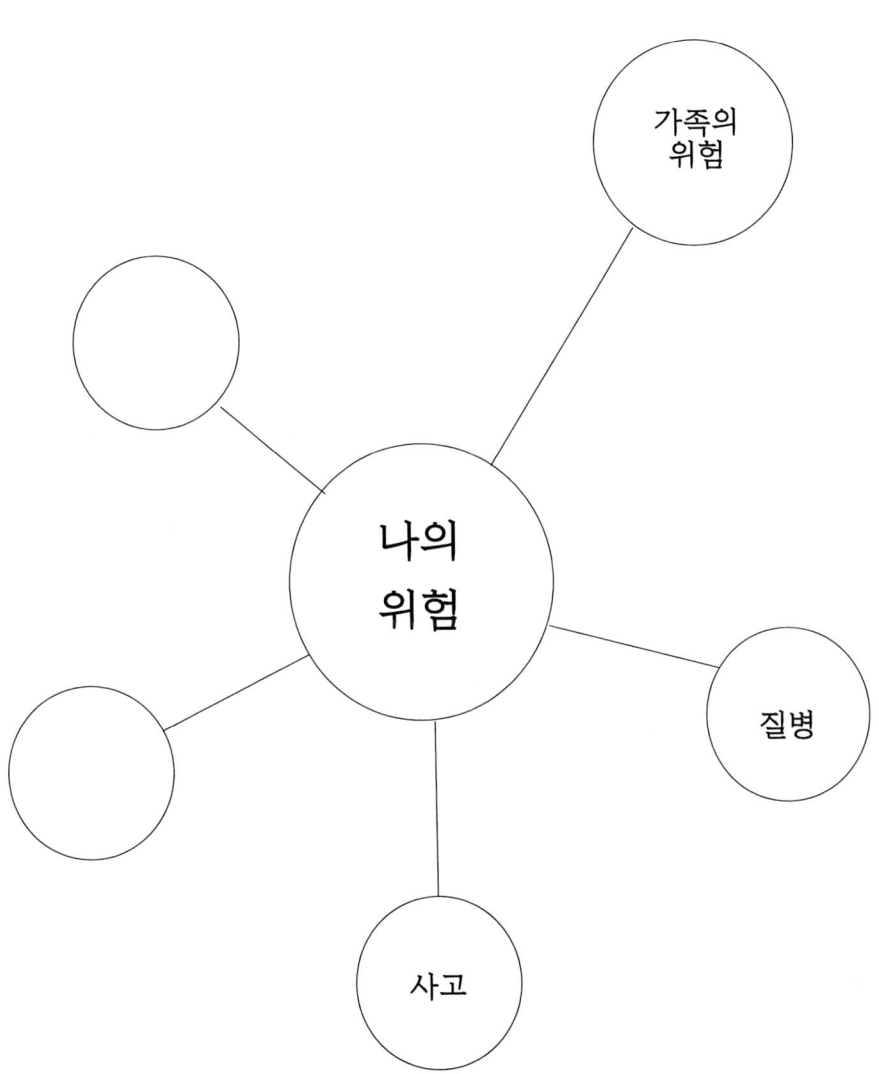

3. 위험의 분류

위험은 그 성격에 따라 다양하게 분류할 수 있다. 우선, 이득가능성 여부에 따라 순수위험과 투기적 위험, 위험의 인지 주체에 따라 주관적 위험과 객관적 위험, 시간의 흐름에 따라 변화하는지의 여부에 따라 동태적 위험과 정태적 위험, 위험이 미치는 범위에 따라 특정위험과 근원적 위험 등으로 분류한다. 여기서는 위험의 분류에서 중요한 기준이 되는 순수위험과 투기적 위험, 그리고 주관적 위험과 객관적 위험에 대해서만 살펴본다.

<그림 2-2> 위험의 분류

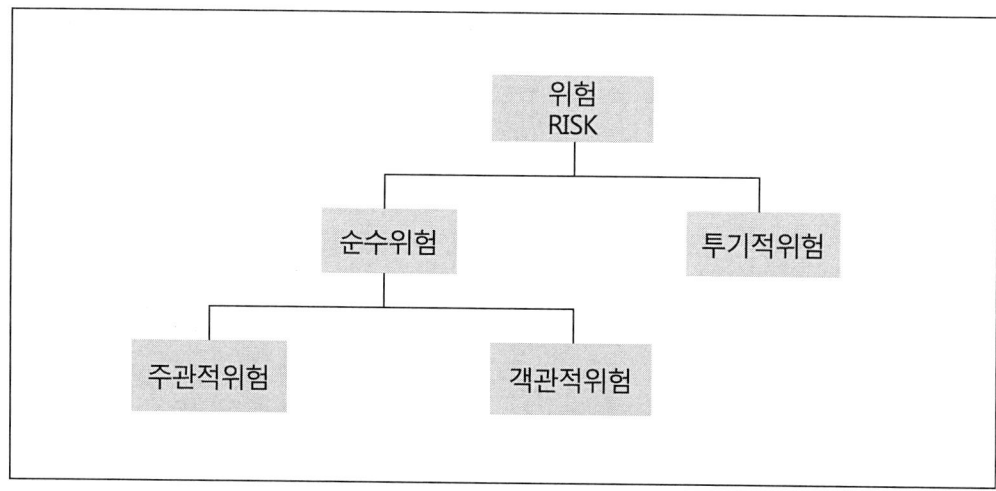

가. 순수위험과 투기적 위험

손실의 가능성(chance of loss)과 함께 이득의 가능성(chance of gain)이 있는지의 여부에 따라 순수위험과 투기적 위험으로 분류한다.[15]

---
15) 보험경영연구회, 「보험과 리스크관리」, 문영사, 2010, p.12.

1) 순수위험

순수위험(pure risk)은 이득의 가능성은 없이 항상 손해발생 가능성만이 존재하는 위험을 말한다. 즉 순수위험은 손실이 발생할지, 발생하지 않을지의 여부만이 있으며 이득의 가능성은 없는 위험을 말한다. 예를 들어, 주택 소유자는 주택이 화재에 노출되어 화재가 발생하던지, 발생하지 않던지 두 가지의 가능성만이 존재한다. 만약 주택에 화재가 발생하지 않는다면 주택소유자는 재정적 여건에 변화가 없다. 두 가지 상황 중 어떠한 상황에서도 주택소유자는 이득가능성이 없다.[16] 이렇게 항상 손실의 가능성만이 있고, 이득의 가능성이 없는 위험을 순수위험이라 한다. 순수위험의 예로 교통사고로 인한 사망이나 암과 심근경색과 같은 질병의 진단, 건물의 화재나 붕괴 등이 있다.

2) 투기적 위험

투기적 위험(Speculative risk)은 손실이 발생할 수도 있고, 발생하지 않을 수도 있다는 점에서는 순수위험과 같지만 이득의 가능성도 있다는 점에서 순수위험과 다르다. 즉 도박이나 주식투자 같은 경우는 손실이 발생할 수도 있고, 손실이 발생하지 않을 수도 있지만 이득의 가능성도 있다. 이러한 위험을 투기적 위험이라 한다.

대표적인 투기적 위험으로는 새로운 사업에 진출하거나 도박이나 게임을 하는 경우, 주식투자를 하는 경우 등이 대표적이다.

---

16) Nyce, Foundations of Risk Management and Insurance, 2ed, American Institute for Chartered Property Casualty Underwriters, 2007, p.1.18.

순수위험, 투기적 위험

어떤 위험에 직면하게 되면 나는 위험을 회피하는 성향을 가지고 있을까? 아니면 발견된 위험을 정면으로 받아들이면서 어떻게 위험을 처리하게 될까? 위험에 대처하는 나의 성향을 알아보는 방법은 없을까? 이를 알아보기 위해 실험을 해본다.

(실험 1)

첫 번째 실험은 교수와 여러분 각자가 게임을 할 것인가 말 것인가를 결정하는 것이다. 게임을 참여하기로 결정했다면, 여러분이 이기면 제가 게임에 참가한 여러분에게 10만원을 지급합니다. 그러나 여러분이 지면 게임에 참가한 사람들이 개인별로 490만원씩을 저에게 지급해야 합니다. 이 경우 여러분들은 이 게임에 이길 확률이 어느 정도 이상이면 게임에 참가하겠습니까?

(실험 2)

두 번째 실험은 같은 사람들이 보험회사에 10만원의 보험료를 지급하고 보험을 구입할 것인지 말지를 결정하는 것입니다. 사고가 발생하지 않으면 손실도 없습니다. 하지만 사고가 발생하는 경우 500만원의 손실이 발생한다고 가정합니다. 여러분이 보험료가 10만원인 보험을 구입하면 손실이 발생해도 전액 보험사가 500만원의 손실 전액을 보상합니다. 이 경우 보험료가 10만원으로 확정되어 있다면 여러분은 사고 발생확률이 높을수록, 즉 손실발생가능성이 높을수록 보험을 구입하려고 할 것입니다. 여러분이라면 사고발생확률이 최소한 얼마 이상일 때 이 보험을 구입하겠습니까?

(실험결과)

대부분의 사람들은 첫 번째 실험의 경우 응답자들이 이길 확률이 최소한 99%가 되지 않으면 게임에 참여하지 않겠다고 응답합니다. 즉 게임에서 질 확률이 1% 미만이 되어야 게임에 참여한다는 의미입니다. 반면 두 번째 실험에서는 대부분 응답자들이 손실발생확률(사고확률)이 10% 이상이 되지 않으면 보험을 구입하지 않겠다고 합니다. 그렇다면 사고발생확률이 5%라면 ?

위의 두 실험의 결과가 달리 나타나는 것은 첫 번째 실험에서는 게임을 선택하지 않더라도 이익도 손실도 발생하지 않는 상태, 즉 리스크가 없는 상황이 된다. 두 번째 실험에서는 보험을 구입하면 10만원의 보험료만 지불하면 가입자는 보험사고 발생여부와 상관없이 가입자는 무위험 상황이 된다. 그러나 보험을 구입하지 않으면 사고가 발생하지 않는 경우에는 이익이나 보험료 구입에 따른 손실이 발생하지 않지만 사고가 발생하는 경우에는 손실이 발생하게 된다.

위의 두 실험은 위험의 종류에 따라 사람들의 대응이 달라진다는 것을 보여준다. 즉 아무런 선택을 하지 않으면 아무런 위험이 없는 투기적 위험에서는 개인의 위험에 대한 성향에 따라 많은 차이를 보인다. 그러나 보험구입이라는 선택을 하지 않을 경우 거대 손실을 입게 되고, 보험을 구입하더라도 특별한 이득이 주어지지 않는 순수위험상황에서는 일정 수준이상의 위험수준이 되면 보험을 구입하게 된다는 것이다. 이렇게 투기적 위험과 순수위험에 대한 사람들의 대응은 달리 나타난다.

보험경영연구회, 보험과 리스크 중, pp.24~26. 수정인용

나. 주관적 위험과 객관적 위험

주관적 위험(Subjective risk)은 한 개인이나 조직의 견해에 의해 인지된 위험을 말한다. 따라서 개인별로 위험에 노출된 인지상황은 각기 다르기 때문에 이를 측정하는 것은 매우 어렵다. 반면, 객관적 위험(Objective risk)은 어떤 사실이나 자료에 의해 측정가능한 위험을 말한다. 다시 말해, 개인의 주관적인 생각 등과 같이 측정이 어렵고 개인의 특성에 따라 평가가 달라질 수 있는 위험을 주관적 위험이라 하고, 확률 등의 수단에 의하여 객관적으로 측정할 수 있는 위험을 객관적 위험이라 한다.

보험에서는 피보험자의 위험을 객관적으로 측정할 수 있어야 보험료를 산출할 수 있기 때문에 객관적 위험을 보험사고의 대상으로 한다.

제2절 위험관리

1. 위험의 측정

가. 손실의 빈도

손실의 빈도(frequency of loss)란 일정 기간 동안 발생하는 손실의 횟수를 말한다. 즉 일정기간 동안 사고가 얼마나 자주 발생하느냐를 의미한다. 사람의 사망은 1회적인 것이기 때문에 손실의 빈도는 1회이다. 그러나 소지하고 있던 볼펜을 잃어버리는 것은 매우 빈번하게 발생하는 손실이다.

손실의 빈도는 일정 기간 동안 사고가 얼마나 자주 발생하느냐를 측정하여 사고 발생확률을 계산하는데 중요한 지표가 된다.

나. 손실의 심도

손실의 심도(severity of loss)는 손실의 경제적 크기를 의미한다. 즉 사고가 발생한 경우의 손실이 얼마나 큰지를 나타낸다. 사람이 사망하게 되면 모든 것을 잃는 것이므로 손실의 심도는 매우 큰 것인 반면, 볼펜을 잃어버릴 경우의 손실은 볼펜을 다시 재구입하는 데에 소요되는 소액의 비용만 지불하면 되기 때문에 손실의 심도는 매우 작다.

손실의 심도는 손실의 빈도와 함께 손해를 예측하는 매우 중요한 지표로 활용된다. 손실의 심도와 빈도 외에도 손실의 분산(variation of loss)[17]의 개념도

---

[17] 손실의 분산이란 손실의 빈도와 규모의 불확실성을 의미하는 것으로 예측되는 손실과 실제 나타나는 결과의 차이를 나타낸다. 즉 손실의 분산이란 손실이 어느 정도 분산되어 나타나느냐를 의미한다.

2. 위험을 처리하는 방법

위험을 처리하는 방법으로는 우선 예상되는 위험에 대하여 손실의 빈도와 손실의 심도를 측정해야 하고, 이를 바탕으로 해당 위험을 어떻게 처리할 것인지를 결정해야 한다. 이러한 결정에는 발생가능한 위험 대비 이를 처리하는 비용을 비교하여 어떠한 처리방법을 적용할 것인지에 판단해야 한다. 만약 위험을 처리하는 비용이 실제 발생한 손해보다 높을 경우는 다른 방법을 강구해야 한다.

위험을 처리하는 방법은 모든 위험을 고정적·획일적으로 적용하는 것이 아니고, 각각의 상황이나 주어진 여건 등을 고려하여 종합적으로 판단해야 한다.

전통적으로는 손실의 빈도와 심도에 따라 위험의 보유, 위험의 회피, 손실통제, 위험의 전가 등의 방법이 사용되고 있다. 이 외에도 다양한 위험처리방법이 있지만 여기서는 위의 4가지를 기준으로 설명한다.

<표 2-1> 위험의 속성에 따른 위험 처리방법

구분		손실의 빈도(Frequency of loss)	
		낮은 빈도	높은 빈도
손실의 심도 (Severity of loss)	낮은 심도	위험의 보유	손실통제
	높은 심도	위험의 전가	위험의 회피

가. 위험의 보유

위험의 보유(risk retention)는 손실의 빈도와 심도가 모두 낮은 경우에 적용하는 대표적인 위험처리방법이다. 즉 연필을 잃어버릴 위험에 대비하기 위하여 우리는 별도의 대책을 강구하지는 않는다. 연필을 잃어버리는 경우는 매우 자주 발생하는 것도 아니고(손실의 빈도), 설사 연필을 잃어버린다 하더라도 연필을 다시 구입하는 데 드는 비용도 매우 작기 때문에(손실의 심도) 별도의 조치를 취하지 않는 것이다. 이것을 위험의 보유라고 한다.

위험의 보유는 위험을 인식하고 위험에 대처하기 위하여 적극적으로 대처하는 적극적 위험보유와 위험에 대한 무지, 무관심, 태만 등에 의한 소극적 위험보유가 있다. 적극적 위험보유의 대표적인 예가 본인의 위험을 스스로의 보험기법을 적용하는 자가보험(Self Insurance)이다.

나. 위험의 회피

위험의 회피(risk avoidance)란 손실의 빈도와 심도가 모두 커서 그 위험을 회피하는 것을 말한다. 항공기 추락위험을 회피하기 위하여 항공기를 탑승하지 않거나 선박의 침몰위험을 회피하기 위하여 선박에 탑승하지 않는 것, 오토바이 사고를 피하기 위하여 오토바이를 운전하지 않는 것이 대표적인 예이다. 그러나 모든 위험을 회피할 수 있는 것은 아니다. 즉 섬에 들어가기 위해서는 선박을 통한 이동수단 밖에 없는 경우 섬에 들어가기 위해서는 선박탑승이라는 위험을 피할 수 없게 된다.

최근에는 신용카드사의 개인정보유출사고로 인해 정보유출에 따른 피해를 입지 않으려는 소비자가 신용카드를 해지하거나 2014년 세월호사고 이후 선박이용률이 현격히 줄어든 점 등은 위험을 회피하는 대표적인 사례들이다.

다. 손실통제

손실통제(loss control)는 손실의 빈도(frequency)와 심도(severity)를 줄이는 방법을 의미한다. 손실통제는 만약 사고가 발생할 경우의 발생한 손실을 원상복구 비용이나 원상복구 될 때까지의 여러 간접비용 등을 방지하기 위하여 손실의 발생을 사전에 예방하거나 부득이하게 사고가 발생하더라도 손실을 최소화 시킬 수 있는 방법을 강구하는 것을 의미한다. 손실통제 방법으로는 손실예방(loss prevention)과 손실감소(loss reduction) 등의 방법이 있다.

1) 손실예방

손실예방(loss prevention)은 말 그대로 손실이 발생하는 것을 예방하는 것을 말한다. 쉬운 예로 독감에 걸리지 않기 위해 예방접종을 실시하는 것처럼 어떤 사고가 발생하지 않도록 하는 사전적 예방조치를 말한다. 예를 들면, 산불방지를 위해 등산로 입구에서 담배나 라이터, 성냥과 같은 인화물질 소지를 금지하도록 하는 것이나 가스레인지에서 가스누출시 가스공급이 자동으로 차단되도록 하는 장치 등은 손실예방의 대표적인 사례이다.

2) 손실감소

손실감소(loss reduction)란 사고의 발생을 사전에 예방하는 차원이 아니라 이미 발생한 사고에 대하여 손실이 확대되는 것을 방지하기 위한 조치를 말한다. 예를 들어, 건물내의 스프링클러는 화재가 발생한 경우 주변으로 화재가 확대되는 것을 방지하기 위해 화재가 감지되면 물을 뿌림으로써 손실이 확대되는 것을 방지한다. 이러한 예로, 인화물질 주변의 소화기나 건물의 소화전, 자동차의 에어백 등이 대표적이다.

손해보험사에서는 건물의 화재보험료를 산정할 때 소화설비가 있을 경우 보험료를 할인해줌으로써 자체적인 손실감소 노력을 유도하고 있다.

<표 2-2> 소화설비 할인율표 (손실통제 사례)

소화설비의 종류				할인율
0	소화기			3%
1	옥외소화전설비		갑	15%
			을	12%
			병	8%
2	옥내소화전설비		갑	10%
			을	8%
			병	5%
3	소방펌프자동차			15%
4	자동화재탐지설비			5%, 8%, 10%
5	자동화재속보설비			5%
6	스프링클러설비	1	모든 시설이 규정에 적합할 때	60%
		2	미달규정의 수가 1개일 때	50%
			미달규정의 수가 2개일 때	40%
			미달규정의 수가 3개일 때	30%
			미달규정의 수가 4개일 때	20%
		3	미달규정의 수가 5개일 때	15%
7	이산화탄소 소화설비	전역방출방식	자동	20%
			수동	10%
8	포소화설비			5~18%
9	할론1301소화설비	전역방출방식	자동	20%
			수동	10%
10	청정소화약제	전역방출방식	자동	20%
			수동	10%

※ 자료 : 한국화재보험협회, http://www.kfpa.or.kr/business/bu

라. 위험의 전가

위험의 전가(transfer of risk)란 개인이나 조직이 가지고 있는 위험을 제3자에게 전가시키는 것을 말한다. 즉 발생가능한 손실의 규모나 빈도에는 영향을 주지 않고 스스로 부담해야 할 경제적 손실을 제3자에게 넘기는 방법이다.

위험을 전가시키는 방법으로는 계약을 통해 전가시키는 방법, 법인 회사 설립을 통한 방법, 보험(insurance)을 통한 전가 등이 있다.

마. 위험의 분산

위험의 분산(separations of risk)은 발생가능한 손실을 감소시키고 불확실성을 감소시키는 방법이다. 즉 위험의 대상이 되는 것을 집중시키지 않고 장소적, 시간적, 기술적으로 분산시키는 방법이다.

<그림 2-3> 삼성SDS 데이터센터 화재

<그림 2-4> 전주사고(史庫)

2014년 4월 20일 삼성SDS 과천 데이터센터의 건물 화재사고로 이곳에 보관 중이던 삼성카드의 서버가 가동 중단되는 사고가 발생하였다. 삼성SDS 과천센터는 백업데이터를 보관하는 장소로 메인센터는 수원에 자리하고 있었기 때문

에 실질적인 자료유실은 발생하지 않았다. 서버를 여러 군데에 둠으로써 위험을 분산시킨 것이다.

위험을 분산시킨 또 하나의 대표적인 예로 조선의 5대 사고(史庫)를 들 수 있다. 조선전기의 사고는 창덕궁내 춘추관, 충주, 전주, 상주의 4곳이었으나 임진왜란으로 모두 불타고 전주사고만 남았다. 이후 전주사고본을 다시 인쇄하여 춘추관, 강화도의 마니산, 강원도의 오대산, 경북 봉화군의 태백산, 평안북도의 묘향산의 5개 지역으로 분산하였다. 이를 통해 여러 번의 변란 속에서도 지금의 조선왕조실록을 보관해올 수 있었다.

3. 위험관리

위험관리(risk management)란 위험을 발견하고 그 위험의 발생빈도와 심도를 분석하여 가능한 한 최소의 비용으로 손실발생의 역효과를 최소화하기 위한 제반활동을 말한다.

<그림 2-5> 위험관리 절차

1	위험의 발견과 확인(인식)
2	위험의 분석과 평가
3	위험관리기법의 선택
4	위험관리의 수행 및 수정

위험관리의 절차로 우선 어떤 위험이 존재하는지 찾아내야 한다(위험의 발견과 확인). 위험을 발견하고 확인한 다음에는 위험을 분석하고 평가하는 과정을 거쳐야 하며(위험의 분석과 평가), 해당 위험에 대처하기 위해 어떤 위험관리 기법을 선택할 것인지의 선택의 과정(위험관리기법의 선택)을 거쳐 위험관리를 실제 수행한 다음 사후평가를 통해 수정하는 과정(위험관리의 수행 및 수정)을 거쳐야 한다.

손가락 길이로 본 나의 위험성향

모든 생명체는 세포의 증식과 소멸에 의해 형성된다. 태아 단계에서 시작된 손가락은 몸통에서 주걱모양으로 나온 다음 다섯 손가락 사이에 공간이 생기게 되는데 이때 손가락이 아닌 빈 공간 부분의 세포가 스스로 사멸하면서 온전한 손가락이 형성된다.

이러한 세포의 생성과 소멸에 의해 만들어진 손가락은 남성과 여성간의 차이를 보인다. 남성의 경우 검지(두 번째 손가락)가 약지(네 번째 손가락)보다 짧지만, 여성의 경우에는 검지가 약지보다 더 길거나 비슷하다. 이것은 태아가 자궁에서 성장할 때 받는 호르몬의 차이로 인해 나타난 결과이다. 테스토스테론이라는 남성호르몬에 많이 노출되면 약지가 길어지며, 에스트로겐이라는 여성호르몬에 많이 노출되면 검지가 더 길어지게 된다는 것이다.

이러한 호르몬의 영향으로 인해 남성은 여성보다 약지가 검지보다 더 긴 성향을 나타내고, 남성성이 강하다. 따라서 보다 공격적이고 위험지향적일 가능성이 높으며 사회적으로 성공할 가능성 또한 높다. 아울러 여성에게 외모나 행동 면에서도 매력적으로 느껴진다. 약지의 길이를 1로 할 때 검지의 길이가 0.95 이하인 남성은 그 이상인 남성보다 전립선암의 항원수치가 1.7배 이상 높게 나타나며, 실제 전립선암 환자도 3.2배나 많은 것으로 나타났다. 남성은 검지가 짧을수록 전립선암에 걸릴 확률이 더 높은 것이다.

참고문헌

류근옥, 세상을 바꾼 보험, 교보문고, 2014.
보험경영연구회, 보험과 리스크관리, 문영사, 2010.
보험연수원, 보험심사역 공통1, 보험연수원, 2015.
이경룡, 보험학원론, 영지문화사, 2009.
이재복, 보험학원론, 두남출판사, 2008.
Nyce, Foundations of Risk Management and Insurance, 2ed, American Institute for Chartered Property Casualty Underwriters, 2007.
한국화재보험협회, http://www.kfpa.or.kr

제3장

보험의 정의와 유사보험

학습목표

○ 보험의 정의와 특성, 그리고 효용과 비용에 대해 이해하고 설명할 수 있다.

○ 보험과 유사한 형태의 유사보험의 종류와 운용현황 등에 대해 이해할 수 있다.

○ 우리나라 상법과 보험업법 등에서 분류하고 있는 보험의 종류에 대해 이해하고 설명할 수 있다.

제3장 보험의 정의와 유사보험

제1절 보험의 정의

1. 보험의 개념

가. 보험의 의의

보험은 위험의 전가수단으로서 인간이 만들어낸 가장 합리적인 제도중 하나로 손꼽히고 있다. 보험이 많은 학문분야와 연관되어 있어서 사회적·경제적·법률적·수리적 관점에 따라 다양하게 정의될 수 있다.

미국의 위험보험학회(American Risk and Insurance Association)의 보험용어위원회(Commission on Insurance Terminology)에서 "보험은 위험과 관련된 금전적 보상 또는 기타 서비스 등을 제공하기 위하여 그러한 손실에 대해 보상하기로 한 보험회사에게 위험을 전가하기로 한 예상치 못한 손해의 결합이다"(Insurance is the pooling of fortuitous losses by transfer such risks to insurers who agree to indemnify insureds for losses, to provide other pecuniary benefits on their occurrence, or to render services connected to the risk)[18]라고 정의하고 있다.

즉, 보험은 예상치 못한 사고를 당한 피보험자에게 금전적 보상 또는 기타 서비스 등을 제공하기로 약속하고, 피보험자가 가지고 있는 위험을 보험회사에 전가시키는 것을 의미한다.[19]

---

18) http://www.aria.org/(American risk and Insurance Association).
19) 이재복, 「보험학원론」, 두남출판사, 2008, pp.135~139.

나. 보험의 특징

1) 손실의 집단화

손실의 집단화란 개인이 가지고 있는 개별위험을 다수의 동질의 위험을 가진 집단전체로 분산시키는 것을 의미한다. 개별위험이 집단위험으로 분산되는 과정에서 실제 손실(actual loss)이 집단의 평균손실(average loss)로 대체된다. 이러한 대체과정이 가능한 것은 대수의 법칙에 의해 미래의 발생 가능한 손실을 정확하게 예측할 수 있기 때문이다. 바꾸어 말하면, 대수의 법칙에 의해 정확한 예측이 가능할 수 있게 하기 위해서는 충분한 정도로 위험이 집단화 되어야 한다.

다수의 동질의 손실이 집단화 되면 사고의 발생빈도와 평균손실의 정도를 정확하게 예측할 수 있고, 이러한 예측을 통해 불확실성이 감소하며 결과적으로 위험의 감소를 가져온다.[20]

2) 위험의 분담

손실이 집단화 되는 과정에서 개별위험이 집단의 위험으로 분산이 이루어진다. 분산된 위험은 한 개인이 감당하기 힘든 위험을 집단 전체가 균등하게 나누어 가짐으로써 전체가 충분히 감당할 수 있는 위험으로 대체된다. 위험을 집단화 하기 전에는 개인이 혼자서 온전히 감당했어야 할 위험을 집단화 한 이후에는 소액의 보험료로 집단 전체가 분담하게 된다.

3) 위험의 전가

보험은 여러 가지 위험관리 수단중 개별위험을 보험단체에 전가시키는 위험전가의 한 방법이다. 위험의 전가수단으로서의 보험은 재정적으로 취약한 개인의 위험을 재정적으로 충분한 보험회사로 전가시키는 것이다. 따라서 한 개

---

[20] 보험경영연구회, 「보험과 리스크 관리」, 문영사, 2010, p.71.

인이 가지고 있는 조기사망 위험이나 질병의 위험 또는 재산상의 손해와 같은 위험을 보험회사에 전가시키는 것이 바로 보험이다.

4) 우연한 사고에 대한 보상

보험은 우연한 사고에 대해 보상한다. 보상은 실제 발생한 손해를 원상회복하는데 목적을 두고 있기 때문에 손해발생 이전의 상태보다 더 많은 이익을 얻는 것을 금하고 있다. 따라서 실제 발생한 손해 이상의 이득을 얻는 것을 금지하기 위해, 실손보상의 원칙, 보험자 대위의 원칙 등이 적용된다.

또한, 보험은 우연한 사고를 보상하는 것을 원칙으로 하는데, 이는 고의에 의한 사고를 보상할 경우 보험사기 등과 같은 모럴해저드를 방지하기 위함이다.

다. 보험가능위험의 요건[21]

보험은 인간이 가지고 있는 모든 위험을 인수할 수 없다. 일부 위험은 적절한 보험료와 인수조건을 붙여 인수할 수 있지만, 일부 위험은 보험제도를 통해 위험을 전가할 수 없는 것도 있다. 다음은 보험이 가능한 요건들을 나열한 것이다.

· 다수의 동질의 위험이 존재해야 한다.
· 손실은 의도하지 않은 우연한 사고에 의한 것이어야 한다.
· 손실은 확정가능하고 측정가능해야 한다.
· 대재난 손해가 아니어야 한다.
· 경제적으로 합리적인 보험료 수준이어야 한다.

---

21) George E. Rejda, Principles of Risk Management and Insurance, 10th, pp.21~23.

1) 다수의 동질의 위험

부보가능한 위험의 첫 번째 요건은 다수의 동질의 위험이 존재해야 한다. 다수의 동질의 위험이 존재해야 하는 이유는 대수의 법칙에 의해 보험회사가 발생하는 손실을 충분히 예측할 수 있도록 하기 위해서이다. 충분히 많은 수의 위험이 집단화(Pooling) 되지 않으면, 대수의 법칙을 적용할 수 없고 합리적인 수준의 보험료도 산출할 수 없게 된다.

2) 우연한 사고

두 번째 요건은 손실이 의도하지 않은 우연한 사고에 의한 것이어야 한다. 보험계약자나 피보험자 또는 보험수익자의 통제권 밖에서 발생한 사고여야 한다. 고의에 의해 보험사고가 발생할 경우까지 보험금을 지급하게 되면 누구나가 보험금을 받기 위해 고의적으로 보험사고를 발생시킬 것이기 때문에 정상적인 보험제도의 운영은 불가능해진다.

보험사고가 의도하지 않은 우연한 사고이어야 하는 이유는 두 가지다. 우선, 의도적인 사고에 보험금을 지급하게 되면 모럴해저드가 지속적으로 증가하게 되고, 결국에는 보험료의 상승으로 이어진다. 보험료가 지속적으로 상승하게 되면 비싼 보험료를 부담할 사람들이 줄어들게 되고, 보험회사는 보험에 가입하는 충분한 다수의 동질의 위험을 확보할 수 없게 된다.

또 하나의 이유는 대수의 법칙이 사고의 발생 자체가 우연한 것을 기반으로 성립하기 때문이다. 피보험자가 언제 보험사고가 발생할지 안다면, 대수의 법칙이 무너지고, 결국에는 미래의 보험사고 발생가능성에 대한 예측이 깨지게 된다.

3) 확정가능하고, 측정가능한 손실

손실은 그 원인과 시간, 장소, 정도와 같은 손실이 확정가능해야 한다. 손실의 원인과 사고발생 장소를 확정 지을 수 없다면, 보험료 계산이 불가능하고 보험회사는 이러한 위험을 인수할 수 없다.

대부분의 생명보험에서는 대수의 법칙에 따라 사망원인과 시기를 쉽게 예측할 수 있다. 그러나 상해보험이나 실손의료보험 등의 보험에서는 피보험자의 상해나 질병이 상당부분 주관적이어서 실제 얼마나 다쳤는지, 또한 얼마나 아픈지에 대한 것을 명확히 할 수 없는 경우도 있다.

매년 우리나라를 강타하다시피 하는 조류독감과 광우병의 경우, 일단 발병이 시작되면 전염속도와 범위가 어느 정도 될지 알 수 없기 때문에 보험회사에서 쉽게 인수할 수 없게 된다.

손실이 확정가능하고 측정가능한 손실이어야 하는 이유는 보험사고가 보험계약에서 보상하는 사고라고 한다면 보험사가 보험금을 어느 정도 지급해야 하는지를 확정짓기 위해서이다.

4) 대재난 손해가 아닌 사고

손실은 지진, 분화, 해일 등과 같은 대재난 손해가 아니어야 한다. 이것은 많은 위험노출단위가 동시에 손실을 입지 않아야 함을 의미한다. 만약, 다수의 동질의 위험이 동시에 사고가 발생할 경우 보험제도를 위해 위험을 집단화(Pooling)시켰던 기술적 장치가 붕괴되고 만다. 보험료는 감당할 수 없을 만큼 상승하게 되고 보험제도는 더 이상 정상적인 운영이 어렵게 된다.

보험회사는 대재난 손해를 피하길 원하지만, 태풍, 홍수, 지진, 해일 등과 같은 자연재해는 주기적으로 찾아온다. 또한 테러에 의해서도 거대손해가 발생하기도 한다. 2001년 미국의 9·11 테러 당시 수없이 많은 사람들이 죽고, 엄청난 재산 손실까지 입었다.

보험제도가 정상적으로 운영되기 위해서는 발생하는 보험사고가 대재난 손해가 아니어야 하지만, 기술적으로 재보험(Reinsurance)을 이용하거나 위험을 분산시키는 방법 등을 이용하여 보험으로 인수하기도 한다.

<그림 3-1> 9·11 테러당시의 사진　　<그림 3-2> 허리케인에 의한 사고

5) 합리적인 보험료 수준

보험이 유지되기 위해서는 우선 보험사고가 확률적으로 추정 가능해야하고, 보험료가 감당할 수 있는 수준이어야 한다. 보험상품은 단기간에 끝나는 것이 아니고, 보험기간이 장기간 지속되기 때문에 충분이 감내할 수 있는 수준이어야 한다. 또한 보험료수준은 보험사고의 발생으로 받는 보험금의 수준보다 낮아야 한다.

실손의료보험의 경우 100세 만기 상품을 갱신형으로 가입하면, 40세에는 대략 15,000원 정도의 보험료를 납부하면 되지만 100세까지 지속적으로 갱신보험료를 납입할 경우 80세에 이르러서는 월 60만원에 달하는 보험료를 매달 납부해야 한다. 100세 만기로 보험 가입은 가능하지만 갱신형으로 매년 상승하는 보험료를 반영할 경우 보험계약자가 감당하기 어려운 수준의 보험료를 납부해야 하는 문제가 있다. 보험료는 계약자가 감당할 수 있을 만큼의 합리적 수준이내여야 한다.

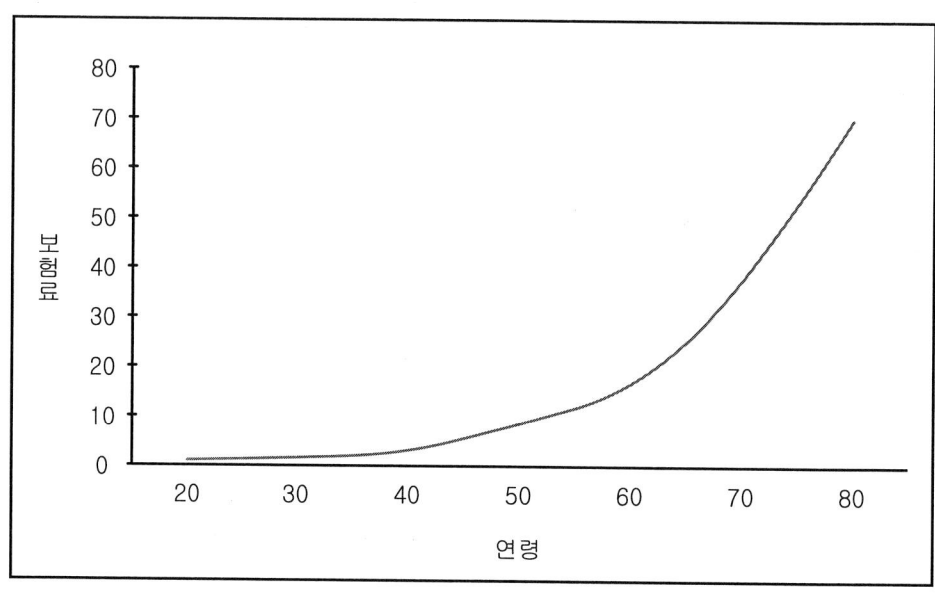

<그림 3-3> 자연보험료 방식에 의한 갱신보험료 상승

2. 보험의 효용과 비용

가. 보험의 효용

1) 손해의 보상

보험사고의 발생으로 손해가 발생한 경우 보험을 통해 손해가 발생하기 이전의 상태로 회복할 수 있고, 결과적으로 재정적 안정성을 확보할 수 있다. 개인과 기업 모두 손해의 보상을 통해 손해발생 이전의 상태를 유지할 수 있게 된다. 따라서 보험은 다수의 보험계약자로부터 소액의 보험료를 갹출하여 손해를 입은 피보험자에게 손해를 보상함으로써 개인이나 기업이 손해발생 이전의 상태로 회복이 가능하도록 한다.

2) 걱정과 불안의 감소

보험은 사고를 당한 자에게 경제적 손실에 대한 보상을 함으로써 불확실성을을 감소시킬 뿐만 아니라, 위험에 대한 걱정과 불안을 감소시킨다. 만약, 보험이 없다면 해외여행을 갈 때 해외에서의 높은 의료비에 대한 불안감을 떨칠 수 없을 것이며, 값비싼 휴대폰 등과 같은 물건을 소유하면서도 도난에 대한 불안감도 적지 않을 것이다. 하지만 해외여행을 갈 때에는 해외여행보험에 가입함으로써 해외여행중에 입게될 상해 또는 질병에 의한 치료비 걱정을 덜 수 있게 된다. 또한 값비싼 휴대폰을 사용할 때에도 언제 잃어버릴지 모른다는 불안감도 줄일 수 있게 된다.

이렇듯 보험은 미래에 있을지 모를 불확실한 사고를 확실한 소액의 보험료로 대체함으로써 걱정과 불안을 감소시키는 효과가 있다.

3) 투자재원의 확보

보험계약자는 미래에 있을지도 모를 불확실한 사고에 대비하기 위하여 보험회사에 보험료를 납부한다. 보험기간은 짧게는 몇일부터 길게는 수십년에 이르러 피보험자가 사망한 후에 보험금을 지급하게 된다. 즉, 보험료의 납부시점과 보험금 지급시점간에는 상당한 시간적 차이가 있게 마련이다. 보험회사는 이러한 시간적 간격에 해당하는 기간 동안 유가증권이나 부동산, 사회간접자본 등에 투자함으로써 투자수익을 얻기도 한다. 보험회사 입장에서는 투자수익을 얻을 수 있지만, 사회 전체적으로는 장기간에 걸쳐 안정적으로 투자할 수 있는 투자 재원이 되기도 한다.

4) 손해방지 활동

보험에 가입하면 보험자체가 손해방지활동을 직접적으로 수행하지는 않는다. 그러나 보험회사 입장에서는 보험사고가 발생하여 거대 보험금이 지급되는 것 보다는 손해의 예방 및 경감 활동 등을 통해 보험금 지급을 방지하는 것이 오히려 이익이 된다.

따라서 보험회사는 위험과 보험사고와 관련된 축적된 전문지식을 통해 손해방지 프로그램을 적극적으로 운영하고 있다. 또한 언더라이팅 과정에서 실제 손해방지 및 경감 활동 등에 대한 보험료 할인 등을 통해 손해방지활동을 수행하고 있다.

<그림 3-4> 블랙박스 설치 할인

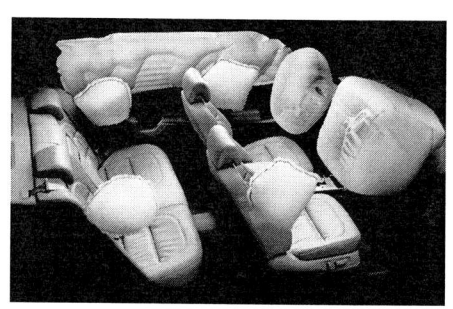
<그림 3-5> 에어백 할인

최근 자동차보험에서는 자동차의 운전석 및 보조석에 에어백이 장착되어 있는 경우에 자기신체사고 보험료의 10~20%를 할인해주거나, 자동차에 도난방지 기능을 갖춘 경우에 자기차량손해의 보험료를 15% 정도 할인하거나, 보유불명 자동차사고나 사고발생시 과실에 대한 분쟁해결을 위해 블랙박스를 설치한 차량에 대해서는 전체 보험료의 3~5%를 할인해주고 있다. 보험계약자 입장에서는 추가적인 장치를 통해 비용이 더 들 수는 있지만 실제 사고발생시에는 손해를 경감시킬 수 있다. 또한 보험회사 입장에서는 당장은 보험료 수입이 줄어들 수 있지만 사고발생시 지급보험금을 감소시킬 수 있어서 늘어나는 손해를 방지할 수 있게 된다.

나. 보험의 비용

1) 사업비

보험계약자가 보험회사에 납부하는 보험료에는 보험설계사의 수당이나 판매촉진비, 점포운영비, 직원급여, 수금비용 등이 포함되어 있다. 보험을 가입하면서 개인이 가지고 있는 위험을 보험회사에 전가시키는 장점이 있는가 하면 보험사업 운영에 필요한 사업비가 추가로 발생하는 단점도 있다. 저축성보험이나 변액보험과 같은 투자상품의 경우 납부하는 보험료중 사업비의 비중이 어느 정도인지에 따라 투자 원금이 달라지므로 보험소비자는 납부하는 보험료중 사업비율을 확인하는 것이 필요하다.

보험회사의 운영경비 형태로 사용되는 사업비가 많아질수록 보험료도 더 비싸지게 된다. 따라서 같은 종류의 보험이라면 보험계약자가 납부하는 보험료 중 사업비가 적은 보험사를 선택해서 가입해야 한다.

보험료 지수는 보험상품의 보험료(보험금 지급을 위한 보험료 및 보험회사의 사업경비 등을 위한 보험료)가 참조순보험료(표준이율 및 참조순보험요율을 적용하여 계산한 순보험료) 대비 높거나 낮은 수준을 나타내는 지수이다. 보험료 지수를 기준으로 생명보험협회의 공시자료를 통해 분석한 금융소비자원의 자료는 아래와 같다.

<표 3-1> 생명보험사의 보험료지수 현황

구분	생명보험사(보험료지수)
최고(3개사)	라이나생명(214.65%), AIA생명(191.71%), BNP파리바카디프생명(181.19%)
고(5개사)	알리안츠생명(180.86%), 현대라이프(170.29%), 메트라이프(167.43%), PCA생명(164.89%), ACE생명(162.81%)
중(7개사)	흥국생명(153.09%), 우리아비바생명(150.33%), 하나생명(148.59%), 푸르덴셜생명(147.84%), 동양생명(147.49%), NH농협(147.10%), KDB생명(144.71%)
저(5개사)	동부생명(143.73%), KB생명(143.04%), 신한생명(142.59%), 삼성생명(139.91%), 교보생명(139.29%)
최저(3개사)	한화생명(134.84%), ING생명(133.32%), 미래에셋생명(132.66%)

※ 금융소비자원(http://www.fica.kr) 2013년 7월 12일자 보도자료.
 - 생명보험협회 공시자료(2013. 7. 9) 기준으로 산출하여 내림차순으로 구분
 - 보험료지수는 공시상품의 보험료지수를 평균한 것이므로 특정상품의 보험료지수와 다름

2) 보험사기

보험은 미래의 불확실한 거대 손해를 확실한 소액의 보험료로 대체하는 제도로서 보험사고의 발생이 보험소비자의 영역내에서 이루어지는 정보의 비대칭으로 인해 보험사기가 빈발한다. 우연한 사고의 발생을 보험사고의 요건으로 하고 있지만, 보험회사는 보험계약자 등의 행위를 일일이 관찰할 수 없기 때문에 보험사고가 고의에 의한 사고인지를 입증하기 쉽지 않다. 고액의 보험금을 노리고 가족을 살해하거나 방화를 하는 등의 보험사기는 보험제도의 가장 큰 폐단 중 하나이다.

3. 보험과 유사개념

가. 보험과 도박

도박은 그 기원을 거슬러 올라가면 2,000년 이상으로 추정된다. 사회의 모든 계층에서 도박으로 인한 폐해를 겪어왔다. 본디오 빌라도의 병사들은 예수가 십자가에 못박혀 고통 받고 있을 때, 나중에 그의 옷을 누가 차지하는지를 놓고 주사위 던지기에 열중했다. 로마황제 마르쿠스 아우렐리우스는 개인 도박사까지 두고 정기적으로 도박에 참여했다. 샌드위치 백작은 식사하러 도박 테이블을 떠나야 하는 단 몇분도 아까워 그 유명한 샌드위치를 만들어냈다. 조지 워싱턴은 독립전쟁 중에도 자신의 막사에서 도박판을 벌였다.[22]

  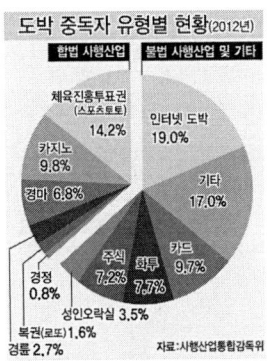

<그림 3-6> 우리나라의 화투와 카드 　　<그림 3-7> 도박중독 현황

이렇듯 도박은 인류의 문명과 함께 해왔으며, 보험제도의 태생을 예고하는 중요한 단초가 되었다. 다 끝내지 못한 도박에서 판돈을 어떻게 나눌 것인가는 많은 수학자들에게 중요한 숙제가 되었고, 이를 확률이론으로 발전시키면서 근대의 합리적인 보험이론을 이끌어 냈다.

---
22) 피터 L. 번스타인(안진환 옮김), 리스크, 한국경제신문, 2008, p.27.

인류가 이렇게 끊임없이 도박에 매진할 수 있었던 것은 도박이 가지고 있는 '사행성'때문이었다. 작은 돈을 내고 운이 좋으면(또는 실력이 좋으면) 상대방의 많은 돈을 모두 거머쥘 수 있기 때문이다.

도박은 복권이나 경마등과 함께 우연한 사건을 다룬다는 점과 다수가 낸 금전을 소수에게 분배하기 위하여 통계적 계산에 기초한다는 점에서 보험과 유사하지만, 위험대비라는 측면에서 보험과는 본질적으로 다르다.

나. 보험과 저축

저축은 장래에 사용할 목적으로 자신의 수입의 일부를 모으는 것을 말한다. 저축은 은행 등의 기관에 적립하면서 본인이 필요할 때 모아둔 돈을 찾아 쓸 수 있다. 이러한 저축은 반드시 위험을 대비하기 위한 것은 아니며, 사고발생 여부와 상관없이 인출할 수 있다. 또한 은행의 예대마진[23)]에 의해 일정부분을 이자로 받을 뿐 사고로 인해 추가로 지급받는 것은 없다. 저축이 타인과 함께 공동기금을 마련하는 것이 아닌 반면, 보험은 장래에 있을지도 모를 불확실한 사고에 대비하기 위한 수단으로서 지급하는 것이며 타인과 위험단체를 구성하여 보험사고를 당한 사람에게 보험금을 지급한다는 점에서 다르다.

다. 보험과 복권

복권은 로마시대의 네로 황제가 국가사업으로 화재사고가 발생한 도시를 재건할 목적으로 시작되었다. 이후 로마의 멸망이후 소멸되었다가 중세교회를 거쳐 다시 등장하게 되었다.

---

23) 은행에서 예금자에게서 받은 돈을 대출자에게 대여해줌으로써 이자를 받아 그 중 일부를 예금자에게 지급하고 남는 금액을 예대마진이라 한다.

오늘날에도 많은 사람들이 로또를 구입하면서 당첨의 꿈을 꾼다. 로또가 매력적인 이유는 로또를 구입하는 소액의 투자로 혹시나 있을지 모를 거액의 당첨금 때문이다. 어떤 이는 조상꿈을 꾸어서, 어떤 이는 똥꿈을 꾸어서 로또를 구입한다. 물론 많은 사람들이 그 꿈을 미래의 언젠가에 이루어질거라 믿으며 오늘도 무참히 많은 돈을 허비하고 있다.

복권은 소액의 비용을 투자하고 당첨될 경우 거액의 금액을 손에 쥘 수 있다는 점에서 많은 사람들이 구입하고 있다. 그러나 복권은 위험을 대비하기 위한 것이 아니고 작은 금액을 투자하여 우연하게 거액의 금액을 얻을 수 있다는 '사행성'의 측면에서 보험과 유사할 뿐, 위험에 대한 전가수단으로서의 보험과는 다르다.

<그림 3-8> 로또 365

<그림 3-9> 주택복권

라. 보험과 공제

공제는 같은 직장에 소속된 전현직 직원을 대상으로 하거나, 특정 직업 또는 일정 지역에 속하는 사람들이 조합을 만들어 조합원의 경조사에 공제금을 지급하는 상호부조제도이다. 공제는 다수의 사람들이 공동의 기금을 마련하고 사고를 당한 사람에게 공제금을 지급한다는 점에서는 보험과 비슷하지만, 가입자의 범위를 특정 직장·직업·지역 소속자 등으로 제한한다는 점에서 가입자의 제한을 두지 않는 보험과는 다르다.

오늘날 대표적인 공제로는 신협공제, 수협공제, 새마을금고공제, 한국교직원공제, 군인공제 등이 있다.

제2절 유사보험

1. 유사보험의 의의

보험사업을 그 운영주체에 따라 분류할 때 공영보험, 민영보험, 유사보험으로 분류한다. 공영보험은 사업의 경영주체가 정부기관인 보험으로 국민건강보험, 산재보험, 국민연금보험 등 국민생활의 안정과 복지증진을 위해 운영되는 보험을 말한다. 민영보험은 사업의 경영주체가 영리를 추구하는 개인 또는 법인인 보험으로 현재 보험회사들을 통해 판매되고 있는 보험을 말한다. 유사보험은 우체국보험, 농협보험, 수협공제, 기타 각종 공제상품 등 성격은 민영보험과 유사하나 경영주체가 국가 또는 조합 등인 보험을 통상적으로 지칭한다.[24]

유사보험으로는 우체국보험, 농협보험, 수협공제, 신협공제, 새마을금고공제, 버스나 택시, 개인택시, 화물차, 전세버스 등의 각종 운수관련 공제가 포함된다.[25] 현재 국내에는 특별법에 의한 25개의 공제와 우체국보험과 같은 국영보험을 포함해 총 34개의 유사보험이 있다. 이러한 유사보험은 비교적 보험료가 저렴하다는 장점이 있다.

---

24) 금융감독원, 2011. 6. 13 보도자료.
25) 우체국보험은 운영주체가 국가이지만, 보험업법상의 보험업으로 분류되지 않아 유사보험으로 분류하였으며, 농협보험(농협생명과 농협손해보험)은 2012년 3월 2일자로 보험업으로 등록되었으나 논의의 편의를 위해 유사보험으로 분류하여 설명한다.

2. 유사보험의 현황과 쟁점

가. 유사보험의 현황

우리나라의 유사보험은 특별법상의 24개 공제, 8개의 민법상 공제와 1개의 국영보험 등 총 34개가 있다. 현재 공제기관들의 영위종목에 따라 생명공제 및 손해공제를 겸영하는 기관은 3개, 생명공제만을 영위하는 기관은 11개, 손해공제만을 영위하는 기관은 18개인 것으로 나타나고 있으며, 우체국보험 및 수협공제, 신협공제, 새마을공제는 불특정 다수 일반인들에게도 판매하고 있다.[26]

주요 유사보험을 포함하여 각종 조합 등에서 운영하고 있는 공제회를 포함하면 60여개에 달하고 있으나, 이에 대한 정확한 통계자료는 아직 없다.

〈표 3-2〉 국내 공제 등 유사보험 분류

구분		대상기관
주요 공제		수협공제, 새마을금고공제, 신협공제, 우체국보험, (농협보험)
기타공제	생명	대한교원공제 → 한국교직원공제회
	보증	건설공제, 기계공제, 부동산중개업협회, 소프트웨어공제, 엔지니어링공제, 전기공사공제, 전문건설공제, 정보통신공제, 조선공업협동조합공제
	육운	전국개인택시공제, 전국버스공제, 전국전세버스공제, 전국택시공제, 전국화물자동차공제
	일반손해	대한의사협회공제, 학교재해복구공제, 한국선주상호보험, 한국지방재정공제, 한국해운공제
회비제 공제		경찰공제, 관우회, 군인공제, 담배인삼공제, 대한소방공제, 대한지방행정공제, 세우회, 철도청공제

※ 자료 : 보험개발원, 「국내유사보험 감독 및 사업현황」, 2002, p.5의 자료 중 수정

---

26) 이석호, "국내 유사보험과 관련된 핵심쟁점 및 개선방안", 한국금융연구원 주간 금융브리프 자료 제17권 제21호, 2008, pp.4~5의 내용을 일부분 수정 후 인용.

한·미 FTA 등에서도 주요 쟁점 중 하나였던 유사보험의 규제와 감독 문제는 주요 유사보험이 해결해야할 과제이다. 우체국보험은 미래창조과학부 소속으로 우정사업본부에서 보험에 관한 업무를 주로 감독하고 있으며 금융위원회와는 일정 사안에 대해 협의하고 있을 뿐, 감독업무에 대해서는 금융감독원 등의 통제권 밖에 있다.

<표 3-3> 유사보험 규제 및 감독현황

유사보험	주무부처	금융위 관련	금감원 관련
우체국 보험	미래창조 과학부 (우정사업본부)	■ 필요시 검사 요청 ■ 감독기준 마련시 협의 ■ 보험금 한도 협의 ■ 보험종류 수정시 기초서류 협의 ■ 결산서류 협의	-
신협 공제	금융위원회	■ 조합(중앙회)에 대한 인허가·감독·검사권 ■ 공제규정 인가	■ 조합(중앙회) 검사권 ■ 조합원이 소속조합·중앙회 검사 요청
수협 공제	해양수산부	■ 필요시 조합·중앙회 검사 요청 ■ 필요시 조합·중앙회의 업무·재산상황 보고요구 ■ 필요시 중앙회 회계감사 의뢰 ■ 감독기준 마련시 협의	■ 경영지도 주무장관에 요청 ■ 주무장관이 조합의 재산실사 요청 ■ 주무장관의 중앙회에 대한 검사 요청
새마을 공제	안정행정부	■ 감독시 협의 ■ 감독기준 마련시 협의	■ 필요시 중앙회 검사 요청

※ 자료 : 금융위원회 외, 우체국보험 및 공제관련 규제개선방안, 2013. 5.

신협공제는 금융위원회의 규제를 받으며, 금융위원회 및 금융감독원의 검사를 받는다. 수협공제는 해양수산부의 규제를 새마을금고공제는 안전행정부의 규제를 받고 있으며, 필요시 주무부서의 요청에 따라 금융위원회 또는 금융감독원의 검사를 받는다.

유사보험은 FY 2012 현재 자산규모 기준으로 신협공제는 3조원, 새마을금고 공제는 6조원, 우체국보험은 41조원, 수협공제는 2조 6천억원 규모로서 전체 50조원 이상으로 민간보험사 시장의 상당부분을 차지하고 있다. 특히, 우체국 보험은 41조원 규모로 생명보험 시장의 삼성생명, 한화생명, 교보생명, 농협생명 다음의 자산규모를 자랑하고 있다. 주요 유사보험이 시장에서 차지하는 비중이 커지고, 특정 조합원이 아닌 다수의 일반인들을 대상으로 영업을 하면서 시장에서는 불공정경쟁의 논란이 식지 않고 있다.

나. 유사보험의 주요 쟁점

1) 신용·공제 사업의 겸영

민간 보험사업자와 유사보험사업자간의 불공정경쟁의 시비의 핵심은 유사보험 사업자의 타 사업 겸영에 따른 문제이다. 특히 신용사업 등 타 사업의 부실이 공제사업으로 옮겨갈 경우 공제가입자에게 손해를 입을 수 있기 때문에, 보험업법에서는 겸영 가능한 다른 사업업종에 제한을 두고 있다.

2012년 3월 이전의 농협은 은행업무, 신용카드 업무, 생명보험업무, 손해보험 업무를 모두 관할하고 있었고, 새마을금고, 신협, 수협 모두 이러한 업무들을 겸하고 있다. 은행의 대출부실이나 신용카드 사업의 부실이 공제사업으로 옮겨갈 경우 공제가입자에게 심각한 손실을 유발할 수 있기 때문에 이를 원천적으로 차단해야 한다는 것이 논란의 핵심이다.

농협의 경우 2012년 3월 NH농협금융지주를 기반으로 NH농협은행, NH농협생명, NH농협손해보험 등으로 구분하여 논란의 소지를 없애기도 하였다. 수협공제의 경우 2016년 말부터 손보험의 판매비중이 전체 공제의 5%를 넘는 경우 생명보험과 손해보험의 회계를 분리하도록 하였다.

2) 생명보험과 손해보험의 겸영

우체국보험과 주요 4대 유사보험 중 우체국보험은 생명보험만을 취급하고 있으며, 한·미 FTA 발효로 인해 손해보험, 변액보험, 퇴직연금보험을 취급하지 못하게 되었다. 그러나 수협공제, 새마을공제, 신협공제는 생명보험과 손해보험을 겸영하고 있다.

이렇게 한 금융기관에서 예금과 함께 생명보험과 손해보험을 동시에 판매할 경우에는 고객입장에서는 원스톱 쇼핑이 가능하고, 범위의 경제에 따라 비용절감 효과도 노릴 수 있다는 장점이 있다.

그러나 생명보험과 손해보험을 겸영하지 못하도록 한 것은 손해보험의 거대위험이 생명보험의 안정성을 해칠 우려가 있기 때문으로, 우리 보험업법에서는 이를 금지하고 있다(보험업법 제10조(보험업 겸영의 제한)).

민간보험사에서는 보험업법을 통해 생명보험과 손해보험의 겸영을 금지하고 있으나, 일부 공제사업자에게는 각각의 법률에 따라 이를 허용하고 있어서 불공정 시비가 지속되고 있다.

3) 유사보험의 전문성 부족과 소비자보호장치 미흡

그동안 우체국보험이나 수협공제, 신협공제, 새마을금공제는 보험업법의 적용에서 배제되어 보험전문성 분야에서 취약하였다. 보험상품을 만드는 데에 중요한 역할을 하는 보험계리사나, 보험금 지급심사에서 반드시 필요한 손해사정사 등의 전문인이 민영보험사에 비해 과소한 수준이다.

국내 유사보험의 자산규모가 50조원을 넘고 있어서 영업규모를 감안해 이에 맞게 전문적인 역할을 수행할 수 있는 보험전문인을 육성해야 하는 과제에 직면하고 있다. 한·EU FTA 및 한·미 FTA 협정에 따라 선임계리사의 요건을 현행 5년 이상 보험계리업무를 한 보험계리사에서 10년 이상 경력자로 강화하고, 내부통제 기준과 준법감시인의 임면을 의무화 하였다.

또한, 보험소비자 보호장치도 미흡한 것으로 나타났다. 민영보험사는 소비자

보호를 위해 분쟁조정기구를 설치운영하고 있으며, 2013년에는 금융감독원장의 지시에 따라 보험민원을 반으로 줄이도록 하는 정책을 진행중에 있다. 반면, 유사보험의 경우 조직내부에 분쟁조정위원회를 설치하여 운영하고 있으나 내부조직이라는 한계점으로 인해 중립성과 공정성에 있어서 그 역할에 한계를 드러내고 있다.

4) 유사보험에 대한 규제 및 감독의 불공정성

유사보험의 최대의 문제는 규제와 감독에 있어서의 재무건전성과 지급능력 기준과 관련된 사항이다.

재무건전성 측정기준으로 리스크를 세분화해서 반영할 수 있는 RBC제도(Risk Based Capital)[27]의 도입이나 책임준비금 관리의 강화, 현금흐름방식(CFP: Cash Flow Pricing)[28]을 도입하도록 하였다.

유사보험의 건전성 감독에는 기존의 안전행정부나 해양수산부 등의 주무부처에 의한 관리 감독에는 인력이나 전문성에 한계가 있어서 금융위원회나 금융감독원에 요청하여 관리감독을 강화하도록 하였다.

5) 무분별한 공제회 설립과 부실운영

2012년 8월 말 교수공제회에 가입한 사람들에게 날벼락 같은 소식이 전해졌다. 1998년 설립된 전국교수공제회의 실제 운영자인 총괄이사 이모씨가 2000년 2월부터 2012년 8월까지 교수 5,486명으로부터 예금과 적금 명목으로 6,771억 원을 유사수신하고, 그 중 558억 원을 횡령한 소식이었다.

전국교수공제회는 설립초기에 적금을 받아 퇴직후 20%가 넘는 이자를 주겠다고 하거나, 2010년부터는 자금운용에 문제가 생기자 목돈예금상품을 만들어

---

27) RBC제도는 보험회사의 Risk량(요구자본)을 산출하여 이에 상응하는 자본(가용자본)을 보유토록 하는 자기자본 규제제도를 말한다.
28) Cash Flow Pricing은 미래 발생할 현금흐름에 대한 최선의 추정치를 이용해 보험료를 산출하는 방식으로 기존의 3이원방식에 비해 가격에 다양한 요소가 반영이 가능한 방식이다.

시중금리 연 3%대보다 훨씬 높은 연 9%를 선이자로 지급하겠다고 하여 현혹시켰다.

<그림 3-10> 전국교수공제회 홈페이지(http://www.kpms.co.kr) 2014. 5. 8일자 화면 캡처.

피해는 서울대와 연세대, 고려대 교수 310여명을 비롯해 교수출신 국회의원 등도 피해를 입었으며, 3억원 이상의 피해자가 320명, 10억원 이상의 피해자도 13명으로 집계됐다. 피해자 대부분은 원금손실이 확실하고 피해자들이 돌려받아야 할 돈은 2,829억원인데 이중 교수공제회의 자산은 1,861억원에 불과하고 파산절차가 진행중이다.[29]

전국교수공제회는 여행사를 운영하던 이모씨가 사명을 '전국교수공제회'로 이름을 바꾸고, 이후 교회뱅크, 전국교수뱅크, 전국대학뱅크 등으로 지속적으

---
29) 교수신문, 2012년 12월 24일자 기사 인용.

로 바꾸면서 사기행각을 지속시켰다.30)

전국교수공제회처럼 금융위원회 등의 인허가 없이 회원들을 모집하여 「유사수신행위의 규제에 관한 법률」에 저촉되는 경우가 많다.

대한교직원공제회는 2013년 5월 한국교직원공제회와 비슷한 이름으로 설립한 뒤 교직원을 비롯한 일반서민 피해자 약 17,000명으로부터 납입금 등의 명목으로 68억여 원을 편취하고 유사수신행위를 하다가 적발되었다.31)

현재 우리나라에는 각종 공제에 대한 통일된 기준이나 운용에 대한 적절한 관리감독이 이루어지고 있지 않아 향후 제2의 교수공제회 사건은 얼마든지 다시 일어날 수 있다.

3. 유사보험의 종류

가. 우체국보험

1) 우체국보험의 현황

우리나라의 우체국보험은 1905년 근대화와 함께 시작되었다. 1929년 10월 조선총독부에 의해 "조선간이생명보험"이라는 이름으로 출발하였다. 이후 1952년 "국민생명보험"으로 그 명칭을 바꾸었으나, 1953년 긴급통화조치로 보험사업이 사실상 중단되었다. 60~80년대를 거치면서 1977년에는 보유계약을 농업협동조합에 이관하였으나, 정보통신부가 한국전기통신공사와 분리 후 유휴인력과 시설을 활용하여 1983년부터 우체국보험사업을 재개하였다. 1997년에는 외환위기를 거치면서 부실금융기관의 구조조정 등 금융기관에 대한 공신력이 크게 떨어지면서 우체국보험은 급성장하기에 이르렀다.

---

30) 매일경제신문, 2013년 6월 24일자 보도자료 인용.
31) 대구지방검찰청, 2013년 5월 13일자 보도자료 인용.

우체국보험은 「우체국예금·보험에 관한 법률」에 따라 국가가 경영하며, 미래창조과학부 장관이 관장하고 있다. 우체국보험은 국영보험이라는 점에서 근거법률이나 감독체계 등이 민영보험과는 다르다. 즉, 민영보험은 보험업법에 근거하여 운영되지만, 우체국보험은 「우체국예금·보험에 관한 법률」에 근거하여 운영된다. 따라서 우체국보험은 금융감독원의 감독 대신 감사원의 감사와 국회의 국정감사를 받고 있다.

우체국보험은 자산규모 41조원, 수입보험료 9조 8천억으로 민영생명보험사 빅3와 농협생명보험(자산 44조원, 수입보험료 10조 9천억원) 다음으로 업계 5위권 수준이다. 또한 신계약건수도 매년 증가하고 있어서 생명보험 업계에서 빅 5시대가 도래할 것으로 예상하고 있다. 또한 미래에셋생명(자산 19조원, 수입보험료 5조원), 신한생명(자산 17조원, 수입보험료 5조원) 등 6위권 그룹과도 큰 차이를 보이고 있다.

우체국보험은 별정우체국을 포함한 전국 3,600여개의 우체국 직원과 집배원, 4,500여명에 달하는 보험설계사, TM 조직 등 탄탄한 조직력을 바탕으로 성장세를 이어가고 있다. 또한, 우체국보험은 민영보험사와는 달리 예금보험료 등의 분담금이나 법인세, 주민세 등을 면제 받을 수 있을 뿐만 아니라,[32] 우편사업부문과 사무실 및 직원을 공유함으로써 보다 낮은 보험료로 보험상품을 제공하고 있다.

2) 우체국보험의 주요 쟁점

가) 한·EU FTA와 한·미 FTA

2011년 7월 발효된 한·EU FTA는 발효 후 3년 내, 즉 2014년 7월 이전에, 그리고 2012년 3월 발효된 한·미 FTA는 발효 후 2년 내, 즉 2014년 3월 이전까지 우체국보험에 대해 민간보험사와 동일한 수준의 감독을 요구하고 있다.

---

32) 2012년 기준 우체국보험이 예금보험료 등 분담금으로 면제받은 금액은 516억원, 법인세 등의 국세 817억원, 주민세 등의 지방세 면제 금액은 5억원으로 총 1,338억여원에 이른다.

구체적으로 보면, 우체국보험은 실행 가능한 한도에서 보험회사와 동일한 수준으로 감독해야 하고, 민간보험업체보다 경쟁상의 혜택을 부여하지 않도록 하는 여러 가지 제약조건을 두었다.

나) 판매조직의 고령화

우체국보험의 주력판매채널은 신계약고 기준 42%가 우체국FC, 41%는 창구영업과 같은 직급영업, 나머지는 TM영업 등으로 이루어져 있다. 주력 판매채널이 우체국FC와 창구영업인데 창구영업 인력중 50대 이상이 60% 가까이 차지하고 있어서, 민영보험사의 50대 이상 비율 21%보다 매우 높다. 따라서 판매채널의 고령화는 우체국보험이 조속히 해결해야할 과제로 남아 있다.

최근에는 우체국보험 상품은 상대적으로 저렴하고, 시장으로의 접근성이 좋으며, 보험상품이 단순하여 인터넷 채널이나 TM 채널이 적합하다는 의견이 지배적이다.

다) 우체국보험 가입한도 상향 논란

2011년 11월 우정사업본부는 우체국보험의 가입한도를 현행 4,000만원에서 6,000만원으로 올리고, 연금보험에서 연간 900만원한도이던 것을 1,500만원으로 상향 조정하는「우체국예금보험에 관한 법률 시행규칙」을 입법예고 했다. 1997년 이후 현재까지 4,000만원으로 유지해왔으나, 그동안의 물가상승률이나 보험금 지급액 상승 등으로 인해 상향 조정의 필요성을 느낀 것이다.

그러나 주한미국상공회의소(AMCHAM)가 한·미 FTA와 환태평양경제동반자협정(TPP)을 내세워 반대하고 있으며, 유럽연합(EU)도 반대 입장을 펼쳤다.[33] 또한 보험업계에서도 2012년 3월 농협이 공식적으로 보험업으로 진출하여 경쟁이 치열해진 상황에서 우체국보험 마저 가입금액을 상향 조정하는 것은 큰 타격을 줄 것으로 보고 반대하는 입장이다.

---

33) 경향신문, 2012년 4월 10일자 "미국, FTA 내세워 한·일 우체국보험사업 압박" 보도자료 인용.

나. 농협공제[34]

농협공제는 1915년 일제치하의 지방금융조합의 화재공제를 시작으로 1965년 생명공제사업 실시를 계기로 성장하기 시작하였다. 농협공제는 1977년 체신부로부터 국민생명보험을 인수하는 과정에서 조합원이 아닌 일반인들에게도 공제상품을 판매할 수 있게 되면서부터 양적성장을 구가하였다. 또한 2000년 7월에는 농협중앙회와 축협중앙회, 인삼협중앙회 등의 3개 기관이 통합되면서 농협공제가 공제업무도 승계하였다.

농협공제는 공제사업을 유지해오면서 2003년부터는 "농협생명", "농협보험"이라는 용어를 사용해도 되는지에 대해 생명보험협회와 치열한 법정공방 끝에 승리하면서 보험업법의 적용을 받지 않으면서도 "보험"이라는 용어를 사용가능하게 되었다.

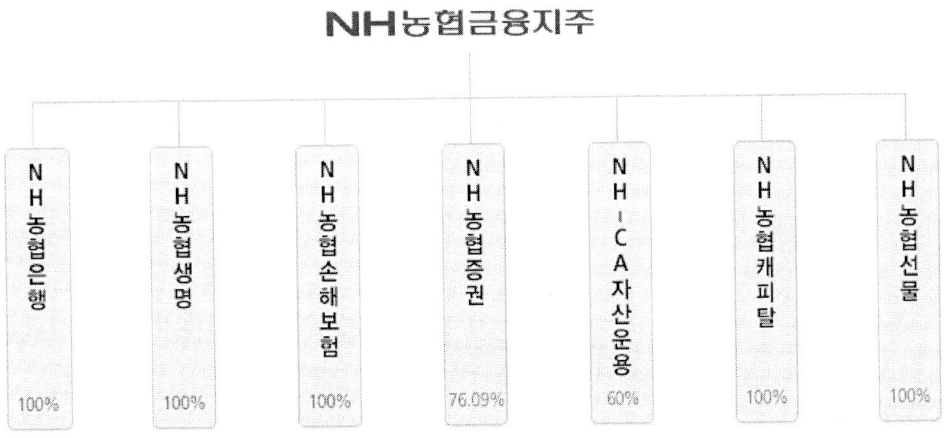

NH농협금융지주
- NH농협은행 100%
- NH농협생명 100%
- NH농협손해보험 100%
- NH농협증권 76.09%
- NH-CA자산운용 60%
- NH농협캐피탈 100%
- NH농협선물 100%

〈그림 3-11〉 NH농협금융지주 홈페이지(http://www.nhfngroup.com) 자료 캡처.

---

[34] 농협공제는 2012년 3월 2일자로 NH농협금융지주의 자회사로 NH농협생명과 NH농협손해보험으로 분리되었지만 여기서는 유사보험에 대한 과거 논의를 위해 편의상 농협공제로 한다.

농협공제는 대출업무와 같은 신용사업과 보험사업을 분리해야 한다는 주장과 하나의 회사내에 생명보험과 손해보험을 겸영하는 문제, 은행업무를 수행하는 농협 점포내에서 일반 보험회사와는 달리 방카슈랑스 25%룰 적용 배제 등의 논란이 지속되었다.

이후 농협은 2012년 3월 농협중앙회에서 금융사업이 분리되면서 NH농협은행, NH농협생명, NH농협손해보험 등 7개의 자회사로 분리되었다.

1) NH농협생명

NH농협생명은 2012년 3월 농협에서 공제사업을 분리하면서 탄생하였다. 농협이 민영보험회사로 탄생하면서 보험업계에서는 보험업법의 적용을 받는 거대 보험사의 등장이 달갑지만은 않았다. 2012년 3월 NH농협생명 출범 당시 자산규모 35조 3천억원에 수입보험료는 10조원으로 삼성생명 - 한화생명 - 교보생명의 빅3에 이은 업계 4위권으로 진입했다. 그러나 2014년 1월말 자산규모는 47조 4천억에 수입보험료는 7,919억원을 기록해서 수입보험료 1조 3천억원을 올린 삼성생명에 이어 2위를 차지했다. 한화생명이 수입보험료 7,300억원, 교보생명이 6,400억원을 기록35)하면서 시장의 판도가 바뀌고 있다.

NH농협생명의 등장이 달갑지만은 않은 이유는 비단 시장의 잠식 문제 만이 아니다. 보험업법 시행령 제40조(금융기관보험대리점등의 영업기준 등)의 제6항에서는 자산총액이 2조원 이상인 금융기관보험대리점은 특정보험회사의 상품 모집액이 25%를 넘을 수 없도록 규정하고 있다. 이 규정은 대형 보험회사의 방카슈랑스 시장 독점을 방지하고 보험사간 형평성을 위한 취지로 도입되었다.

그러나 NH농협생명의 경우 NH농협금융지주 산하에 있는 NH농협은행 1,172개, 지점을 포함한 4,473개 농·축협 단위조합을 통해 보험상품을 판매하고 있으며, 모집실적의 80% 이상이 방카슈랑스 채널을 활용하고 있는36) 반면, 한시

---

35) 생명보험협회, 생명보험사업개황-회사별 생명보험 사업개황 자료 인용.

적으로 '방카슈랑스 25%룰'을 적용받지 않고 있기 때문에 다른 보험업계의 시선이 곱지만은 않다.

　농협의 '방카슈랑스 25%룰'은 5년간 유예기간을 두되, 농협중앙회와 단위조합을 '일반보험대리점'이 아닌 '금융기관보험대리점'으로 정의하고, 2차년도부터 매년 15%씩 줄여 5년 뒤에는 25% 이하로 맞추는 것을 골자로 하고 있다. 이후 '방카슈랑스 25%'룰이 적용되는 이후 시점부터는 모집실적의 80% 이상이 방카슈랑스에 집중되어 있는 농협으로서는 적지 않은 고민이 될 것으로 보인다.

2) NH농협손해보험

　NH농협손해보험도 NH농협생명과 마찬가지로 2012년 3월 2일 NH농협금융지주의 자회사로 출범하였다. NH농협손해보험은 NH농협생명보험과는 달리 손해보험사 전체 10개 종합손해보험사중에서 자산규모 4조원정도로 업계 9위를 차지하고 있다.

　그러나 NH농협손해보험이 자동차보험을 판매하고 있지 않은 현 상황에서는 시장점유율 자체가 낮을 수 있지만, 자동차보험 판매가 가능한 손해보험사를 M&A를 통해 인수하거나 별도의 인가를 얻어 자동차보험 시장에 뛰어들 경우에는 탄탄한 NH농협금융지주 산하의 판매채널을 이용할 경우에는 가공할 만한 위력을 보일 것으로 예상하고 있다.

　NH농협손해보험의 고민은 주력 판매채널인 NH농협금융지주 산하의 판매채널이 NH농협생명과 중복된다는 데에 있다. 생명보험사와 손해보험사 모두 판매할 수 있는 암보험, 실손의료보험, 상해보험 등의 제3보험 분야에서 NH농협생명과 판매상품이 중복되면서 판매실적이 요동치고 있기 때문이다.

---

36) 한국보험신문, 2014년 4월 28일자 보도자료 인용.

다. 수협공제

　수산업협동조합의 공제사업은 1937년 어선공제 사업을 시작으로 출범하였다. 1945년 광복이후 사회혼란으로 공제사업이 중단되었다가 1954년 재개하기에 이르렀다. 1962년에는 수산업협동조합법이 제정되면서 기존의 공제사업을 승계하였다.
　수협의 공제사업은 생명공제와 손해공제 상품을 모두 판매하고 있으나, 2016년 말부터 손해보험의 판매비중이 전체 공제의 5%를 넘는 경우 생명보험과 손해보험의 회계를 분리하도록 하고 있다.
　수협공제의 2013년 3월말 자산은 2조 6900억여원 규모로 크지 않지만, 건전성 기준 등에 대한 규제수준이 미약하여 이에 대한 개선대책이 강구되고 있다.

라. 신협공제

　우리나라의 신용협동조합은 1960년을 시작으로 1964년에 신용협동조합 연합회가 창립되었다. 1972년 신용협동조합법이 제정된 이후 1995년부터 공제업무를 시작하였다. 원래 신용협동조합은 세계 85개국에 37,000여개에 이르는 조합을 두고, 1억명 이상의 조합원과 5천억 달러 이상의 자산을 조성하고 있는 세계 최대의 민간협동조합이다.[37]

---

37) 보험개발원, "2002 국내 유사보험 감독 및 사업현황", p.63.

마. 새마을금고공제

새마을금고는 원래 1960년 초부터 이미 100여개의 조합이 운영중이었다가 1973년 마을금고연합회가 설립되었다. 이후 1982년 새마을금고법이 제정된 이후 1989년 새마을금고법 개정을 통해 공제사업이 시작되었다. 1991년에는 손해공제사업을 시작되었고, 1992년에 이르러 생명공제사업이 시작되었다.

새마을금고 공제는 FY 2012 현재 5조 9천억이 이르며, 수입보험료는 2조원대에 이른다.

2014년 1월 금융감독원은 새마을금고가 자동차보험의 판매할 수 없음에도 불구하고 2007년부터 특정 보험대리점과 계약을 맺고 전국지점에서 자동차보험을 중개하고 수수료로 7년간 15억원을 받은 사실을 확인하고 검찰에 고발하였다.

바. 한국교직원공제

한국교직원공제회는 1970년 1월 22일 특별법의 제정으로 창립되었으며, 현재는 한국교직원공제회법에 따라 운영되고 있다. 62만명의 회원과 20조원에 달하는 자산을 보유하면서, 종합손해보험사 'The-K 손해보험'과 상조회사인 'The-K 라이프 예다함' 등을 운영하고 있다.

한국교직원 공제회는 생명보험업의 경우 교직원 및 그 가족들을 대상으로 영업하고 있으며, 손해보험업의 경우 한국교직원공제회가 100% 출자한 The-K 손해보험을 통해 자동차보험과 화재보험·해상보험·책임보험·기술보험·상해보험 등 일반손해보험 시장에도 진출하여 교직원인 아닌 일반인들을 대상으로 영업활동을 하고 있다. 한국교직원공제회는 민영보험사들이 주도해오던 교직원단체보험 시장을 석권해가면서 시장의 성장세를 이끌어가고 있다.

한국교직원공제회가 100% 출자하여 설립한 더케이손해보험의 경우에도 자동차보험시장에서 교직원은 물론 일반인을 대상으로 영업활동을 전개하여 일반인 비중이 20%에 이르고 있다. 한국교직원공제회가 향후 거의 모든 보험상품을 일반인들에게 개방할 경우 보험시장의 새로운 강자로 급부상할 것으로 예상된다.

사. 신용카드사에서도 보험을?

신용카드사에서도 보험과 유사한 제도를 운영하고 있다. 신용카드사의 채무면제·유예상품(DCDS, Debt Cancellation & Debt Suspension)은 신용카드사가 매월 회원으로부터 일정 비율의 수수료(채무잔액의 일정비율)를 받고 회원이 사망하거나 치명적 질병사고가 발생하였을 때 카드의 채무를 면제하거나 결제를 유예해주는 금융상품을 말한다.

채무면제·유예상품(DCDS)은 2005년 1월 삼성카드에서 처음 취급하였으며, 2008년 이후에는 다른 카드사들도 판매를 시작하여 2011년 4월부터는 모든 전업카드사에서 상품을 취급하기에 이르렀다.[38]

신용카드사는 회원으로부터 카드이용대금의 일정비율을 수수료로 받고, 카드사는 DCDS 상품 판매에 따른 보상금 지급 리스크를 헤지(hedge)하기 위해 손해보험사의 계약이행보상책임보험(CLIP, Contractual Liability Insurance Policy)에 가입한다.

---

[38] 회사별로 채무면제·유예상품의 도입시기는 삼성카드(05년 1월), 현대카드(08년 3월), 비씨카드(08년 5월), 신한카드(08년 12월), 롯데카드(10년 12월), 하나SK카드(11년 1월), KB국민카드(11년 4월)이다.

〈그림 3-12〉 DCDS 운용 및 보상금 지급 구조

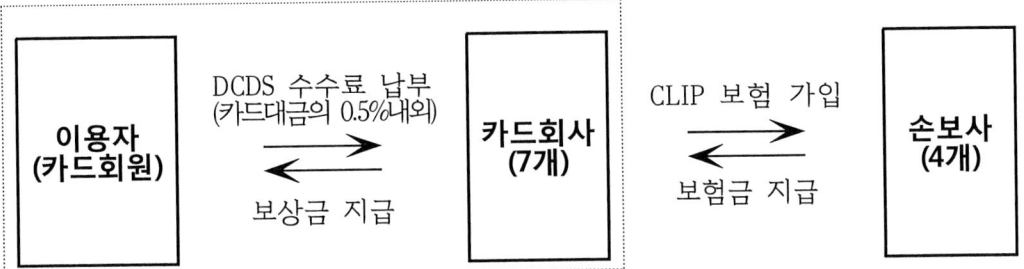

 신용카드사의 채무면제상품은 가령 신용카드 사용액이 300만원이라면 상품 가입 경과기간에 따른 수수료율 0.4%에 해당하는 12,000원을 카드결제시 수수료로 부담하되, 가입자가 사망 등의 사고가 발생하는 경우 최고 5,000만원 한도 내에서 카드사용액 전액을 면제해주는 금융상품이다.

 2012년말 현재 DCDS 가입자수는 296만명에 이르고, 가입자당 월 평균수수료는 6천원에 이르며, 평균수수료율은 0.47%에 이르고 있었다. 그러나 2005년~2012년의 8년 동안 DCDS 가입자에게 지급한 보상금은 370억원으로 총 상품수수료 수입액 6,269억원의 5.9% 수준에 불과하고, 가입자의 0.14%에 해당하는 1만 8천명이 보상받는데 그치고 있었다. 또한, 카드사가 보험사에 지급한 보상책임(CLIP) 보험료 1,393억원 대비 26.6% 수준에 그쳐 실제 보상율은 당초 예상수준보다 훨씬 낮게 나타났다.

<표 3-4> 신용카드사의 DCDS 운영현황

(단위: 천명, 억원, %)

구분		'05년	'06년	'07년	'08년	'09년	'10년	'11년	'12년
가입 회원수		248	474	590	800	1,267	1,652	2,217	2,960
수입수수료(A)		65	230	281	372	614	1,058	1,526	2,121
CLIP보험료(B)		26	88	84	90	133	228	330	414
보상금지급액(C)		1	10	14	19	33	64	88	140
보상율	(C/A)	(2.1)	(4.5)	(4.8)	(5.2)	(5.3)	(6.0)	(5.8)	(6.6)
	(C/B)	(3.8)	(11.4)	(16.7)	(21.1)	(24.8)	(28.1)	(26.7)	(33.8)

※ 자료 : 금융감독원 정례브리핑자료, 2013. 2. 20 인용

보험의 보험료에 해당하는 이 상품의 수수료율이 지나치게 높다는 의견이 반영되어 기존 수수료율의 12%~45%까지 인하하였다. 상품수수료율은 카드사별로 차이가 있다. 신규 가입자 기준으로 볼 때 현대카드는 0.316%, 삼성카드 및 신한카드는 0.394%, 비씨카드는 0.475%로서 상대적으로 낮고, 가입후 5년이 지난 시점을 기준으로 볼 때에는 현대카드가 0.297%, 삼성카드는 0.307%, 하나SK카드는 0.313%로서 낮다.

보험의 보험금에 해당하는 보상금은 신용카드로 사용한 일시불, 할부, 현금서비스 및 카드론 등 카드 채무액 전액이다. 카드사별로 보상사고별 보상한도액은 다르지만, 사망, 치명적 질병, 치명적 상해 및 장기입원 등의 보상한도는 3,000만원 또는 5,000만원에 이른다.

<표3-5> 채무면제상품의 내용 (예: 현대카드 기본형) (단위: 만원)

상품형태	기준담보	보장내용	한도금액 (만원)
전액면제	사망	상해, 질병으로 인한 사망시(가입일로부터 1년 이내의 자살 제외)	5,000
	치명적 질병	뇌혈관질환, 허혈성심질환, 만성신부전증, 암(상피내암, 경계성종양 포함), 주요 장기 이식수술 진단시	
	치명적 장애	상해, 질병으로 인해 3급 이상의 장애등급 판정시	
	장기입원	최초 입원 개시일로부터 180일 이내에 61일 이상 계속 입원치료시	
	자동차사고 6주 진단	자동차 사고로 인해 최초 6주 진단 후 치료시	
	대중교통사고 6주 진단	대중교통사고로 인해 최초 6주 진단 후 치료시	
한도면제	화상	급격하고도 우연한 외래의 사고로 인한 화상진단시(심재성 2도)	30
	골절위로금 (치아파절 포함)	극격하고 우연한 외래의 사고로 골절 진단시	

각 신용카드사에서는 이러한 상품가입자가 매월 회사가 정하는 일정 상품수수료를 납부하고, 상품가입자에게 사고가 발생한 경우 해당 보장채무액을 면제하거나 결제금액 상환을 유예하는 유료 금융상품으로서 보험업법에 의한 보험상품이 아님을 명시하고 있다.

그러나 채무가 면제 되는 요건을 살펴보면, 상품가입자가 상해 또는 질병으로 인해 사망하거나, 치명적 질병이나 장애를 입은 경우 5,000만원 한도내에서 채무를 면제해고 있으며, 약관 교부 및 설명의무·상품가입의 철회·상품 가입전 알릴의무·알릴의무 위반의 효과 등을 적용하고 있어서 사실상의 보험에 가깝다.

〈표 3-6〉 2013년 4사분기 채무면제 유예상품 운영현황   (단위:천명,억원)

회사명	회원수	총채무액 총액	총채무액 (월평균)	수입수수료	CLIP 보험료	보상금 지급액
KB국민카드	340	86,171	7,181	425	75	56
롯데카드	306	49,723	4,144	245	49	28
비씨카드	438	41,078	3,420	173	32	26
삼성카드	877	142,365	11,864	534	60	119
신한카드	670	106,305	8,859	470	98	58
하나SK카드	87	11,653	971	64	17	5
현대카드	560	115,688	9,641	380	56	36

자료: 여신금융협회(http://www.crefia.or.kr)의 공시실 자료 인용

기존에는 카드사별로 상이하게 Credit Care나 Credit Safe, 신용보장서비스 등의 명칭으로 운영되었으나, "채무면제·유예상품"으로 일원화 하였다. 하지만 보험사들은 '신용보장보험'이라는 명칭으로 비슷한 상품을 판매하고 있어서 신용카드사와 보험사간의 논란이 있었다.

보험업계에서는 신용카드사에서 판매하는 DCDS는 신용보장보험 상품임을 주장하고 있고, 은행과 신용카드 업계에서는 DCDS가 보험상품과는 달리 단순히 고객의 채무를 면제하거나 유예만 시키는 것이므로 보험상품으로 지정할 필요가 없다고 주장하고 있다.

제3절 보험의 종류

1. 손해보험과 인보험

  상법에서는 손해보험과 인보험으로 구분하여 설명하고 있다. 손해보험에서는 손해보험의 일반적인 통칙과 화재보험(제2절), 운송보험(제3절), 해상보험(제4절), 책임보험(제5절), 자동차보험(제6절)로 구성되어 있다.
  인보험에서는 인보험과 관련된 통칙과 생명보험(제2절), 상해보험(제3절)으로 구성되어 있다. 개정 상법에서는 질병보험에 대해 생명보험 및 상해보험에 관한 규정을 준용토록 하고 있다.

2. 손해보험과 생명보험

  보험업법에서는 보험업을 생명보험업, 손해보험업, 제3보험업으로 구분하고 있다. 이에 따라 각 보험업별로 영위할 수 있는 보험의 종류가 제한되어 있다. 다만, 제3보험은 생명보험업이나 손해보험업에 해당하는 보험종목의 전부에 대해 허가를 받은 자는 제3보험업에 해당하는 보험종목에 대한 허가를 받은 것으로 본다.

가. 손해보험

  손해보험업이란 손해보험상품의 취급과 관련하여 발생하는 보험의 인수, 보험료 수수 및 보험금 지급 등을 영업으로 하는 것을 말한다(보험업법 제2조

제4호).

　손해보험상품은 위험보장을 목적으로 우연한 사건으로 발생하는 손해(계약상 채무불이행 또는 법령상 의무불이행으로 발생하는 손해를 포함한다)에 관하여 금전 및 그 밖의 급여를 지급할 것을 약속하고 대가를 수수하는 계약을 말한다(보험업법 제2조 제1호 나목).

　보험업법에 정한 손해보험의 보험종목으로는 화재보험, 해상보험(항공·운송보험 포함), 자동차보험, 보증보험, 재보험이 있으며, 그 외에도 보험업법 시행령에 정한 책임보험, 기술보험, 권리보험, 도난보험, 유리보험, 동물보험, 원자력보험, 비용보험, 날씨보험 등이 있다.

나. 생명보험

　생명보험업이란 생명보험상품의 취급과 관련하여 발생하는 보험의 인수, 보험료 수수 및 보험금 지급 등을 영업으로 하는 것을 말한다(보험업법 제2조 제3호).

　생명보험상품은 위험보장을 목적으로 사람의 생존 또는 사망에 관하여 약정한 금전 및 그 밖의 급여를 지급할 것을 약속하고 대가를 수수하는 계약을 말한다(보험업법 제2조 제1호 가목).

　보험업법에 정한 생명보험 상품으로는 생명보험, 연금보험(퇴직보험) 등이 있다.

다. 제3보험

　제3보험업이란 제3보험상품의 취급과 관련하여 발생하는 보험의 인수, 보험료 수수 및 보험금 지급 등을 영업으로 하는 것을 말한다(보험업법 제2조 제5

호).

　제3보험 상품은 위험보장을 목적으로 사람의 질병, 상해 또는 이에 따른 간병에 관하여 금전 및 그 밖의 급여를 지급할 것을 약속하고 대가를 수수하는 계약을 말한다(보험업법 제2조 제1호 다목).

　보험업법에 정한 제3보험의 보험종목으로는 상해보험, 질병보험, 간병보험 등이 있다.

단원요약

1. 보험이란 예상치 못한 사고를 당한 피보험자에게 금전적 보상 또는 기타 서비스 등을 제공하기로 약속하고, 피보험자가 가지고 있는 위험을 보험회사에 전가시키는 것을 의미한다.

2. 보험은 손실의 집단화, 위험의 분담, 위험의 전가, 우연한 사고에 대한 보상과 같은 특성이 있다.

3. 보험제도가 운영가능하기 위해서는 보험제도가 운영이 가능할 만큼 충분한 다수의 동질의 위험이 있어야 하며, 우연한 사고여야 하며, 보험사고의 발생으로 일어나는 손실은 확정가능하고 측정가능한 손실이어야 한다. 또한 보험제도가 감내할 수 있을 정도의 손해로서 대재난 손해가 아닌 사고이어야 하며, 합리적인 보험료 수준을 유지해야 한다.

4. 보험이 있음으로서 피보험자는 손해의 보상을 받을 수 있으며, 걱정과 불안이 감소되고, 모아진 보험료는 투자재원으로 활용가능하다. 또

한 보험회사는 보험금의 지급을 감소시키기 위해 손해방지 활동을 하기도 한다.

5. 보험제도가 있음으로서 좋은 점만 있는 것이 아니며, 보험제도를 유지하기 위한 사업비가 발생하거나 보험사기가 생기면서 보험금을 노린 살인, 방화 등의 보험사고를 유발하기도 한다.

6. 도박과 복권은 사행성을 기반으로 한다는 점에서 보험과 유사하지만, 보험이 혹시나 있을지 모를 위험에 대비하기 위한 것이라는 점에서 이들과 다르다. 또한 저축은 위험단체를 구성하여 사고를 당한 사람에게 일정 금액을 지원하는 것이 아니고 재산상의 축적을 목적으로 한다는 점에서 보험과 다르다. 공제는 위험단체를 구성하여 사고를 당한 사람에게 약정한 금액을 지급하는 것은 보험과 동일하지만 가입자를 특정 직업으로 제한한다는 점에서 보험과는 다르다.

7. 유사보험은 신용사업과 공제사업의 겸영문제, 생명보험과 손해보험의 겸영 문제, 공제사업의 전문성 부족과 소비자 보호장치의 미흡 문제, 규제와 감독의 불공정성 문제 등에 노출되어 있다.

8. 대표적인 유사보험으로는 우체국보험, 새마을금고공제, 신협공제, 수협공제 등이 있으며, 농협공제는 2012년 3월 NH농협생명과 NH농협손해보험으로 분리되었다.

9. 상법에서는 보험에 대한 구분을 손해보험과 인보험으로 구분하고 있으며, 보험업법에서는 손해보험, 생명보험, 제3보험으로 구분하고 있다.

주요용어

- 보험
- 사업비
- 도박
- 저축
- 복권
- 공제
- 유사보험
- 채무면제·유예상품(DCDS)
- 손해보험
- 인보험
- 생명보험
- 제3보험

연습문제

1. 위험이라는 용어를 사용하여 보험에 대해 정의하시오.
2. 보험의 특징을 4가지 이상 기술하시오.
3. 보험제도가 운영이 가능하기 위한 요건을 5가지 이상 기술하시오.
4. 보험의 효용과 비용에 대해 기술하시오.
5. 보험과 도박을 비교하여 설명하시오.
6. 보험과 저축을 비교하여 설명하시오.
7. 보험과 복권을 비교하여 설명하시오.
8. 보험과 공제를 비교하여 설명하시오.
9. 국내의 유사보험의 주요쟁점에 대해 설명하시오.
10. 신용카드사에서 판매하고 있는 채무면제·유예상품에 대해 설명하시오.
11. 상법에 정하고 있는 보험의 분류에 대해 기술하시오.
12. 보험업법에서 정하고 있는 보험업의 분류에 대해 기술하시오.

참고문헌

금융위원회 외, "우체국보험 및 공제관련 규제 개선방안", 2013. 5.
보험개발원, 「국내 유사보험 감독 및 사업현황」, 2002, p.5.
보험경영연구회, 「보험과 리스크관리」, 문영사, 2010, p.71.
생명보험협회, 「월간 생명보험」, 2014. 4.
손해보험협회, 「월간 손해보험」, 2014. 4.
우정사업본부, 「2011 우정사업본부 연차보고서」, 2012.
우정사업본부, 「2012 우정사업본부 연차보고서」, 2013.
이석호, "국내 유사보험과 관련된 핵심쟁점 및 개선방안", 한국금융연구원 주간브리프 자료 제17권 제21호, 2008, pp.4~5.
이재복, 「보험학원론」, 두남출판사, 2008, pp.135~139.
피터 L. 번스타인(안진환 옮김), 「리스크」, 한국경제신문, 2008, p.27.
George E. Rejda, Principles of Risk Management and Insurance, 10th, 2008, pp.21~23.
www.aria.org (American risk and Insurance Association).
www.fss.or.kr 금융감독원
www.crefia.or.kr 여신금융협회
www.fica.kr 금융소비자원
www.kpms.co.kr 전국교수공제회
www.kyosu.net 교수신문
www.mk.co.kr 매일경제
www.spo.go.kr/daegu 대구지방검찰청
www.khan.co.kr 경향신문
www.nhfngroup.com NH농협금융지주
www.insnews.co.kr 한국보험신문
www.hyundaicard.com 현대카드

제4장

보험의 역사와 현재

학습목표

○ 보험산업의 기원을 이해하고 보험산업의 역사에 대해 설명할 수 있다.

○ 보험산업의 발전과정을 설명하는 용어를 설명할 수 있고, 한국의 보험산업 발전에 대해 설명할 수 있다.

○ 국내 생명보험사와 손해보험사의 종류에 대해 설명할 수 있다.

제4장 보험의 역사와 현재

제1절 보험의 역사

1. 베니스의 상인과 해상보험

가. 무역과 보험의 기원

최근 연 3,000%가 넘는 높은 이자율을 적용한 불법 고리대금업자가 경찰에 적발된 사건이 있었다. 우리나라 현행법에서는 연 49% 이상의 이자를 수취하는 것을 금하고 있으나 급전이 필요한 사람들에게 돈을 빌려주고 높은 이자를 받는 행위가 계속되고 있다. 고리대금업자는 4,000만원을 빌려주고 원금을 제외한 이자로만 1억 7,000만원을 받아갔다.

이러한 고리대금은 동서고금을 막론하고 돈을 가진 자들의 횡포로 가난한 자들을 괴롭혔다. 영국의 유명한 극작가 셰익스피어(1564~1616)가 1596년경에 발표한 희곡 '베니스의 상인'에서도 이러한 장면이 나온다. 중세시대의 무역도시였던 베니스에서 바사니오는 결혼을 위해 친구인 안토니오에게 돈을 빌리려 했다. 그런데 때마침 안토니오는 모든 재산을 무역선에 투자한 상태여서 돈이 없었기 때문에 친구를 위해 고리대금업자로 악명높은 샤일록을 찾아가서 돈을 빌린다. 샤일록은 악명높은 그 명성 대로 안토니오가 돈을 갚지 못할 경우 약속을 어긴 대가로 샤일록이 원하는 신체부위의 살 1파운드를 베어내겠다는 약속을 받아내고 계약서를 작성하였다. 안토니오는 본인이 투자한 전재산의 무역선이 두달 후면 돌아올 것이라고 믿었기 때문에 이 계약을 체결한다.

<그림 4-1> 셰익스피어 초상

그런데 두달 후에 돌아올 것이라고 믿었던 무역선 세척이 모두 침몰하여 안토니오가 파산했다는 소식을 들은 친구 바사니오는 자기 때문에 위험에 처한 친구 안토니오를 구하기 위해 베니스로 돌아와서 샤일록에게 본인이 빌린 돈의 몇 배를 주겠다고 했으나, 샤일록은 계약서대로 이행하겠다고 하였다.

재판관은 계약서대로 안토니오의 살 1파운드를 베어내는 것을 인정하였지만, 피는 단 한방울도 흘려서는 안된다고 했으며, 샤일록은 반성하고 빌려준 돈만 받겠다고 했지만 재판관은 이를 거부하고 계약서대로 집행하라고 하였다. 결국 샤일록은 안토니오의 살을 베어내지도 못했고, 안토니오의 생명을 위협한 대가로 샤일록의 재산 절반을 안토니오에게 주도록 하고 나머지 절반은 정부가 몰수한다는 판결을 하였다.

이 희극에서 셰익스피어가 살던 시대에는 금융업에 종사하는 자본가와 상인 간에 교역의 성공여부를 담보로 계약을 체결하는 것이 일반적이었다. 이에 따라 성공적으로 교역을 마치고 돌아올 경우 돈을 빌린 사람과 빌려준 사람 모두 큰 돈을 벌 수 있는 구조였기 때문에 배를 담보로 돈을 빌리는 것이 가능했던 것이다.

나. 해상무역과 위험

최근 한국의 화장품이 중국에서는 폭발적으로 팔리면서 한류문화 영향에 따른 무역이 적극적으로 이루어지고 있다. 한국에서는 매우 싼 가격에 살 수 있는 물품이 다른 나라에서는 매우 비싸게 팔리다 보니 중국인들이 한국으로 여행을 오면서 많은 수량의 화장품을 사서 중국에 비싸게 되팔고 있다고 한다.

이렇듯 한 나라에서는 풍부하게 생산되는 물품이 다른 나라에서는 희소가치가 매우 높은 물품 때문에 국제 교역이 이루어지고 있다. 이러한 국제교류는 인간이 상업활동을 하면서부터 시작되어 현재까지 이르고 있다.

한 나라에서는 매우 싸게 구입한 물품을 다른 나라에서 매우 비싸게 팔 수 있다는 조건은 매우 매력적이어서 사람들은 많은 위험을 무릅쓰고 거래를 이어갔다. 동서양을 이어주던 실크로드를 통해 많은 교역이 이루어졌지만, 도로의 유실이나 산적 등으로부터의 피해 등 많은 위험들이 도사리고 있었다.

또한 보다 빠르게 많은 물건을 실어 나를 수 있는 수단으로 해상 거래도 이루어졌는데 해상거래는 육로를 통한 운송보다는 위험이 더 컸다. 육상위험과는 다르게 해상에서는 태풍이 불거나 선박이 손상되거나 선박내에서 전염병의 발생이나 식량·식수부족, 해적의 난입은 운반자들의 생존을 위협하는 위험이었다.

선박을 이용하여 물건을 실어 나르는 것은 위험은 컸지만 한 번에 많은 물건을 실어 나를 수 있다는 장점이 있었기 때문에 사람들은 해상 교역의 위험을 최대한 줄이면서 교역이 성공적으로 이루어졌을 경우의 혜택을 분배하는 노력도 이어갔다. 이러한 노력의 결과로 탄생한 것이 '해상보험'이며, 사실상 근대적인 보험제도의 탄생이라 할 수 있다.

다. 모험대차와 이자금지령

해상무역이 이루어지면서 곧바로 근대적인 해상보험이 등장한 것은 아니었다. 해상무역이 지속되면서 그 시대의 시대상황을 반영하는 몇 가지 사건들을 거치면서 근대적인 해상보험이 탄생하게 된다.

해상무역을 하는 경우 어떤 위험이 존재할까? 아마도 선박의 파손이나 선원의 사망, 해적, 태풍 등에 의한 선박의 침몰이 가장 큰 위험일 것이다. 이러한 위험에 대비하기 위해 중국은 전통적으로 위험을 분산시키기 위해 한 배에 모든 물건을 싣지 않고 여러 배에 나누어 실음으로서 물품을 보전하시는 방식을

선택했다. 이와 달리 유럽에서는 선박의 침몰이나 해적에 의한 손해에 대한 금전적 손실을 분담하는 방식을 선택했다.

고대부터 유럽의 상인들은 교역을 시작하기 전에 많은 돈을 보유하고 있는 금융가로부터 돈을 빌리고, 상인은 이 돈으로 항해에 필요한 배를 구하고, 물품을 구입하였다. 교역을 성공적으로 마치고 돌아오면 상인은 금융가에게 33%에 이르는 높은 이자와 함께 원금을 상환하고, 만약 교역이 실패하면 금융가로부터 빌린 원금과 이자를 모두 면제 받는 방식으로 발전해갔다. 즉 돈이 부족한 상인이 금융가로부터 돈을 빌려 교역을 수행하고, 교역이 성공적이면 시중 금리보다 훨씬 비싼 이자를 원금과 함께 갚지만 상인은 더 큰 돈을 벌 수 있는 기회를 갖게 되는 것이다. 이 방식을 '모험'을 기반으로 금융거래가 이루어진다는 의미에서 '모험대차(冒險貸借)'라고 불렀다.

이러한 교역이 활발해지면서 배를 매개로 한 금융가와 상인의 계약관계는 고대로부터 이어져오는 뿌리 깊은 관습으로 자리 잡았다. 그러나 이 관계는 중세 말에 이르러 큰 변혁을 맞게 된다. 그것은 1236년 교황 그레고리우스 9세가 공포한 이자금지령 덕분이었는데, 이를 계기로 모험대차는 현재의 해상보험과 조금 더 유사한 형태로 진화하게 된다.

이러한 변화에는 종교적인 영향이 매우 컸다. 유대교와 기독교는 원래 그 뿌리는 같았지만 신앙을 지켜가는 방식은 달랐다. 유대교는 율법을 지키고 교리에 따라 수행하면 구원을 받을 수 있다고 생각했지만, 기독교는 예수 그리스도에 대한 믿음을 가지면 구원을 받을 수 있다고 생각하는 점에서 달랐다. 유대인들에 대해 기독교인들은 많은 부분에서 부딪혔고, 유대인들이 기독교로 개종하지 않으면 공직에 진출할 수 없게 했다. 실제 셰익스피어 원작의 '베니스의 상인'이라는 영화에서 대부업자 샤일록은 빨간모자를 쓰고 등장한다. 유대인들은 거주권이 없어서 게토라는 성벽안에 모여 살아야 했고, 어둠이 지면 성밖으로 나올 수도 없었다. 성밖으로 나올 때는 유대인임을 표시하는 빨간모자를 쓰고 다녀야 했다. 또한 토지를 포함한 모든 종류의 부동산을 소유할 수도 없었고 오로지 소유할 수 있는 건 '돈'뿐이었다. 유대인들이 소유할 수 있는 것은 오직 돈이었기 때문에 기독교인들이 천시하던 대부업에 진출할 수 밖에 없었다. 유대인들이 대부업을 통해 세를 확장해가자 이들의 성장을 막기 위해 1236년 교황 그레고리우스 9세는 이자금지령을 공포하였다.

라. 변형모험대차

교황 교황 그레고리우스 9세는 1236년에 "네가 만일 너와 함께 한 백성 중에서 가난한 자에게 돈을 꾸어 주면 너는 그에게 채권자 같이 하지 말며 이자를 받지 말것이며(출애굽기 22장 25절)"라는 성경 구절을 근거로 이자를 받을 수 없도록 하는 이자금지령을 내렸다.

이자금지령에 따라 상인들이 금융가에게 돈을 빌려 진행하려던 해상교역이 어려워지자 다른 방법을 만들어 냈다. 그 방법이 소비대차(消費貸借)와 가장매매(假裝賣買)계약이다.

소비대차(消費貸借)는 이자금지령에 따라 이자를 받을 수 없게 된 금융가는 이자대신 '수수료'를 받고, 교역을 준비하는 비용에 대해 대출하는 계약을 상인과 금융가가 맺는다. 하지만 금융가가 상인에게 돈을 빌린 것으로 허위계약서를 작성하고 교역이 성공적으로 이루어지면 계약을 무효화하고, 교역이 실패한 경우에는 상인의 손실을 보상해주는 손해보험 형태를 갖게 되었다.

가장매매(假裝賣買)계약은 용어 그대로 금융가가 상인의 선박과 화물을 매입하는 것으로 허위계약을 체결하고, 교역이 성공적으로 이루어지면 계약을 취소하고 실패한 경우에는 가장매매계약에 명시한 금액을 지급하는 방식으로 이루어진다. 가장매매계약은 13세기에 풍부한 돈을 이미 보유한 상인이 금융가에게 돈을 빌릴 필요가 없었기 때문에 교역 실패시의 위험을 보장받는 형태로도 위험에 대비하도록 한 것이다.

마. 해상보험의 등장

변형모험대차의 등장은 실질적인 해상보험의 등장을 예고했다. 이자금지령으로 인해 이자를 받을 수 없었던 금융가는 수수료(premium)형태로 꾸준한 수익을 얻을 수 있었고, 상인에게 해상위험이 현실화 되었을 경우에만 손실을 보상하도록 한 방식은 양자 모두 이득이 되는 거래였다.

그러나 이러한 계약 형태가 허위 대출계약이나 가장매매계약에 의한 것이었기 때문에 이러한 형식을 탈피한 실질적인 해상보험은 1383년과 1395년에 이탈리아의 피사와 베니스에서 체결된 계약으로 기록되고 있다. 실제 이 당시의 보험계약에는 보험증권(polizza, policy), 보험자(assicuratore, insurer), 피보험자(assicurato, insured), 보험료(primo, premium) 등과 같은 현대적인 용어들이 등장한다.

해상보험은 14세기 지중해 일대의 해상무역을 장악하고 있던 이탈리아와 스페인에 확산되기 시작했다. 해상무역을 기반으로 축적된 풍요로움으로 이탈리아는 14세기부터 르네상스의 발원지로 자리매김하였고, 스페인은 신대륙 진출의 꿈을 펼치게 되었다.

이탈리아와 스페인이 해상권을 제패하면서 누렸던 제국의 위용은 17세기를 거치면서 영국으로 넘어가고 있었다.

2. 보험의 발상지, 카페

가. 커피와 카페

오늘날 한국인의 사교공간으로 자리매김한 카페는 이미 1,500년대에 유럽에서 성행하고 있었다. 우리나라 사람들이 커피를 마시기 시작한 것이 일제 시대 무렵부터이니 상당히 오래전부터 시작되었음을 알 수 있다.

오늘날의 카페의 모습을 갖춘 세계 최초의 카페는 1554년에 생긴 지금의 터키의 수도 이스탄불(당시 콘스탄티노플)에 있는 카네스(Kanes)였다. 최초의 카페가 생겨난 후 불과 50여년 만에 이스탄불에는 600개가 넘는 카페가 성업하고 있었다고 전해진다.

<그림 4-2> 유럽 최초의 카페 플로리안

원래 커피는 에티오피아에서 발견되어 이슬람문화권을 거쳐 유럽으로 전해진 것으로 알려지고 있다. 1600년대 중반 유럽에 카페가 세워지기 시작하면서 1660년대에는 런던 시내에만 3,000개가 넘는 카페가 존재하고 있었다. 유럽 최초의 카페는 카페는 베네치아 산마르코 광장에 있는 케페 플로리안(Caffe Florian)으로 기록되고 있다. 원래는 '커피하우스'라는 명칭으로 불리다가 프랑스를 거치면서 '카페'라는 명칭으로 변경되면서 일반화되었다.

카페에 가면 향긋한 커피를 마실 수도 있었지만 무엇보다 같은 관심사를 가진 사람들이 모여들고 있었기 때문에 관련 분야의 전문가들을 만나거나 고급정보를 얻는 루트가 되기도 했다. 유럽의 많은 사상가와 문학, 음악, 미술 등의 다양한 분야의 사람들이 모여드는 곳이 바로 카페였다. 많은 사상가들이 모여 들면서 계몽사상과 자유주의 사상이 번져가기 시작했고 민주주의 사회를 이루는 데 결정적인 역할을 한다. 민주주의 역사와 함께 자본주의도 같은 상거래에 관심이 있는 사람들이 모여 들면서 역시 카페에서 성장하고 있었다.

나. 로이드 커피하우스

17세기에 영국은 해상권을 장악하고 있었기 때문에 자연스럽게 경제력도 집중되고 있었다. 1600년대 중반 런던 시내의 도로가 2,000여개 정도였는데 카페

는 3,000여개에 이르고 있었기 때문에 런던의 거의 모든 도로에는 카페가 성업하고 있었다. 그러면서 상인이나 자본가들도 같은 관심사를 가진 사람들끼리 모이기 시작했고, 본인들의 취향에 맞는 카페로 만들어가고 있었다.

예를 들면, 자메이카와 교역하고 있던 상인들은 '자메이카 커피하우스'에서 버지니아와 발트해로 무역을 떠나는 무역상들은 '버지니아 앤 발틱 커피하우스'에서 모였으며, 동인도 무역의 주역들은 '개러웨이즈 커피하우스(Garraway's Coffeehouse)'에서 모였다. 또한 지중해 교역을 담당하던 상인들은 '예루살렘 커피하우스'에서 모였으며, 주식거래에 관심있는 사람들이나 중개인 등은 모두 '조나단 커피하우스(Jonathan's Coffeehouse)'에 모여들었다. 커피를 마시면서 자신들의 업무를 수행했다.[39]

공통의 관심사를 가진 사람들의 집중은 손쉬운 정보의 획득은 물론 거래장소이기도 했으며, 같은 이해관계를 가진 사람들의 정보공유처이기도 했다.

<그림 4-3> 1798년의 로이드커피하우스

이렇게 많은 커피하우스들 중에서 해상보험에 관심 있는 사람들은 1687년에 생긴 '로이드 커피하우스(Lloyd's Coffee-house)'으로 모여들었다.

로이드 커피하우스에 모인 해상보험업자들은 이후 로이드 조합(Lloyd's Society)을 결성하였으며, 이 조합은 현재 세계 최고의 보험사인 로이드(Lloyd's of London)로 발전하여 남아 있다.

에드워드 로이드(Edward Lloyd)가 타워 스트리트에 처음 문을 연 로이드 커피하우스는 런던 시내의 많은 카페중 하나에 불과했지만, 해상보험업자들이 모여들면서 보험 거래의 중심지가 되고 있었다.

당시에는 정규 보험회사가 존재하지 않았기 때문에 해상보험을 가입하고자 하는 사람들은 보험가입대상 물품과 부담할 수 있는 수준의 보험료를 기재한

---

39) 강종무, "뜻밖의 세계사", 네이버캐스트(http://navercast.naver.com/contents.nhn?rid=134&contents_id=34109&series_id=768)에서 인용.

종이(슬릿, Slit)을 테이블 위에 놓고 기다리다가 해상보험자들이 보험료를 계산해보고 수익성이 좋을 듯한 것만 선택(select)해서 보험계약을 인수했다.

<그림 4-4> 로이드 리스트

로이드 커피하우스는 해상보험업자들의 거래에 사용할 수 있도록 펜과 종이를 제공했음은 물론, 항상 선착장에 대기하다가 선착장으로 배가 들어오거나 선박의 침몰이나 해적에 의한 피해 소식과 같이 특별한 일이 있을 때마다 로이드 커피하우스까지 달려다니면서 소식을 전하는 러너(runner)를 고용하였다. 이렇게 카페로 전해진 소식은 키드니(Kidney)라는 직원에 의해 일정 시간 간격으로 반복해서 낭송되었다. 또한 1696년부터는 '로이드 뉴스'라는 해상 정보지를 발간하다가 이후 현재까지로이드 리스트(Lloyd's List)를 발간하고 있다.

3. 화재보험의 탄생

1666년 9월 2일 새벽 2시 영국 왕실제빵사 토마스 패리너가 운영하는 제과점에서 원인 모를 화재가 발생해서 템스가 일대는 물론 런던의 좁은 거리와 골목으로 불길이 확산되었다. 이 화재 사고로 당시 대부분 목조 건축으로 이루어져 있었던 런던 시내 전체의 80%를 태웠다. 이후 런던을 재정비하는 과정에서 목조건축을 제한하고 석조와 벽돌만으로 건물을

<그림 4-5> 런던 대화재를 묘사한 그림

지을 수 있도록 하였다.

　화재가 발생한 17세기에는 영국의 산업혁명이 가속화되면서 농민들이 대거 도시로 이동하면서 가난한 농민들은 좁은 골목길에 목조건축물을 지을 수 밖에 없었다. 이러한 목조건축물이 화재사고를 대형화할 수 있게 했다는 것이 일반적인 견해이다.

　화재가 1666년에 발생하면서 노스트라다무스의 예언처럼 "런던이 정의의 피를 요구하리니 6이 세 번 반복되는 해에 불벼락이 내리리라. 고대의 여인이 높은 곳에서 떨어지고 그와 같은 많은 전당들이 소실되리라"라는 예언이 현실화 되었다는 공포도 있었지만, 그 당시 전염병을 옮기던 들쥐들도 타들어가면서 전염병이 차단되는 효과도 있었다.

　또한 단 한 번의 화재사고로 모든 재산을 잃을 수 있다는 것을 알게 되면서 '화재보험'에 대한 필요성을 인식하게 되었다. 화재사고 이후 영국 국왕은 앞으로 있을지 모를 화재에 대비하는 방법과 화재 피해자들을 구재할 수 있는 방법을 강구하도록 하였다. 1667년 치과의사였던 니콜라스 바본(NicholasBarbon)은 화재사고시에 발생한 손해액을 보상한다는 내용을 제안했으나, 이미 대형 화재사고를 겪은 시민들이 폭발적으로 가입신청을 하면서 화재보험은 급성장하기 시작했다.

4. 생명보험의 탄생

　생명보험의 보험사고는 피보험자의 '생존' 또는 '사망'이다. 즉 피보험자가 보험기간 중에 생존해 있거나 사망한 경우에 약정한 보험금을 지급하는 보험이 생명보험이다. 우리나라에서 기존에는 피보험자의 사망시 약정한 보험금을 지급하는 '사망보험'이 주류를 이루다가 최근 평균수명의 연장 등의 이유로 피보험자의 생존시 지급하는 '연금보험'이 급성장하고 있다. 전 국민을 대상으로 한 국민연금이 우리나라에 등장한 것도 1990년대이다.

　생명보험 영역에서는 원래 피보험자의 사망시 지급하는 '사망보험'보다는 '연금보험'이 훨씬 먼저 개발되었다.

　프랑스의 루이 1세가 17세기 말에 시작한 '톤틴연금'은 원래 국가 재정사업을 위해 시작하였다. 톤틴연금은 가입자를 연령별 그룹으로 2000명씩 나누고 일정 금액을 각각 납입한 다음, 매년 연도말에 생존해 있는 사람에게만 이자를 지급하는 방식의 연금이다. 따라서 생존자가 적을수록 이자를 분배할 사람들이 줄어들기 때문에 가입자 1인당 이자 수익이 늘어나고, 최후에 생존한 1명은 2000명 분의 이자를 혼자서 독식하는 방식이다. 마지막 1명이 사망하면 기금은 모두 국고에 귀속되도록 하였다. 톤틴연금의 가장 큰 문제점은 함께 가입한 가입자가 빨리 사망할수록 유리해지는 것이었다.

이러한 톤틴연금의 문제점에 착안하여 생존자에게 지급하던 금액을 발상을 바꾸어 그해에 사망한 사람들에게 분배하도록 한 것이 현대 생명보험의 시초이다.

서점을 경영하던 존 하틀리(John Hartley)는 1706년 아미카블 소사이어티(Amicable Society for a Perpetual Life Assurance)를 설립하고 해당 보험상품에 대해 특허장을 받았다. 이후 많은 생명보험사들이 설립되었지만 영국의 경제위기를 겪으면서 특허를 가지고 있던 아미카블 소사이어티만이 생존하여 오늘날의 생명보험사의 기틀이 되었다.

사람이 사망하는 '위험'은 아주 오래 전부터 존재해왔지만 생명보험 상품의 개발이 늦어진 것은 '사람이 언제 사망할지' 알 수 있는 방법이 없었다. 우리나라에서는 '헬리혜성'으로 유명한 에드먼드 핼리(Edmond Halley, 1656~1742)가 1693년에 생명표를 만들었지만, 연금보험금의 지급을 위한 것이어서 사망보험에는 적용하기 어려웠다. 그러나 오늘날과 같은 생명표가 1764년에 만들어지면서 생명보험은 본격적으로 성장하기 시작한다.

제2절 보험산업의 현재

1. 우리나라의 보험산업

2015년 전 세계 보험시장의 보험료 규모는 전년 대비 3.8% 증가한 4조 5,538억 달러를 나타냈으며, 이는 2014년 성장률 3.5%에 비해 소폭 상승한 것이다. 이 중 생명보험 수입보험료는 전년대비 4.0% 증가한 2조 5,338억 달러를, 손해보험 수입보험료는 3.6% 증가한 2조 200억 달러를 기록하였다.

〈표 4-1〉 세계보험시장 현황(2013)

구분	생명보험	순위	손해보험	순위	합계	순위	점유율
미국	532,858	1	726,397	1	1,259,255	1	27.1
한국	91,204	8	54,223	9	145,427	8	3.1
일본	422,733	2	108,773	4	531,506	2	11.4
영국	222,893	3	106,750	5	329,643	3	7.1
프랑스	160,156	4	94,598	6	237,605	6	5.4
독일	114,349	7	132,813	2	247,162	5	5.3
이탈리아	117,978	6	50,576	10	168,554	7	3.6
중국	152,121	5	125,844	3	277,965	4	5.9
네덜란드	26,005	18	75,135	7	101,140	10	2.1
캐나다	52,334	11	73,010	8	125,344	9	2.7

자료: Swiss Re, 03/2014 World Insurance in 2013, p.35~43. 자료 정리
http://www.swissre.com,

한국의 보험산업은 수입보험료 규모로 전체 1,450억 달러로 세계 8위권을 자랑하고 있다. 전 세계 시장 점유율의 3.1%를 차지하고 있으며, 이는 생명보험 3.5%와 손해보험 2.7%를 차지하고 있어서 각각 전체 8위와 9위의 규모를 차지하고 있는 보험선진국이다.

우리나라의 보험시장 수입보험료는 2015년 5.5% 성장했으며, 전년과 동일한 세계 8위권을 차지하고 있다. 생명보험의 보험료 성장률은 6.0% 성장하였으며, 손해보험은 4.8% 성장하였다. 이러한 성장세 둔화는 저금리기조의 지속으로 인한 저축성보험의 성장세 둔화에 기인한 것으로 분석되고 있다.

〈표 4-2〉 우리나라 보험산업의 수입보험료 전망

(단위: 조원, %)

구분	2014		2015		2016(F)		2017(F)	
	보험료	증가율	보험료	증가율	보험료	증가율	보험료	증가율
생명보험	110.6	1.9	117.2	6.0	120.4	2.7	122.5	1.7
손해보험	76.6	8.3	80.2	4.8	83.3	3.8	85.7	2.9
전체	187.2	4.4	197.5	5.5	203.7	3.2	208.2	2.2

주) 보험연구원 전망치(F)
자료) 보험연구원, 2017년 보험산업 전망과 과제 자료 인용

1) 보험침투도

명목 GDP 대비 수입보험료의 비율을 나타내는 보험침투도는 한 국가의 보험산업이 국가 경제에서 차지하는 위치를 가늠하는 수치로 활용된다. 이러한 보험침투도는 명목 GDP 성장률 둔화에 따라 보험산업 수입보험료 증가율이 명목 GDP 성장률을 상회하면서 13.3%까지 상승한 것으로 추정된다.[40]

---

40) 윤성훈 외 4, 2014년도 보험산업 전망과 과제, 보험연구원, 2014, p.70. 인용

<표 4-3> 우리나라 보험산업의 침투도   (단위: %)

구분	FY2010	FY2011	FY2012	FY2013(E)	2014(F)
생명보험	7.0	7.0	9.0	8.0	8.5
손해보험	4.4	4.9	5.4	5.3	5.4
전체	11.3	11.9	14.4	13.3	13.9

주) 보험침투도 = 총보험료 / 명목GDP
주) 보험연구원 추정치(E) 및 전망치(F)
자료) 보험연구원, 2014년 보험산업 전망과 과제, p.70 도표 인용

Swiss Re에서 2014년 발표한 2013년 보험침투도 순위도에서 한국은 5위권을 나타내고 있으며, 전체 평균을 웃도는 수준이다. 전체 총보험료를 GDP로 나누어 산출한 보험침투도 순위에서 높게 나타난 것은 우리나라 GDP 대비 보험료 수준이 상대적으로 높다는 것을 나타낸다.

<표 4-4> 보험침투도 세계 순위 (2013)   (단위: %)

순위	국가	전체(%)	생명보험(%)	손해보험(%)
1	대만	17.6	14.5	3.1
2	남아프리카	15.4	12.7	2.7
3	홍콩	13.2	11.7	1.5
4	네덜란드	12.6	3.2	9.4
5	한국	11.9	7.5	4.4
6	영국	11.5	8.8	2.8
7	일본	11.1	8.8	2.3
11	프랑스	9.0	5.7	3.2
17	미국	7.5	3.2	4.3
49	중국	3.0	1.6	1.4
세계평균		6.3	3.5	2.8

자료: Swiss Re, 03/2014 World Insurance in 2013, p.42. 자료 정리. http://www.swissre.com

2) 보험밀도

국민 1인당 보험료를 나타내는 보험밀도는 총보험료를 총인구수로 나누어 산출하는 것으로, 해당 국가의 보험 보급 및 보험산업 발전 수준을 알려주는 지표로 활용된다. 총보험료를 총인구수로 나누어 산출한 보험밀도는 2013(FY)년도에는 268만 3천원으로 전년대비 감소하였는데, 이는 일시납 저축보험료의 세제혜택을 2012년에 중단한 것으로 인해 2012(FY)년도에는 증가하였다가 감소하였다.

〈표 4-5〉 우리나라 보험산업의 밀도

(단위: 천원)

구분	FY2010	FY2011	FY2012	FY2013(E)	2014(F)
생명보험	1,679.8	1,764.5	2,306.0	1,608.9	2,321.5
손해보험	1,056.5	1,224.7	1,370.7	1,074.4	1,491.5
전체	2,736.3	2,989.2	3,676.7	2,683.3	3,812.9

주) 보험밀도 = 총보험료 / 총인구수
주) 보험연구원 추정치(E) 및 전망치(F)
자료) 보험연구원, 2014년 보험산업 전망과 과제, p.71 도표 인용

Swiss Re에서 2014년 발표한 2013년 보험밀도 순위도에서 한국은 20위권을 나타내고 있으며, 전체 평균을 웃도는 수준이다. 전체 총보험료를 인구수로 나누어 산출한 보험밀도는 국민 1인당 보험료를 산출한 것으로서 세계 평균대비 4배 이상 많은 수치로 나타났다.

<표 4-6> 보험밀도 세계 순위 (2013) (단위: US달러)

순위	국가	전체(%)	생명보험(%)	손해보험(%)
1	스위스	7,701	4,211	3,490
2	네덜란드	6,012	1,546	4,466
3	덴마크	5,780	4,093	1,687
4	핀란드	5,073	4,109	963
5	룩셈부르크	5,003	2,749	2,254
7	영국	4,561	3,474	1,087
10	일본	4,207	3,346	861
11	미국	3,979	1,684	2,296
20	한국	2,895	1,816	1,079
60	중국	201	110	91
세계평균		652	366	285

자료: Swiss Re, 03/2014 World Insurance in 2013, p.41. 자료 정리. http://www.swissre.com

2. 한국보험산업의 문제점 - 낮은 보험만족도

가. 한국의 보험산업과 소비자 만족

한국은 전 세계 보험시장의 3.1% 정도를 차지하는 세계 8위권의 보험선진국이다. 생명보험 시장과 손해보험 시장 모두 3.5%와 2.7% 정도를 점유하고 있어서 양적으로는 미국, 일본, 영국, 프랑스, 독일 이탈리아에 이은 선진 보험시장이다. 그러나 이러한 양적 성장의 이면에는 질적 성장에 대한 반성을 요구하고 있다. 캡제미니 컨설팅(Capgemini)은 세계보험 보고서(World Insurance Report 2014)를 통해 세계 30개국에서 총 1만 5천명을 대상으로 한 보험에 대한 만족도 조사에서 '만족한다'고 응답한 응답자의 비율이 미국의 경우 51%에

세계 주요 나라의 보험 만족도 단위: %
세계 30개국, 총 1만5000명을 대상으로 보험에 만족하는지를 물은 결과 '만족한다'고 답한 비율

자료: 컨설팅사 캡제미니 '2014 세계 보험 보고서'

달했지만 우리나라는 15%에 불과하여 최하위를 차지한 것으로 발표했다. 이러한 조사 결과는 캡제미니 컨설팅의 조사결과 뿐만이 아니고, 2013년 발표된 "아시아태평양 세계보험소비자 서베이"에서도 보험산업에 대한 긍정적 시각을 가진 한국인은 26%로 조사대상 아시아 7개국중 최하위를 나타냈다.

이러한 결과가 보다 안타까운 것은 우리나라보다 금융후진국으로 평가하는 러시아나 중국보다 만족도가 뒤쳐진 것으로 나타난 점이다. 이 보고서에서는 이러한 결과의 원인으로 고도의 양적성장의 이면인 불완전판매를 들고 있다.

우리나라 국민들의 개인별 보험가입률은 생명보험은 77.3%, 손해보험은 74.6%로서 전체 보험가입률은 94%에 달하고 있다. 즉, 만20세 이상 성인의 94% 가량이 생명보험과 손해보험에 가입하고 있다는 의미이다. 이렇게 많은 국민들이 보험에 가입하고 있으면서도 만족도는 주요 국가들 중 최하위권에 머물고 있다는 점은 의미하는 바가 크다.

〈표 4-7〉 개인별 보험가입률

(단위: %)

구분	2012년	2013년	2014년	2015년	2016년
생명보험	79.3	77.3	79.3	78.9	73.4
손해보험	67.9	74.6	74.3	79.7	76.2
전 체	92.9	94.0	93.8	96.7	93.8

주: 보험연구원 동향분석실, 2016년 보험소비자 설문조사결과, 보험연구원, p.4인용

보험산업은 만족도만이 낮은 것이 아니고, 실제 금융감독원에 분쟁조정신청 현황에서도 불만족 상황은 확연히 드러난다. 은행, 증권, 신용카드, 저축은행, 투자 및 자산운용 등의 전체 금융권에서 보험관련 민원은 2013년 기준 45.3%에 이르고 있다. 그러나 이것은 증권 및 투자관련 민원이 2013년에 폭발적으로 증가한 것에 따른 것일 뿐 이전의 보험관련 민원은 전체 금융권 민원의 74%에 이르고 있었다.

2013년 민원발생건은 전년 대비 4.8% 감소한 것으로 나타나고 있으나, 이것은 보험민원을 혁신적으로 줄여보자는 업계와 정부의 노력이 반영된 것일 뿐 실제 발생 건수는 직전 2012년에 비해 다소간 감소한 것에 불과하다.

〈표 4-8〉 금융분쟁조정 접수현황 (단위: 건, %)

구 분	2012년	구성비(%)	2013년	전년동기대비 증감률(%)	구성비(%)
은행·중소서민	6,955	24.3	6,163	△11.4	13.7
금융투자	442	1.5	18,394	4061.5	41.0
보험	21,159	74.2	20,247	△4.8	45.3
합 계	28,556	100	44,804	56.9	100

자료: 금융소비자보호처, 금융분쟁통계 자료 재구성, 2014. 5. 23

보험산업에서 발생하는 민원은 주로 보험모집관련 분쟁, 면부책 결정 관련 분쟁, 보험금산정관련 분쟁, 보험금 지급지연관련 분쟁 등으로 분류할 수 있다.

3. 우리나라의 보험회사

가. 생명보험회사

1) 삼성생명

삼성생명은 원래 1957년 강의수, 전중윤 등의 소상공인 발기인들이 모여 동방생명이라는 사명으로 출발하였다. 그러나 초대 대표인 강의수 사장이 암으로 별세한 후 1963년 7월에 삼성그룹에 인수되어 오늘의 삼성생명으로 사명을 변경하였다. 현재 삼성생명은 자산규모 281조원(특별계정 포함), 특별계정을 포함한 수입보험료는 23조 4천억원(2017년 1월말 현재)으로 업계 부동의 1위를 차지하고 있다.

2) 한화생명

한화생명은 1946년에 대한생명보험으로 출발하였다. 회사 출범후 1960년대에 대한생명보험은 계열사에 자금지원을 하면서 경영난을 겪었다. 경영난으로 인해 신동아그룹으로 매각되었다. 대한생명은 1985년에 당시로는 동양 최고층 건물이었던 '대한생명 63빌딩'을 세웠다. 이후 대한생명은 신동아화재보험과 함께 2002년 한화그룹에 편입되었다가 2012년에 현재의 사명인 한화생명으로 사명을 변경하였다.

현재 한화생명은 자산규모 123조 3천억원(특별계정 포함), 특별계정을 포함한 수입보험료는 23조 4천억원(2017년 1월말 현재)으로 업계 2위를 차지하고 있다.

3) 교보생명

교보생명은 원래 1958년 8월 설립된 대한교육보험이다. 당시 우리나라는 교육열이 대단히 높아 자녀의 교육자금을 보험금으로 지급하는 세계 최초의 보험상품을 만들어 냈고 1970년대에는 이 회사의 주요 보험상품으로 자리잡았다. 1980년 본사를 서울 종로구 종로 1가로 옮기고, 12월에는 교보문고를 세웠다. 1995년에는 사명을 현재의 교보생명보험(주)으로 바꾸었다.

현재 교보생명은 자산규모 107조 7천억원(특별계정 포함), 특별계정을 포함한 수입보험료는 10조 6천억원(2017년 1월말 현재)으로 업계 3위를 차지하고 있다.

4) 농협생명

농협생명은 2012년 3월 농협법 개정에 따라 농협의 신용사업과 경제사업을 분리하면서 기존의 농협중앙회의 공제부문 중 생명보험 부분을 분할하여 설립되었다. 현재 농협생명은 자산규모 61조1천억원, 수입보험료는 9조 7천억원(2017년 1월말 현재)으로 업계 4위를 차지하고 있다.

5) 미래에셋생명

미래에셋생명은 원래 1988년에 설립된 대전생명보험(주)으로 설립되었다가 1992년 중앙생명보험(주)로 상호를 변경하였다. 대전생명보험은 1997년 SK생명보험으로 상호를 변경하였다가 2000년에 국민생명보험(주)와 한덕생명보험(주)을 인수합병하면서 통합법인 SK생명보험(주)으로 상호를 변경하였다. 이후 2005년 미래에셋그룹으로 인수되면서 현재의 상호인 미래에셋생명으로 다시 상호를 변경하였다.

현재 미래에셋생명은 자산규모 37조 4천억원, 수입보험료는 4조원(2017년 1월말 현재)을 거수하고 있다.

6) 동양생명

동양생명은 1989년 한국의 동양메이저(주)와 미국의 뮤추얼 베너피츠 라이프 인슈어런스가 공동출자하여 만든 동양베네피트생명(주)으로 출발하였다. 이후 외국인 지분이 매각되면서 1995년 현재와 같은 동양생명으로 사명을 변경하였다. 2000년에는 태평양생명과 합병하였다가 2013년 9월말 동양그룹 사태가 발생하면서 동양그룹에서 계열분리 되었다. 2015년 9월에는 중국의 안방보험그룹으로 인수되었다.

현재 동양생명은 자산규모 28조 8천억원, 수입보험료는 6조원(2017년 1월말 현재)을 거수하고 있다.

나. 손해보험회사

2015년 12월 기준 국내에는 14개 국내 손해보험사와 17개 외국계 손해보험사로 모두 31개의 손해보험사가 영업을 하고 있다. 국내 손해보험사는 11개의 종합손해보험사, 1개의 재보험사, 2개의 보증보험 전업사로 구성되어 있다. 31개 손해보험사에 종사하는 임직원수는 32,343명이다.[41]

---

41) 손해보험협회, 「한국의 손해보험」, 한국손해보험협회, 2016. p.10.

1) 삼성화재

삼성화재는 원래 1952년 설립된 한국안보화재해상재보험(주)와 1956년 설립된 안국화재해상보험(주)을 삼성그룹에서 인수한 후, 1962년 안국화재와 안보화재를 합병하고 사명을 안국화재해상으로 변경하면서 시작되었다.

현재 자산규모 67조원대(2016년 12월말 기준)로 부동의 업계 1위를 차지하고 있다.

2) 현대해상

현대해상은 1955년 국내 최초로 해상보험 전업회사 「동방해상보험주식회사」로 설립되었다. 이후 1962년 한국손해재보험공사를 흡수합병하고, 화재보험업 인가를 받아 동방해상화재보험주식회사로 상호를 변경하였다. 1985년에는 현대해상화재보험주식회사로 상호를 변경하였고, 1999년에는 현대그룹에서 계열분리 하였다. 지금은 자산규모 35조 9천억 규모(2016년 12월말 기준)로 손해보험회사의 2위권을 차지하고 있다.

3) 동부화재

동부화재의 태동은 동부그룹에서부터 시작한다. 동부화재의 김준기 회장은 1969년 고려대 경제학과 4학년에 재직중에 만24세의 나이로 직원 둘을 데리고 자본금 2,400만원으로 동부그룹의 전신인 미륭건설을 창업했다. 미륭건설은 1970년대의 중동건설경기 붐을 타고 규모를 키워나가다가 중동지역에 진출해서 20억달러의 공사를 수주하면서 동부그룹의 기초를 다지면 건설업계 도급순위 10위권까지 진입하였다. 이후 1971년에는 동부고속운수, 1972년에는 동부탄광, 1983년에 한국자동차보험(주)을 인수하여 현재의 동부화재를 태동시켰다. 이후 동부생명보험과 동부증권까지 세웠다. 1983년에 인수한 한국자동차보험(주)에서 1984년에는 손해보험 전종목을 취급하는 종합손해보험사로 전환하였다가, 1995년에는 사명을 현재의 동부화재(주)로 변경하였다.

동부화재는 총자산 33조 5천억원(2016년 12월말 기준)에 이르는 손해보험업계 3위권의 대형 보험사로 성장하였다.

4) KB손해보험

KB손해보험은 원래 1959년 범한해상보험으로 설립되었다. 그러나 1970년 럭키금성그룹에서 주식을 인수하면서 럭키화재해상보험으로 개명하였다. 2006년에는 LG화재가 LIG손해보험으로 사명을 변경하였다. LG화재는 사명을 'LIG(Life Is Great)화재'로 바꾼다고 20일 발표했다. 11년 만의 개명(改名)이다. 사실 LG화재는 'LG'의 브랜드 파워를 유지하기 위해 이름을 그대로 쓰고 싶어했다. 하지만 금융업종에서 완전히 손을 뗀 LG그룹이 더 이상 LG 브랜드를 사용하지 말라고 강력히 부탁해 어쩔 수 없이 사명을 변경한 것이다. LG화재는 1999년 구인회 창업회장의 첫째 동생인 고(故) 구철회씨 일가로 지분이 넘어가면서 LG그룹에서 가장 먼저 분가(分家)했다. 당시 그룹에서 떨어져 나가면서 향후 5년간 무상으로 LG 브랜드를 사용하기로 계약을 맺었고, 지난해부터 브랜드 로열티로 매출액의 0.14%(약 40억원)를 지급하고 3년 연장해서 사용할 수 있다는 신규 계약을 했다. 그러나 LG그룹은 "금융업종에 LG란 이름이 남아 있는 건 곤란하다"면서 "브랜드 사용료는 필요 없으니 LG란 이름을 서둘러 떼라"고 재촉한 것으로 전해졌다. LIG손해보험은 2015년 6월 KB금융그룹의 계열사로 편입되면서 KB손해보험으로 사명을 변경하였다.

KB손해보험은 총자산 28조 6천억원(2016년 12월말 기준)에 이르는 손해보험

업계 4위권의 대형 보험사로 성장하였다.

5) 메리츠화재

메리츠화재는 1922년 10월에 세워진 국내 최초의 보험회사인 「조선화재보험(주)」으로 출발하였다. 1950년 5월 동양화재해상보험(주)으로 사명을 변경하였다가 2005년 10월 현재의 메리츠화재로 사명을 변경하였다.

메리츠화재는 총자산 16조 4천억원(2016년 12월말 기준)에 이르는 손해보험업계 5위권의 보험사로 성장하였다.

6) NH농협손해보험

농협손해보험은 2012년 3월 12일자로 기존의 농협에서 분리된 이래로 지속적으로 성장해오고 있다. 2015년 5월 27일에는 권리보험 분야도 새로이 보험종목 추가 영위 허가를 받아[42] 성장을 지속하고 있다. 농협손해보험은 총자산 8조 2천억원(2016년 12월말 기준)에 이르는 손해보험업계 9위권의 보험사로 성장하고 있다.

7) 코리안리

코리안리는 1963년에 정부투자기관 「대한손해재보험공사」로 설립된 이후 1978년 민영화되어 현재 세계 9위권, 아시아 1위의 재보험회사이다. 임직원수는 270여명으로 많지는 않지만, 총자산 9조 2천억원, 운용자산 5조 2천억원을 올리고 있다.

---

[42] 금융감독원, "농협손해보험(주) 보험종목 추가 영위 허가", 금융감독원 2015. 5. 27일자 보도자료.

에듀컨텐츠·휴피아
CH Educontents·Huepia

제5장

확률과 대수의 법칙

학습목표

○ 확률과 대수의 법칙을 이해하고 이를 적용한 사례들에 대해 설명할 수 있다.

○ 보험제도의 근간이 되는 이득금지의 원칙을 이해하고, 이득금지의 원칙을 실현하기 위한 다양한 보험제도를 설명할 수 있다.

제5장 확률과 대수의 법칙

제1절 보험의 기본원리

1. 보험의 원리

보험이란 개인이나 기업 등의 위험을 위험단체에 전가시키는 제도로서 동질의 위험을 가진 다수의 경제주체가 보험료라는 위험전가비용을 지불하고 보험사고발생시 보험금이라는 대가를 지급받음으로써 위험을 분담시키는 제도이다. 이러한 보험제도가 정상적으로 유지되기 위해서는 다양한 원리가 안정적으로 작동해야 한다.

2. 보험의 기본원리

가. 위험의 분담

보험제도는 동질의 위험을 가진 다수의 경제주체가 하나의 위험집단(보험집단)을 구성하여 각자 산출된 보험료를 납부하여 그 위험집단 중 일부가 보험사고가 발생한 경우 그 손해를 보장하는 제도이다. 이 때 각 개인은 본인에게 존재하는 거대 위험을 소속된 위험집단의 평균적인 보험료 수준으로 분담시킴

으로서 개인의 위험을 집단의 위험으로 분담·전가시키게 된다. 독일학자 마네스(Manes)는 '일인(一人)은 만인(萬人)을 위하여, 만인(萬人)은 일인(一人)을 위하여(One for All and All for One)이라는 말로 보험제도를 설명하고 있다. 즉, 동질의 위험을 가진 다수의 개별 피보험자(One)는 위험단체(All)를 위하여 보험료를 납입하고, 납입된 보험료(All)는 보험사고가 발생한 피보험자(One)에게 보험금을 지급하도록 함으로써 위험을 분담하고 전가시킬 수 있도록 한 제도가 곧 보험이다.

<그림 5-1> 삼총사의 포스터

<그림 5-2> All for one, One for all

나. 대수의 법칙

대수의 법칙(law of large number)이란 어느 집단의 통계적 확률은 관찰의 수가 많아질수록 안정도가 높아지고 하나의 법칙성에 도달할 수 있다는 것을 의미한다.[43] 즉, 특정 사건이 발생한 것은 그 개인의 입장에서는 우연한 사고이지만, 관찰횟수를 늘려 충분히 많은 수를 관찰할 경우 일정한 법칙을 예측할 수 있다는 것이다. 보험산업에서는 일정 기간동안 위험집단에서 발생할 사고의 확률과 발생할 사고의 크기를 예측하는 데에 활용되는 매우 중요한 원칙중 하나이다. 대수의 법칙에 의해 보험회사는 사고발생률을 예측하여 보험료를 산출할 수 있고, 이에 따라 보험금 지급도 가능해진다.

다. 급부반대급부 균등의 원칙

'급부반대급부 균등의 원칙'은 보험계약자가 위험전가의 대가로 납부하는 보험료(급부)는 보험사고의 발생으로 보험회사로부터 받는 보험금에 대한 기대치(반대급부)와 같아야 한다는 원칙을 말한다. 즉, 개별 보험계약자가 보험회사에 납부하는 보험료는 보험사고의 발생으로 지급되는 평균보험금에 사고발생확률을 곱한 값과 같다는 것을 의미한다.

$$보험료 = 평균지급보험금 \times 사고발생확률$$

라. 수지상등의 원칙

수지상등의 원칙은 보험회사가 보험계약자로부터 위험전가의 대가로 받은 보험료의 합은 보험사고의 발생으로 지급하는 보험금의 합과 같아야 함을 의미한다. 즉, 수입보험료의 총액과 지급보험금의 총액이 같아야 함을 의미하는

---

43) 한국보험학회, 보험사전, 1997, p.208.

것으로 대수의 법칙에 의해 예측되는 지급보험금을 근거로 사고발생확률과 평균지급보험금을 예측하여 거두어 들이는 보험료를 같게 해야 한다는 원칙이다.

급부반대급부 균등의 원칙은 보험계약자 개인의 입장에서 볼 때 납입하는 보험료의 산출근거를 설명하는 원칙이라면, 수지상등의 원칙은 전체 보험계약자 입장에서 보험료의 합계와 보험금의 합계가 같아야 한다는 원칙이다.

> **수입보험료의 합계 = 지급보험금의 합계**
> **평균보험료 × 보험가입자수 = 평균지급보험금 × 사고발생건수**

마. 이득금지원칙

이득금지의 원칙은 보험제도는 보험사고가 발생할 경우 사고 발생이전의 상태로의 원상회복을 의미할 뿐, 보험의 존재로 인해 보험사고의 발생이 이득의 원천이 되어서는 안된다는 것을 의미한다. 즉, 보험가입의 목적은 발생한 손해의 보상에 있기 때문에 실제 발생한 손해 이상으로 보상하는 것을 금하는 원칙을 말한다. 이득금지의 원칙은 실손보상의 원칙 등 다양한 모럴해저드(Moral Hazard)를 방지하는 최소한의 장치로서의 역할을 수행하고 있다.

제2절 확률과 대수의 법칙

1. 확률

보험산업에서 확률은 개인이나 가정, 기업 또는 사회가 직면한 '손해의 가능성(possibility of loss)'또는 '손해의 확률(probability of loss)'로 이해되기도 한다. 손해의 확률은 '어느 특정한 기간 동안 손해가 발생할 상대적 가능성(relative likelihood)'을 의미하며, 이 경우 위험은 측정될 수 있다.[44]

손해의 확률은 0과 1사이의 범위에서 백분율이나 분수로 표시되기도 하는데, 0에 가까울수록 사고발생확률이 매우 낮음을 의미하고 1에 가까울수록 사고발생확률이 매우 높음을 의미한다. 이러한 확률이 존재함으로써 위험을 측정가능한 수치로 변환할 수 있게 되고, 측정가능한 수치로 변환된 위험은 보험사고 발생으로 나타날 사고의 크기도 예측할 수 있게 한다. 이에 따라 보험료를 산출하고 지급하는 보험금의 규모도 산출할 수 있게 된다.

따라서 보험산업에서의 '확률'은 위험을 예측가능한 수치화가 가능함으로써 보험제도를 존립시키게 하는 기초가 된다. 확률은, 아니 보다 정확하게 표현하자면 보험은 원래 도박장에서 게임에서 이길 확률과 게임을 중단했을 때의 이익의 분배금을 계산하면서부터 시작되었다.

---

44) 이재복, 보험학원론, 두남, 2008, p.21.

나. 로또와 확률

한국에서 판매되는 로또는 1부터 45까지의 숫자중에서 6개의 숫자를 고르는 방식으로 4등(5만원), 5등(5천원)을 제외한 1등부터 3등까지의 당첨금은 판매금액에 따라 연동되어 결정된다. 로또의 당첨확률은 얼마나 될까? 로또에 당첨될 확률은 우리가 욕조에서 넘어져 죽을 확률 80만 분의 1의 10배 더 희박하고, 벼락에 맞아 죽을 확률 428만 9,651분의 1보다 두 배 더 힘든 814만 5060분의 1이다.

<표 5-1> 로또의 당첨확률

등위	일치개수	보너스	1인당 당첨금[b]	확률
1등	6개	-	$S \times 0.75/C_1$	1/8,145,060
2등	5개	일치	$S \times 0.125/C_2$	1/1,357,510
3등	5개	불일치	$S \times 0.125/C_3$	1/35,724
4등	4개	무관	50,000원	1/733
5등	3개	무관	5,000원	1/45

자료 : 위키백과 나눔로또 6/45 자료 인용
* S = 총당첨금(4등 및 5등 당첨금액 합계 제외), C_n = n등 총 당첨자 수[b]
[a] : 보너스 번호는 일치개수에 포함되지 않고, 2등과 3등을 구분하는 용도
[b] : 위에서 1인이라 함은 해당 게임의 수를 의미

로또는 언제 구입하는 것이 1등 당첨확률을 높일 수 있을까? 2014년 로또 1등 당첨자들을 분석한 자료를 보면 특이한 점을 볼 수 있다. 우선 복권구입 요일별 판매액 분포를 살펴보면 토요일이 40.9%로 가장 많다. 그 다음이 금요일이 18.9%, 목요일이 11.7%의 순으로 나타났다. 이는 추첨일과 가까울수록 로또 구입을 많이 하고 일요일처럼 추첨일과 멀수록 로또 구입을 별로 하지

않고 있음을 보여준다. 이러한 경향만 놓고 본다면 로또 구입이 가장 많은 토요일에 1등 당첨자가 가장 많을 것으로 생각하기 쉽지만, 실제 1등 당첨이 가장 많은 요일을 살펴보면 목요일이 가장 높은 당첨확률을 보이고 있다.

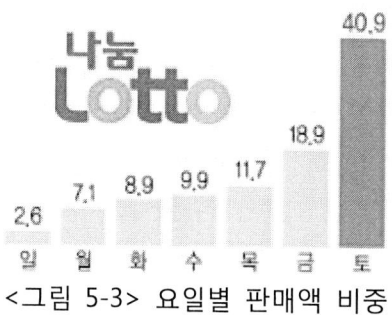
<그림 5-3> 요일별 판매액 비중

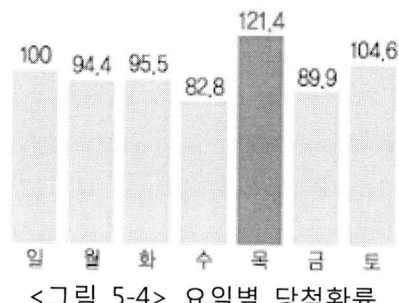
<그림 5-4> 요일별 당첨확률

로또 판매액과 당첨자 비중이 2.6%로 동일한 일요일에 구입한 로또 당첨확률을 100으로 놓고 비교하면, 목요일에 구입한 로또 당첨확률은 121.4로 가장 높게 나타났고, 뒤이어 토요일에 구입한 로또가 104.6으로 뒤를 이었다.[45]

로또에 당첨된 사람들은 85m²이하 아파트를 소유한 고졸의 기혼 40대 생산직이 많았으며, 1등 당첨자의 43%는 '1주일간 즐거운 상상과 재미를 가질 수 있어서(21%)', '좋은 꿈을 꿔서(17%)' 복권을 구입한 것으로 나타났다. 꿈을 꿔서 로또를 구입한 응답자들 중에서는 조상꿈이 39%로 가장 높게 나타났고, 재물관련 꿈이 12%, 돼지 등 행운의 동물이 등장하는 꿈이 10%, 물 또는 불이 나오는 꿈 8%, 숫자 꿈이 8% 순으로 나타났다.[46]

---

45) 나눔로또 홈페이지 자료 인용.
46) 위키백과 검색자료, 나눔로또 6/45

로또에 당첨되면 세금을 얼마나 내야 할까?

　우리나라의 대표적인 복권은 단연코 로또(lotto)이다. 지금까지 당첨금중에서 가장 큰 금액은 2008년 월 일에 당첨된 407억원이다. 로또의 평균 1등 당첨금은 20억원 수준이다. 그렇다면 로또 당첨자는 이 금액을 전액 수령해서 본인이 전액 사용할 수 있을까? 결론부터 말하자면 '그렇지 않다'이다. 로또의 당첨으로 얻게 되는 금액도 역시 소득의 하나이기 때문에 세금을 납부해야 한다. 납부하는 세금은 5만원 초과~3억원 이하는 22%(소득세 20% + 주민세 2%)의 세율이 부과되고 3억원을 초과하는 경우에는 33%(소득세 30% + 주민세 3%)의 세율이 적용된다. 로또가 아닌 연금형태로 지급받는 연금복권의 경우에는 1등 당첨금의 22%를 원천징수하게 된다.

　또한, 복권이 당첨되어 다른 사람에게 당첨금을 나누어 줄 때는 당첨금을 나누어 받는 사람이 '증여세'를 납부해야 한다. 배우자는 6억원, 직계존속 및 직계비속은 5,000만원(만19세 미만의 미성년자는 2,000만원), 기타 친족은 500만원까지 증여재산 공제를 허용하고 있으며, 이를 초과하는 금액에 대하여는 증여세를 납부해야 한다.

　다른 사람에게 증여한다면 세금은 여기에서 끝일까? 아니다. 복권당첨금을 은행에 저축해둘 경우 이자가 발생하게 되면 이러한 이자수익에도 세금이 붙는다. 2013년을 기준으로 이자소득이 연간 2천만원을 넘을 경우, 부동산임대소득, 사업소득, 근로소득, 기타소득 등의 다른 소득과 합산하여 '금융소득종합과세'를 피해갈 수 없다. 다시 말해, 이자소득이 2,000만원을 넘을 경우 근로소득을 포함한 모든 종류의 소득을 합산하여 과세하게 된다.

나눔로또, http://www.nlotto.co.kr 자료 인용.

2. 대수의 법칙

가. 대수의 법칙의 의의

　대수의 법칙(law of large number)은 앞서 언급한 것처럼 특정 사건이 발생한 것은 그 개인의 입장에서는 우연한 사고이지만, 관찰횟수를 늘려 충분히 많은 수를 관찰할 경우 일정한 법칙을 예측할 수 있다는 것으로 보험산업에서 많이 활용되는 원칙이다.

　정육면체인 주사위는 눈이 1인 경우부터 6인 경우까지 모두 1/6의 확률을 가지고 있다. 따라서 각각의 발생확률은 동일하지만 주사위를 한번 던졌을 때 1이 나올 확률은 1/6이지만, 10번을 던질 경우 1이 3번, 2가 4번, 3이 1번, 4가 1번, 5가 1번으로 불규칙하게 나올 수 있다. 하지만 주사위를 던지는 횟수를 증가시킬수록 1부터 6까지의 눈의 수는 거의 비슷하게 나온다. 이처럼 어떤 사건의 발생확률은 한 두번의 사고로는 예측할 수 없지만 관찰횟수를 증가시키면 일정한 발생확률을 예측할 수 있다는 것이 대수의 법칙이다.

<표 5-2> 주사위를 6,000번 던졌을 때의 나온 횟수

1	2	3	4	5	6
1,089회	982회	1,025회	1,038회	967회	899회

　따라서 주사위를 6,000번 던질 경우에는 <표 5-2>에서 보는 바와 같이 각각 1,000번 내외로 정리되는 것을 알 수 있다. 이렇게 주사위를 횟수를 늘려가며

던지면 일정 수준이상에서는 각각의 눈별로 나오는 횟수가 일정 비율만큼 안정적으로 나타나게 된다.

한국의 확률과 과학, 주령구

주사위를 던질 때 정육면체로 구성된 각 면이 나올 확률은 각각 1/6로 모두 동일하다. 이렇게 동일한 확률이 나올 수 있는 것은 정육면체의 각 면의 넓이가 모두 같기 때문이다. 서양에서는 주사위를 던져 게임을 했다면 우리나라에서는 통일신라시대에 주령구로 게임을 했다. 주령구에는 14면에 숫자 표기 대신 벌칙이 새겨져 있다. 안압지에서 출토된 주령구는 14면에 다양한 벌칙이 새겨져 있는데 벌칙의 내용은 귀족들의 놀이문화를 알 수 있다.

1. 유범공과(有犯空過, 4각면) : 덤벼드는 사람이 있어도 가만히 있기
2. 금성작무(禁聲作舞, 4각면) : 소리없이 춤추기
3. 중인타비(衆人打鼻, 4각면) : 여러 사람이 코 때리기
4. 삼잔일거(三盞一去, 4각면): 술 세잔을 한 번에 마시기
5. 자창자음(自唱自飲, 4각면): 스스로 노래부르고 스스로 마시기
6. 음진대소(飮盡大笑, 4각면): 술을 다 마시고 크게 웃기
7. 농면공과(弄面孔過, 6각면): 얼굴을 간질여도 꼼짝 않기
8. 양잔즉방(兩盞則放, 6각면): 술 두 잔이면 쏟아 버리기
9. 월경일곡(月鏡一曲, 6각면): 월경 한곡 부르기
10. 임의청가(任意請歌, 6각면): 누구에게나 마음대로 노래를 청하기

11. 공영시과(空詠詩過, 6각면): 시 한 수 읊기
12. 추물막방(醜物莫放, 6각면): 못생긴 것을 버리지 않기
13. 자창괴래만(自唱怪來晚, 6각면): 스스로 괴래만(노래명)을 부르기
14. 곡비즉진(曲臂則盡, 6각면): 팔을 굽힌 채 다 마시기

여기까지만 보면, 주령구는 단순한 놀이문화로 보이지만 여기에는 과학이 숨겨져 있다. 사각형과 육각형이 섞여 있지만 전체 14면체에서 나올 수 있는 경우의 수는 1/14로 모두 같다. 왜냐하면 사각형과 육각형의 바닥면적이 정확히 동일하기 때문이다. 즉 정사각형의 한변의 길이는 2.5cm로서 6.25cm²이고, 육각형의 넓이도 6.265cm²로서 넓이의 비에 따른 확률은 사실상 같다.

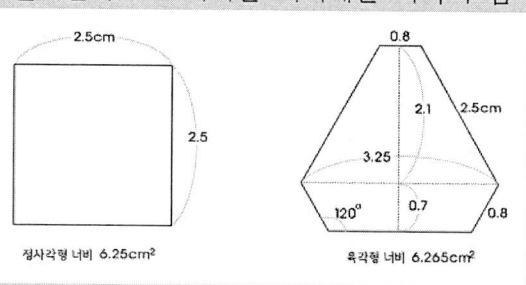

실제 보험산업에서는 개인의 생존과 사망을 보험사고로 하는 생명보험과 연금보험 분야에서 대수의 법칙에 의해 산출된 일정 비율을 근거로 활용한다. 제3보험 영역에서도 피보험자가 상해를 입을 확률, 특정 질병에 걸릴 확률 등을 계산하여 적용한다.

나. 사망과 경험생명표

생명보험은 사람의 생존과 사망을 보험사고로 하고 있기 때문에 사람의 생존률과 사망률은 중요한 지표가 된다. 사망률이란 일정 연령에 도달한 사람 중에 1년 내에 사망할 확률을 말하고, 생존율은 '1-사망률'로 정의되기 때문에 사망률을 구하면 곧바로 생존율을 구할 수 있다. 사망률은 보통 0세에서 특정 인구가 생존해 있다고 가정하고 그 생존해 있던 인구가 매년 얼마나 감소해 나가는지를 보여주는 지표이다. 특정 연령의 사망률은 다음과 같이 구할 수 있다.

$$n세의\ 사망률 = \frac{n세와\ n+1세\ 사이의\ 사망자수}{n세의\ 생존자수}$$

$$1세의\ 사망률 = \frac{n세와\ n+1세\ 사이의\ 사망자수}{n세의\ 생존자수} = \frac{104}{99{,}390} = 0.00105$$

$$1세의\ 생존율 = 1 - 0.00105 = 0.99895$$

생명표에는 사망률과 생존율, 생존자수, 사망자수와 평균여명도 표기하고 있다. 평균여명이란 특정 연령에서 그 연령의 사람이 생존가능한 기간의 평균을 의미한다.

<표 5-3> 제4회 경험생명표 예시

연령	생존자수	사망자수	생존율	사망률	평균여명
0	100,000	610	0.99390	0.00610	72.76
1	99,390	104	0.99895	0.00105	72.21
2	99,286	84	0.99915	0.00085	71.28
3	99,202	67	0.99932	0.00068	70.34
~	~	~	~	~	~
30	97,260	95	0.99902	0.00098	44.42
~	~	~	~	~	~

자료 : 보험연구원, KiRi Weekly 2012.2.20, 생명보험의 이해 2: 생존율, 사망률

예를 들면, 30세인 남성의 평균여명은 44.42년인데, 실제로는 이보다 더 오래살수도 있고, 훨씬 이전에 사망할 수도 있다. 하지만 평균이기 때문에 일반적인 30세의 남성은 44년 정도 더 살 수 있음을 의미한다. 보통 평균수명을 얘기할 때는 0세인 연령의 평균여명을 평균수명으로 사용한다.

생명표는 분석하는 대상에 따라 국민생명표와 경험생명표로 나뉜다. 국민생명표는 전체 국민이나 특정 지역의 인구를 대상으로 인구통계에 의한 사망상황을 나타낸 것이고, 경험생명표는 생명보험회사나 공제조합 등의 가입자에 대한 실제 사망통계치를 근거로 작성된 것을 말한다.[47]

---

47) 생명보험협회, 생명보험이란 무엇인가(2011), p.23.

<표 5-4> 경험생명표와 평균수명

구분	사용기간	남성 평균수명	여성 평균수명
제1회 조정국민생명표	1976.03~1981.02	-	-
제2회 조정국민생명표	1981.03~1986.01	-	-
간이경험생명표	1986.02~1988.09	-	-
제1회 경험생명표	1988.10~1991.07	65.75	75.65
제2회 경험생명표	1991.08~1996.12	67.16	76.78
제3회 경험생명표	1997.01~2002.11	68.39	77.94
제4회 경험생명표	2002.12~2006.03	72.32	80.90
제5회 경험생명표	2006.04~2009.09	76.4	84.4
제6회 경험생명표	2009.10~2012.06	78.5	85.3
제7회 경험생명표	2012.07~2015.03	80.0	85.9
제8회 경험생명표	2015.04~ 현재	81.4	86.7

자료 : 보험개발원(http://www.kidi.or.kr) 참조순보험료율 자료 인용

우리나라에서는 1976년부터 국민생명표를 보정한 조정국민생명표를 사용하다가 1986년부터 실제 보험가입자들의 사망통계를 기초로 작성된 경험생명표를 사용했으며, 2015년 4월 현재는 제8회 경험생명표를 활용하고 있다. 1997년 4월부터는 예정위험률이 자율화됨에 따라 회사별로 경험사망률을 자유롭게 적용하고 있다.[48]

---

[48] 앞의 책, p.24.

다. 한국인의 사망원인

우리나라 사람들은 주로 어떤 원인으로 사망할까? 사망원인으로 보면 단연코 악성신생물(암)이 가장 높은 비중을 차지한다. 인구 10만명당 사망자수를 표현한 한국인의 사망원인 순위에서 암, 뇌혈관질환, 심장질환, 당뇨, 자살의 순으로 나타난다. 물론 각 연령대별로 순위의 차이는 있지만 전체 인구로 볼 때 사망원인은 질병에 의한 요인이 가장 높게 나타난다.

〈그림 5-5〉 한국인의 사망원인 분포 추이

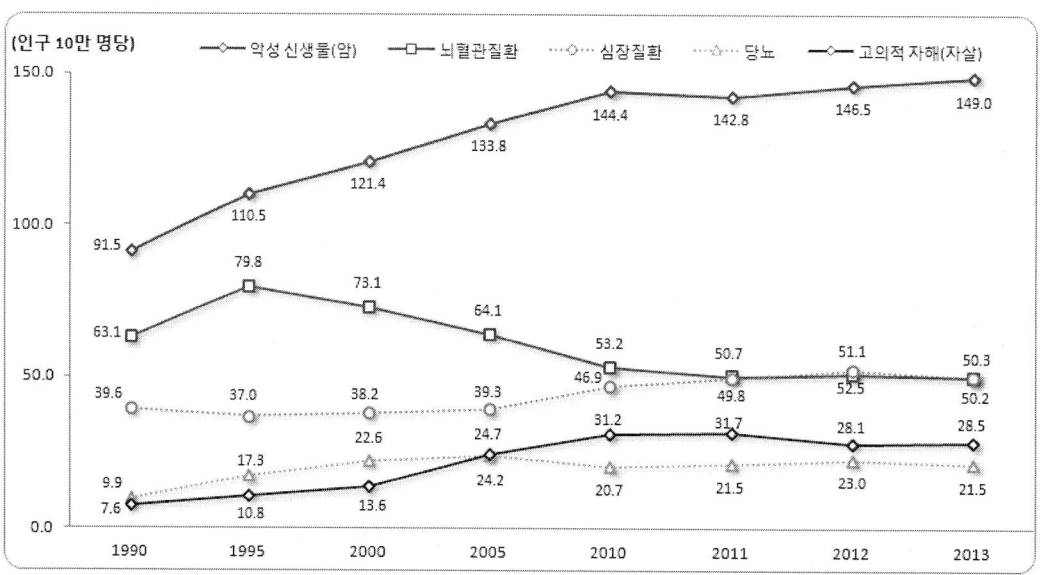

자료 : 통계청, 2014 한국의 사회지표, 2015년 3월 19일자 보도자료.

전체적인 추이를 보면 인구 10만명당 악성신생물(암)로 인한 사망자수는 점차 증가하고 있으며, 뇌혈관 질환이나 심장질환, 간질환, 당뇨병에 의한 사망자수는 지속적으로 감소추세에 있다. 즉 악성신생물(암)에 의한 사망은 증가하는 반면, 다른 질환에 의한 사망은 감소하고 있는 것이다.

단일 신체부위별 사망률은 뇌혈관질환에 의한 사망이 가장 높고 심장질환도 비슷한 정도의 사망률을 보이고 있다. 사회적으로 이슈가 되고 있는 고의적 자해와 알츠하이머병에 의한 사망률도 증가하고 있다.

<표 5-5> 한국인의 사망원인별 사망률

(단위 : 인구 10만명당 명)

	악성 신생물 (암)	뇌혈관 질 환	심장질 환[1]	간질환	당뇨병	고의적 자해 (자살)	알쯔하이 머병
1990	91.5	63.1	39.6	28.1	9.9	7.6	0.0
1995	110.5	79.8	37.0	29.5	17.3	10.8	0.0
2000	121.4	73.1	38.2	22.8	22.6	13.6	0.3
2005	133.8	64.1	39.3	17.2	24.2	24.7	2.3
2010	144.4	53.2	46.9	13.8	20.7	31.2	4.1
2011	142.8	50.7	49.8	13.5	21.5	31.7	4.8
2012	146.5	51.1	52.5	13.5	23.0	28.1	6.6
2013	149.0	50.3	50.2	13.2	21.5	28.5	8.5

자료 : 통계청, 2014 한국의 사회지표, 2015년 3월 19일자 보도자료.

〈표 5-6〉와 〈그림 5-6〉에서 보다시피 교통사고 사망자수는 2008년부터 2015년까지 4,621명~5,870명으로 분포되고 있다. 최근 10년간의 분포를 보면 2005년의 5,870명에서 2015년 4,621명으로 감소하여 전체적으로는 감소추세를 보이지만, 평균적으로 5,000명 내외로 사망자가 추산되고 있다. 5천만명에 이르는 대한민국 구민을 기준으로 볼 때 5,000명은 낮은 수치일 수 있지만 이상하게도 5천명을 전후로 하여 사망자수가 형성되고 있다. 누군가 매년 사망자수를 정해놓은 것처럼 비슷한 수치를 나타내고 있는 것이다.

<표 5-6> 교통사고 현황

구분	2008	2009	2010	2011	2012	2013	2014	2015
사고(건)	215,822	231,990	226,878	221,711	223,656	215,354	223,552	232,035
사망(명)	5,870	5,838	5,505	5,229	5,392	5,092	4,762	4,621
부상(명)	338,962	361,871	352,458	341,391	341,391	328,711	337,497	350,400

자료 : 경찰청 통계자료 인용(http://www.police.go.kr).

<그림 5-6> 교통사고 사망자수 통계

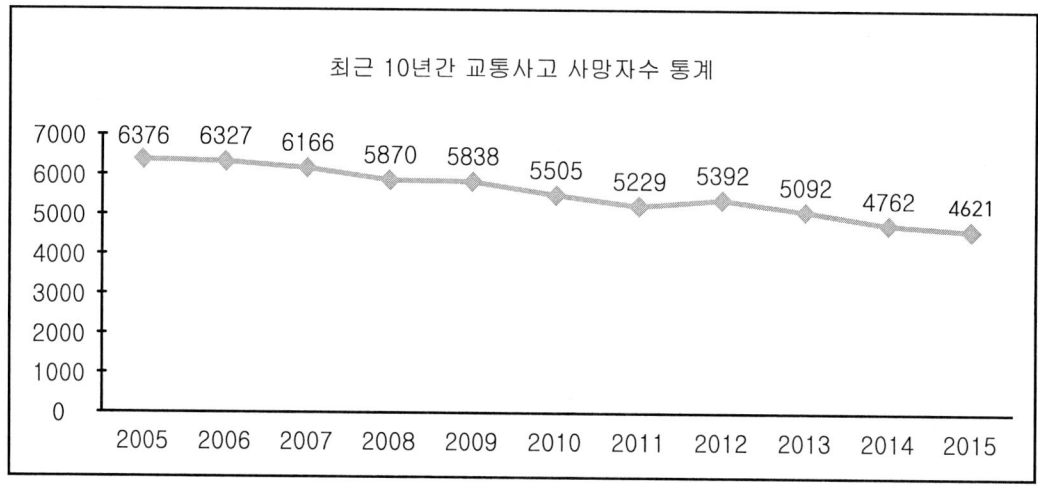

라. 암 발생률

내가 암에 걸릴 확률은 얼마나 될까? 물론 수없이 많은 종류의 암이 있지만 모든 암을 통틀어 내가 암에 걸릴 확률은 특정 연령대의 암발생률을 확인하면 알 수 있다.

<표 5-7> 암발생률

(단위 :)

연령	남성	여성
0	0.000353	0.000403
5	0.000166	0.000162
10	0.000150	0.000159
15	0.000208	0.000223
20	0.000278	0.000474
25	0.000412	0.001073
30	0.000725	0.001994
35	0.001212	0.003135
40	0.001865	0.004473
45	0.002813	0.005910
50	0.004607	0.006981
55	0.007311	0.007563
60	0.011077	0.008119
65	0.016145	0.008808
70	0.021881	0.009641
75	0.030053	0.011755
80	0.034398	0.013388

자료 : 보험개발원(http://www.kidi.or.kr) 참조순보험료율 자료 인용

제3절 이득금지의 원칙

보험산업은 태생적으로 사행계약성을 기본적인 특성으로 하고 있기 때문에 우연한 사고를 보상하는 보험에서는 중요한 문제가 아닐 수 없다. 즉 상대적으로 소액의 보험료를 납입한 보험계약자는 우연한 사고가 발생한 경우 거액의 보험금을 받을 수 있기 때문에, 우연한 사고를 고의로 발생시킬 수 있다는 문제가 생긴다. 따라서 고의에 의한 사고를 배제하고 우연한 사고만을 보상할 수 있도록 하는 최소한의 안전장치가 바로 '이득금지의 원칙'이다.

이득금지의 원칙은 보험사고의 발생으로 지급하는 보험금은 항상 발생한 그 손해만큼만을 보상해야 하며, 보험사고의 발생으로 지급하는 보험금이 실제 발생한 손해이상으로 지급될 경우 고의적인 보험사고의 유발을 권장하는 결과가 되어 보험산업은 결국 붕괴되고 말 것이다. 따라서 보험산업은 실제 발생한 손해만을 보상해야 하며, 그 이상의 보상은 이득이 될 수 있으므로 이를 차단하기 위해 이득이 발생하지 않도록 한 원칙이 필요하다. 이를 이득금지의 원칙이라 한다. 이득금지의 원칙을 실현하기 위해 보험산업에서는 다양한 원칙들이 존재하고 있다. 대표적인 것이 실손보상의 원칙, 초과중복보험에 대한 상법규정, 보험자대위, 타보험조항 등이 있다.

1. 실손보상의 원칙

보험산업, 그중에서도 손해보험산업은 피보험자에게 실제 발생한 손해를 보상할 책임을 부담한다. 실제 발생한 재산상의 손해만큼만을 보상하는 원칙을 실손보상의 원칙이라 한다. 실손보상의 원칙은 손해보험의 거의 대부분의 보

험상품에서 지켜지는 원칙이며, 손해보상의 원칙이라고도 한다. 실손보상의 원칙은 화재보험에서 건물의 화재손해에 대해 실제 입은 손해만큼만을 보상하는 것이나 실손의료보험에서 실제 발생한 손해만큼만을 입원의료비나 통원의료비에서 일정 비율이나 금액의 공제금액을 제외하고 지급하는 것이 대표적이다.

손해보험산업에서는 실손보상의 원칙을 지켜가기 위해 다양한 제도를 법제화시켜놓고 있으며, 실무현장에서도 이를 준수하기 위한 보험상품이 판매되고 있다. 일부 보험상품에서는 보험상품의 판매촉진을 위해 실손보상의 원칙의 적용을 배제한 특별약관을 개발하여 판매하고 있으나, 이렇게 실손보상의 원칙의 적용을 배제한 특별약관도 모두 보험계약의 도박화를 방지할 수 있는 수준에서 제한적으로 적용되고 있다.

실손보상의 원칙을 적용하여 구체화 시킨 예로는 재물보험 등에서 '피보험이익'의 개념을 적용하여 초과보험과 중복보험의 규정을 적용하는 것이나 보험자대위, 그리고 타보험 조항을 통한 중복보상의 방지 규정 등이 대표적이다.

2. 피보험이익과 초과·중복보험

손해보험에서 초과보험이나 중복보험 등과 같은 개념을 이해하기 위해서는 우선 피보험이익의 개념을 이해해야 하며, 이를 바탕으로 초과보험, 중복보험, 병존보험, 일부보험 등을 순차적으로 이해해야 한다.

가. 피보험이익

1) 피보험이익의 개념

손해보험계약은 피보험자에게 발생한 재산상의 손해를 보상하는 것을 목적으로 하고 있기 때문에 피보험자가 보험의 목적물에 대하여 갖는 이익을 보상하도록 하고 있는데 이를 피보험이익이라 한다. 피보험이익의 개념에 대한 학설로서, 관계설의 입장에서는 '피보험이익이란 피보험자가 보험사고 발생여부와 관련하여 보험목적에 대하여 갖는 경제상의 이해관계'로 설명하고 있으며, 이익설의 입장에서는 '보험사고 발생시 잃어버릴 염려가 있는 이익'으로 정의된다.[49]

피보험이익은 건물을 소유하는 사람은 건물을 소유함으로써 갖는 '소유이익'이 있으며, 그 건물을 임차하여 사용하는 임차인은 임차기간이 종료하면 해당 건물을 원상복구하여 반환해야 하는 '배상책임이익'이 있다. 만약, 갑이라는 건물주가 을이라는 임차인에게 건물을 임대해 주고, 만약에 있을지 모를 사고에 대비하여 건물주 갑과 임차인 을이 각각 화재보험을 가입했다면, 건물주 갑이 가입한 화재보험은 본인의 소유이익을 보호하기 위해 가입한 것으로서 화재사고 발생시 이상없이 보험금을 지급받을 수 있다. 하지만 임차인 을이 본인을 위해 화재보험을 가입했다하더라도 임차공간에서 화재가 발생하면 보험금을 받을 수 없다. 왜냐하면, 임차인 을은 임차공간에 대한 '소유이익'이 없기 때문이며, 배상책임이익만이 있을 뿐이다. 따라서 임차인은 임차한 공간에 대하여 건물주를 위한 화재보험을 가입할 것이 아니라, 임차공간을 원상회복하여 반환하지 못할 경우를 대비하여 '임차자배상책임보험'에 가입해야만 적절한 보험을 가입했다고 할 수 있다. 즉 피보험이익은 보험의 가입을 통해 보호받는 이

---

49) 이경재, 포인트 손해사정이론, 2015, p.27.

익이라 정의할 수 있다.

다시 말해, 건물주 갑의 소유로 된 건물에 대하여 피보험자는 소유이익이 있는 건물주 갑만이 화재보험을 가입할 수 있으며, 소유이익이 없는 전혀 다른 제3자는 다른 사람 소유의 건물에 화재보험을 가입할 수 없다. 왜냐하면, 건물주가 아닌 제3자는 그 건물에 대한 '피보험이익'이 없기 때문이다. 즉 다른 사람 소유의 건물에 불이 나더라도 제3자는 손해볼 게 없기 때문이다.

2) 피보험이익의 요건

피보험이익을 산정하기 위해서는 다음과 같이 경제성, 적법성, 확정성이 있어야 한다.

① 경제성

피보험이익은 보험계약의 목적으로서 금전으로 산정할 수 있는 이익에 한하여 하기 때문에(상법 제668조), 보험에 의해 보호되고자 하는 이익을 금전으로 환산할 수 있는 것이어야 한다. 즉 경제적 가치로 환산할 수 있는 것이어야만 이를 산정하여 보험을 가입하고, 보험사고 발생시 보험금을 지급할 수 있기 때문이다. 골동품이나 미술품과 같은 예술작품은 객관적 기준에 의해 평가할 수 있으면, 이 역시도 피보험이익이 될 수 있다. 특히, 인보험에서 사람의 생명은 금전으로 환산할 수 없다고 보는 것이 일반적이지만, 최근에는 인보험 영역에서도 피보험이익을 산정할 수 있다고 보는 견해도 있다.

② 적법성

피보험이익은 선량한 풍속이나 사회질서에 반하지 않는 적법한 것이어야 한다. 따라서 도박이나 절도 등에 의해 발생하는 이익이나 불법 마약류 등은 피보험이익으로 산정할 수 없다.

③ 확정성

피보험이익은 반드시 현재 존재할 필요는 없고 장래의 불확실한 것이어도 상관없지만, 최소한 보험사고 발생시에는 확정될 수 있는 것이면 충분하다.

나. 보험가액과 보험가입금액

보험사고의 발생으로 보험금 지급이 가능한 손해보험의 가입을 위해는 보험가액과 보험가입금액에 대한 전제를 필요로 한다. 우선, 피보험이익의 평가액, 즉 보험가액에 대한 이해가 필요하다.

보험가액이란 피보험이익을 평가한 금액으로서 보험사고의 발생으로 피보험자가 입게 될 손해액을 말한다. 예를 들어, 스마트폰을 100만원에 구입한 후 1년 정도 사용하던 중 도난을 당한 경우, 그 스마트폰의 보험가액은 스마트폰을 도난당할 당시의 보험가액에 따라 보상한다. 다시 말해 구입당시에는 100만원이었던 스마트폰은 1년 정도 사용하였다면 감가상각이 이루어져 100만원에서 경년감가율에 해당하는 부분만큼을 차감한 금액만큼 피보험자에게 보상함으로써 실제 발생한 손해만큼만을 보상할 수 있는 것이다.

반면, 보험가입금액은 보험목적물에 대하여 보상받을 수 있도록 보험목적물에 대하여 가입한 금액으로서 보험회사가 보상책임을 지는 법률상의 최고한도로 표현되기도 한다. 즉 보험사고 발생시 보험회사가 지급하기로 약정한 최고한도를 말한다. 예를 들어, 구입당시 100만원에 달하는 스마트폰의 도난 및 파손사고를 보상받기 위하여 스마트폰 보험에 가입할 때, 100만원짜리 이니 100만원을 가입하고 이에 해당하는 보험료를 납입하였다면 여기서 100만원은 보

험가입금액 또는 보험금액이 되고, 1년 정도 경과하여 감가율이 적용되 경제적 가치를 환산한 85만원은 보험가액이 된다.

경복궁의 보험가액은 ?

우리나라의 건축문화는 흙과 나무로 지어진 초가집과 목조주택이다. 서민들이 살던 초가집이었음은 물론이고, 양반이나 왕이 머물던 궁궐도 예외가 아니었다. 때문에 국가에 변란이 발생하면 불에 타서 소실되는 일이 다반사였다. 옛 문화재를 지키기 위해 보험에 가입할 경우 문화재들의 보험가액은 얼마나 될까 ?

2014년 8월 문화재청이 국회의 교육문화체육관광위원회에 제출한 자료에는 국보 1호의 지위를 누리고 있는 숭례문의 경우 보험가액을 150억원으로 산정했으며, 경복궁 경회루의 보험가액은 99억원, 경복궁 근정전의 보험가액은 13억원에 불과했다.

숭례문의 경우 2008년 화재발생으로 복원할 때는 276억원이 소요되었으나 보험가액은 이의 절반 수준인 150억원으로 책정되어 있어 목조 문화재의 보험가액이 실제 복원비용에 비해 지나치게 낮다는 지적이 일고 있다. 실제 2008년 숭례문 화재 당시 화재보험에서는 단 9500만원의 보험금을 받아 논란이 있었다. 문화재청은 목조문화재의 화재보험 가입현황과 서울 4대문 안의 주요 목조문화재(숭례문, 4대궁, 종묘)의 보험가액은 실제 가치보다 낮은 평균 59.4%에 불과하다. 종묘의 정전역시도 67억원에 이르는 재산가치의 44.3%에 불과한 29억원의 보험가액이 산정되어 화재보험에 가입되어 있다.

> 예를 들어 경복궁 근정전의 재산대장상의 가격은 33억원인데 보험가액은 13억원으로 산정되어 약 42.5%에 불과한 것이다. 다시 말해, 경복궁 근정전이 화재로 소실될 경우 33억원의 가치가 있지만 보험가액은 13억원에 불과하기 때문에 보험금은 13억원 가량만 지급된다는 의미이다. 이것이 문화재에 대한 보험가액을 재평가해야 된다는 논란이 일어나는 이유이다.

다. 미평가보험 · 기평가보험

보험을 가입할 당시 보험사고가 발생할 물건들에 대하여 미리 보상할 금액을 정해놓고 보험을 가입한다면 매우 편리할 것이라는 생각이 들지도 모른다. 그러나 여기에는 한 가지 함정이 있다. 1억원짜리 건물을 화재보험에 가입한다고 생각해보면, 가입당시에는 건물자재값이 매우 비싸 1억원에 지었지만 시간이 지난 다음 건축자재값이 싸지면서 5천만원에 지을 수 있게 되었다면 보험회사는 지급할 당시 5천만원이면 충분할 보험금을 1억원이라는 거액의 보험금을 지급해야 하는 상황이 된다.

그런데 반대상황을 가정해보면, 1억원이 소요되는 건물이 건축자재값의 상승으로 2억원이 든다면 건물주는 2억원을 받을 수 있었을 것을 가입당시 1억원으로 산정해두었기 때문에 1억원만 받을 수 있게 되고 나머지 1억원은 손실로 남게 된다. 건축자재값이 상승 또는 하락의 경우 누군가는 손해 또는 이익을 얻게 되기 때문에 이러한 문제를 해결하기 위해 보험사고가 발생한 때와 곳에서의 가액을 기준으로 보험가액을 산정하여 보험금을 지급한다.

보험은 이렇게 보험가입당시 보험목적물에 대한 가액을 평가하지 않고 실제 보험사고가 발생할 당시의 가액을 기준으로 보상하도록 하는 것이 일반적이

며, 이를 **미평가보험**이라 한다. 반면, 보험가입당시 보험가액을 평가하지 않을 경우 실제 보험금 지급단계에서 발생하는 분쟁이 발생할 것을 우려하여 보험가입당시에 보험가액을 미리 평가하는 보험을 **기평가보험**이라 한다.

라. 전부보험 · 초과보험 · 중복보험

보험은 실제 발생한 손해만큼만을 보상하는 것이 원칙이기 때문에 만약 보험가액이 100만원인 물건은 보험을 가입할 때 100만원을 가입하면 된다. 이렇게 실제 보험목적물의 가치, 즉 보험가액과 일치하도록 보험가입금액을 설정하도록 한 것을 전부보험이라 한다.

> **전부보험 : 보험가액 = 보험가입금액**

이렇게 보험가액과 보험가입금액을 일치시키면 피보험자는 해당 보험목적물에 손해가 발생하는 경우 실제 발생한 손해액 전액을 보상받을 수 있다. 그러나 실제 보험목적물의 가치인 보험가액보다 작은 금액으로 보험을 가입할 경우에는 실제 발생한 손해만큼 보상받을 수 없다. 이렇게 보험가액보다 보험가입금액이 작은 경우를 일부보험이라 한다.

> **일부보험 : 보험가액 > 보험가입금액**

일부보험의 경우를 가정하여, 보험목적물의 가치인 보험가액이 100만원인 물건에 대하여 50만원만 가입하였을 경우 손해액이 100만원인 경우와 50만원인 경우에 피보험자가 받을 수 있는 보험금을 계산해보자.

▲ 손해액이 100만원인 경우

$$100만원 \times \frac{보험가입금액(50만원)}{보험가액(100만원)} = 50만원$$

▲ 손해액이 50만원인 경우

$$50만원 \times \frac{보험가입금액(50만원)}{보험가액(100만원)} = 25만원$$

위의 두 경우 모두, 보험목적물의 가치인 보험가액이 100만원인 물건에 대하여 50만원만 보험을 가입한 경우에 피보험자는 실제 발생한 손해액을 각각 보험가액대비 보험가입금액에 대한 비율로 보상받게 된다. 이렇게 보험목적물의 가치인 보험가액보다 보험가입금액을 작게 가입할 경우에는 실제 손해가 발생하더라도 일정 비율만큼 작은 보험금을 받게 되는데 이를 일부보험이라 한다.

위의 경우처럼, 일부보험이 발생할 경우 손해발생시 소액의 보험금밖에 받지 못할 것을 우려한 피보험자가 실제 보험가액보다 훨씬 많은 금액으로 보험을 가입할 때는 어떻게 될까? 예를 들어, 보험목적물의 가치인 보험가액이 100만원인 물건에 대하여 200만원을 가입하였을 경우 그 물건에 보험사고가 생긴 경우의 보상을 살펴보자.

▲ $$100만원 \times \frac{보험가입금액(200만원)}{보험가액(100만원)} = 200만원 \text{ (초과보험, ×)}$$

100만원짜리의 물건에 보험사고가 생겨서 100만원짜리 물건의 가치가 0원이 되었다고 한다면, 피보험자가 입은 손해는 100만원이 된다. 이 손해액 100만원을 보험가액대비 보험가입금액에 대한 비율로 산출하면, 실제 물건값은 100만원인데 보험가입을 200만원으로 높게 설정할 경우 실제 물건값의 2배인 200만원을 보상받게 된다. 이렇게 보험가액보다 보험가입금액을 초과하여 가입한

경우를 **초과보험**이라 하며, 초과보험을 가입하였다 하더라도 보험에서는 실제 물건값의 가치인 100만원만 보상한다.

초과보험 : 보험가액 < 보험가입금액

▲ 100만원 × $\frac{보험가입금액(200만원)}{보험가액(100만원)}$ = 100만원

　실손보상의 원칙을 준수하기 위해 피보험자가 초과보험을 가입하였다 하더라도 실제 발생한 한도까지만을 보상한다. 이렇게 초과보험이 발생하는 이유는 보험가입당시 전부보험으로 가입하였다 하더라도, 물가의 하락 등으로 보험가액이 하락하면서 발생할 수도 있고, 피보험자가 보다 많은 보험금을 받기 위해 의도적으로 초과보험을 가입할 수 도 있다. 우리 상법에서는 사기에 의한 초과보험은 보험계약 전체가 무효가 되도록 하고 있다.

　보험목적물에 대하여 원래의 가치보다 보험가입금액을 높게 설정하여 가입하는 경우에도 보험가액을 한도로 보상한다면, 비슷한 보험을 하나 더 가입하면 두배로 보상받을 수 있지 않을까? 이렇게 동일한 보험계약의 목적(피보험이익)과 동일한 사고에 대해 여러 개의 보험계약이 동시에 또는 순차로 체결된 경우에 그 보험금액의 총액이 보험가액을 초과하는 경우에 이를 **중복보험**이라 한다. 중복보험의 경우에도 초과보험에서처럼 보험가입금액이 보험가액을 초과하더라도 보험에서는 보험가액을 한도로 보상하며, 사기에 의한 중복보험은 무효가 된다.

3. 타보험조항

앞서 살펴본 중복보험에서, 만약 피보험자가 동일한 피보험이익을 위해 보험계약을 여러 개 체결한 경우 각 보험회사는 어떤 기준에 의해 보험금을 지급하되, 피보험자에게 이익이 발생하지 않도록 할 것인가에 대한 논란이 있을 수 있다. 이를 위해 각각의 보험상품은 타보험조항을 두고 있다. 즉 둘 이상의 보험이 동일한 피보험이익에 대해 가입되어 있을 경우 보험회사간 보험금의 분담방식에 대해 언급한 보험약관을 타보험조항이라 한다. 타보험조항은 다수의 보험가입으로 인해 훼손될 수 있는 이득금지의 원칙을 실현하고 보험회사간 보험금의 분담을 공평하게 하기 위한 것이다.

타보험조항은 보험종목에 따라, 보험상품에 따라 다양하게 존재하지만 여기서는 대표적인 두 가지만 소개하고자 한다. 먼저 보험가입금액에 따라 보험금을 나누어 지급하는 '보험가입금액 안분방식'과 각각의 보험상품의 보상책임액에 따라 분담하는 '독립책임액 방식'을 소개하고자 한다.

가. 보험가입금액 안분방식

(≒비례책임조항, pro rata liability clause)

보험가입금액 안분방식은 실제 보험금 청구여부를 불문하고 보험가입자간 가입금액의 비율에 따라 분담하는 방식이다. 예를 들어, 9억원짜리 건물에 대하여 A보험회사에는 8억원을 가입금액으로 가입하고, B보험회사에는 4억원을 가입금액으로 가입한 경우에 이때 건물 손해 9억원에 대한 보험금의 분담방식은 다음과 같다.

▲ A보험회사 지급보험금

$$9억원 \times \frac{A보험회사(8억원)}{A보험회사(8억원)+B보험회사(4억원)} = 6억원$$

▲ B보험회사 지급보험금

$$9억원 \times \frac{B보험회사(4억원)}{A보험회사(8억원)+B보험회사(4억원)} = 3억원$$

건물주는 9억원의 손해가 발생하여 A보험회사와 B보험회사에 보험금을 각각 청구하였지만, 9억원 이상 지급할 경우 건물주는 이득이 발생하기 때문에 9억원까지만 보상받을 수 있다. 이때 각 보험회사의 보험금 지급금은 가입금액의 비율에 따라 비례한다.

나. 독립책임액방식

(≒책임한도분담조항, contribution by limit of liability clause)

독립책임액방식은 다른 보험계약이 없는 것으로 하여 산출한 보상책임액의 합계액에 대한 비율에 따라 보상하는 방식으로서 상해보험의 의료비, 실손의료보험 등에서 적용하고 있다.

4. 보험자대위

철골조로 지어진 건물을 소유한 건물주가 화재보험을 가입하고 화재가 발생한 경우, 건물의 보험가액 2억원을 한도로 전액 보상받은 건물주가 화재사고 발생후 남아 있는 철골조를 팔아 2천만원의 수입이 생겼다면 어떻게 될까? 건물주는 화재사고의 발생으로 2천만원이라는 금전적 이득이 생겼다. 이를 합법화 할 경우 많은 건물주들은 방화를 시도할지도 모른다.

또 다른 경우를 예로 들어보자. 건물주가 건물을 정상적으로 유지하고 있는데 개인적 원한이 있는 제3자가 건물에 불을 지른 경우 건물주는 건물주가 가입한 화재보험에서 건물가액에 해당하는 2억원을 보상받고, 불을 지른 제3자에게 건물값에 대한 손해배상 청구를 하여 2억원을 배상받는 경우에도 건물주는 원래의 건물가치인 2억원에서 훨씬 상회하는 2억원을 추가로 얻게 된다. 건물주는 보험회사와 방화자에게 모두 보험금과 손해배상금을 받음으로써 이득금지의 원칙에 위배된다.

위의 두 경우를 방지하기 위하여 보험자대위 제도는 이득금지의 원칙을 실현하는 중요한 원리로서 제도화 되어 있다.

가. 보험목적물대위

보험목적물대위는 보험의 목적이 전부 멸실한 경우 보험금액의 전부를 지급한 보험자가 그 보험목적에 대한 피보험자의 권리를 취득하는 것을 말한다. 즉 건물에 대한 화재보험의 보험금 2억원을 지급한 보험회사는 화재보험의 결과로 남게 되는 잔존물, 즉 철골조에 대한 소유권을 당연 취득하게 됨으로써

피보험자에게 이득이 생기는 것을 방지한다.

사이클 선수가 타던 자전거의 소유권은 ?

2012년 5월 1일 오전 9시 50분 경 경상북도 의성군 단밀면 낙정리 25번 국도에서 25톤 화물트럭이 앞서가던 스타렉스 승합차를 덮치고 승합차가 튕겨나가면서 앞서 달리던 상주시청 소속 실업 여자 사이클 선수단을 연이어 덮쳤다. 이 사고로 상주시청 소속 여성 사이클 선수 3명이 현장에서 사망하고 4명이 크게 다쳤다.

이 트럭은 사이클 선수단을 에스코트 하던 승합차를 시속 70km로 추돌한 뒤 다시 선수들을 덮쳐 무려 100m나 끌고 가면서 피해가 커졌다. 사고의 원인은 트럭운전사가 운전중 DMB를 통해 드라마를 시청하고 있었기 때문으로 밝혀졌다. 사고장소는 왕복 4차선 직선 오르막 도로로서 승합차 추돌 후 브레이크만 밟았어도 선수단의 인명피해는 발생하지 않았을 것으로 추정되는 사고였다.

젊은 선수들의 가슴 아픈 사고가 있은 지 3개월 정도 지난 시점에서 인터넷에서는 또 다른 논란이 불거졌다. 이 사고로 피해자들에게 보험금을 지급한 보험회사는 사망한 피해자들에 대한 손해배상과 함께 사이클 선수들이 타던 자전거에 대한 손해배상까지 완료했다. 따라서 보험사고의 발생으로 해당 피해물품에 대한 보험금을 전액 지급한 보험사는 그 잔존물에 대한 소유권을 당연히 인정받게 되고(보험목적물에 대한 대위), 그 잔존물의 매각을 위해 잔존물 판매업체를 통해 경매를 진행하였다.

한 네티즌이 사고날짜와 자전거의 대수, 색깔을 근거로 3개월전 있었던 사이클 선수 사망사고와 관련된 사실을 밝혀내면서 갑작스런 사고로 사망한 선수들

의 유류품을 이렇게 처리하는 것은 고인과 유족에 대한 예의가 아니라는 비난이 쏟아졌다. 이에 격분한 네티즌들은 보험사에 대한 항의의 표시로 경매시작가 100만원이던 가격을 21억원까지 올려두었다. 논란이 확산되자 해당 자전거의 판매는 경매에 부쳐진지 6일만에 중단되었다.

나. 청구권대위

보험사고가 제3자의 행위로 발생한 경우 보험금을 지급한 보험회사는 지급한 보험금의 범위내에서 제3자에 대한 보험계약자 또는 피보험자의 손해배상권리를 취득하게 되는데 이를 제3자에 대한 보험자대위(청구권대위)라 한다.

참고문헌

보험연구원, KiRi Weekly 2012.2.20, 생명보험의 이해 2: 생존율, 사망률

제6장

보험료와 수지상등

학습목표

○ 보험계약의 요소인 보험계약관계자와 보험계약의 내용을 구성하는 용어를 이해할 수 있다.

○ 보험료의 구성원리와 수지상등의 원칙을 이해하고 보험료 지수의 비교에 따라 보험료 산출원리를 이해할 수 있다.

○ 보험료산출방식을 이해하고, 책임준비금 적립방식을 이해할 수 있다.

제6장 보험료와 수지상등

제1절 보험계약의 요소

1. 보험계약 관계자

가. 보험계약자

보험계약자란 보험회사와 계약을 체결하고 보험료를 납입할 의무를 지는 사람을 말한다.[50] 보험계약자는 보험계약을 체결하고 보험료를 납입할 의무를 부담하는 만큼 보험계약의 해지권이나 보험수익자의 지정·변경권 등을 갖는다.

보험업법에서는 보험계약자를 보호할 필요성은 인정하되 보험계약자의 전문성 여부에 따라 보호할 수준이 다른 점을 감안하여, 보험계약자를 일반보험계약자와 전문보험계약자로 구분하고 있다. 즉 '전문보험계약자'란 보험계약에 관한 전문성이나 자산규모 등에 비추어 보험계약의 내용을 이해하고 이행할 능력이 있는 자를 말한다. '일반보험계약자'란 전문보험계약자가 아닌 보험계약자를 말한다.

---
50) 질병상해보험 표준약관, 제2조(용어의 정의). 제1호. 가항.

대부분의 일반보험계약자는 보험회사에 비하여 보험에 대한 전문지식 등이 부족하기 때문에 전문보험계약자와 구분하여 폭넓게 보호하고 있다.

나. 피보험자(보험대상자)

피보험자란 보험사고의 대상이 되는 사람을 말한다.[51] 즉 인보험에서는 보험을 가입할 때 보험을 가입하는 대상이 되는 사람을 말한다. 예를 들어, 아이의 엄마가 자녀를 위한 보험계약을 체결한다면, 아이의 엄마는 보험계약자가 되고, 아이는 피보험자가 된다.

피보험자라는 용어에는 보험에 의해 보호되는 사람이라는 의미가 내포되어 있다. 피보험자라는 용어가 한자어라는 지적에 따라 최근에는 '보험대상자'라는 용어로 바꾸어 사용하는 경우가 있는데, 일선 현장에서는 아직도 '피보험자'라는 용어를 일반적으로 사용하고 있다.

부부형 보험 또는 가족형 보험에서는 '주피보험자'와 '종피보험자'로 구분하는 경우가 있으나, '주피보험자'는 해당 보험계약의 보험료 산출의 기준이 되는 사람으로서 '주된 피보험자'라는 의미이다. '종피보험자'는 주피보험자에 종속되어 보험가입 대상이 되는 사람을 의미한다.

---

[51] 질병상해보험 표준약관, 제2조(용어의 정의). 제1호. 마항.

다. 보험수익자(보험금을 받는 자)

보험수익자란 보험금 지급사유가 발생하는 때에 보험회사에 보험금을 청구하여 받을 수 있는 사람을 말한다.[52] 만약 생명보험을 가입한 피보험자가 사망한 경우라면 피보험자의 사망으로 보험금을 받을 사람을 미리 지정할 수 있다. 지정하지 않는다면 피보험자의 사망시 생명보험금의 소유권을 가지고 많은 다툼이 발생할 수 있다. 따라서 보험금에 대한 다툼을 방지하기 위해 보험계약 체결시 보험금을 받을 자를 미리 지정할 수 있는데, 이때 보험금을 받을 권리를 갖는 사람을 보험수익자라 한다.

보험금을 받을 권리는 보험회사가 부여하는 것이 아니고, 보험계약자가 지정하거나 변경할 수 있다. 특히 인보험에서는 피보험자의 사망으로 인한 보험수익자를 지정하거나 변경할 때는 피보험자의 서면에 의한 동의를 반드시 받아야 한다.

라. 보험자(보험회사)

보험계약을 체결하는 당사자는 보험계약자와 보험회사이다. 보험회사는 계약체결의 당사자로서 보험상품을 개발하고, 보험약관을 만들어 다수의 보험계약자에게 보험상품을 판매하며, 보험사고 발생시 보험료를 받은 대가로서 보험금 지급의무를 부담한다. 보통 법률용어에서 보험회사를 '보험자'로 부르고 있다.

---

52) 질병상해보험 표준약관, 제2조(용어의 정의). 제1호, 나항.

우리나라에서는 보험업을 영위하기 위해서는 일정 요건을 갖추어 금융위원회의 허가를 받아야 한다. 보험업법에 의한 보험업은 생명보험업, 손해보험업, 제3보험업으로 구분하고 있으며, 생명보험업과 손해보험업은 겸영할 수 없지만 제3보험업은 생명보험사와 손해보험사 모두 판매할 수 있다.

2. 보험계약의 내용

가. 보험료(Premium)

보험료란 보험계약의 당사자인 보험계약자가 보험계약에 따라 보험자의 위험부담에 대한 대가로서 보험자에게 지급하는 것[53]을 말한다. 즉 개인이나 조직의 위험을 동질의 위험을 가진 위험집단에게 전가시키는 대가로 지불하는 것을 보험료라 한다. 보험계약자는 위험전가의 대가로 보험회사에 보험료(Premium)를 지불하고, 보험회사는 피보험자에게 보험사고가 발생한 경우 그동안 받았던 보험료에 대한 대가로서 보험금을 지급한다.

나. 보험금

보험금이란 보험사고의 발생으로 보험자(보험회사)가 피보험자 또는 보험수익자에게 지급하는 금액을 말한다. 보험금은 보험사고 발생시 정해진 금액을

---

[53] 한국보험학회, 보험사전, p.310.

지급하는 정액형과 실제 발생한 손해만큼만을 보상하는 실손형의 두 가지가 있다. 보험금은 정액형이든 실손형이든 보험자가 지급하는 금액을 말한다.

다. 보험사고

보험사고란 보험료 납입의 대가로 보험회사가 보험금을 지급해야 하는 사고를 말한다. 즉 보험회사의 보험금 지급의무를 구체화 하는 우연한 사고를 말한다.[54] 보험사고가 발생하여 피보험자나 보험수익자가 보험금을 청구하면 보험회사는 보험금을 지급해야 한다.

보험사고는 각각의 보험종목에 따라 다르다. 즉 화재보험에서의 보험사고는 '화재사고'이며, 자동차보험에서의 보험사고는 '자동차사고'이며, 암보험에서의 보험사고는 '암의 진단 및 수술, 입원 등'이고, 실손의료보험의 보험사고는 '상해 또는 질병으로 인한 입원 또는 통원치료'가 된다.

라. 보험기간

보험기간이란 계약에 따라 보장을 받는 기간을 말한다.[55] 보험기간이 시작되어야 피보험자나 보험수익자는 보상을 받을 수 있으며, 보험기간이 끝나면 피보험자나 보험수익자는 보험사고가 발생하더라도 보험금을 받을 수 없다.

---

54) 한국보험학회, 보험사전, p.321.
55) 질병상해보험 표준약관 제2조(용어의 정의) 제4호, 가항.

원래 보험은 1년짜리로 탄생하였다. 아직도 자동차보험의 보험기간은 1년이며, 손해보험의 대부분의 일반손해보험의 보험기간도 1년이다. 생명보험의 보험기간은 피보험자가 '죽을 때까지' 보상하도록 종신보험의 형태로 보험기간을 장기간 동안 유지하고 있으며, 보험료 부담을 줄이기 위해 '죽을 때까지'가 아닌 '5년' 또는 '10년' 등의 '정해진 기간'만을 보장하는 정기보험도 있다.

손해보험에서는 1년짜리 일반손해보험과 구분하기 위해 보험기간이 3년 이상의 장기인 보험을 '장기손해보험'이라 부르고 있다. 이를 줄여서 '장기보험'이라고도 부른다.

마. 보험료납입기간

보험료 납입기간은 보험계약자가 보험료를 납입하는 기간이다. 보험료를 보험기간 전체에 걸쳐 납입하는 경우를 '전기납'이라 하고, 보험을 가입하면서 보험기간 전체에 해당하는 보험료를 한꺼번에 납입하는 것을 '일시납'이라 한다. 또한 매월 보험료를 납입하는 것을 '월납', 분기별로 보험료를 납입하는 것을 '분기납', 반기별로 보험료를 납입하는 것을 '반기납', 매년 보험료를 납입하는 것을 '연납'이라 한다. 보험계약자는 본인의 형편에 따라 편리한 대로 보험료 납부방식을 정할 수 있다.

보험료를 납입할 때 실제 보험기간은 50년이지만, 젊어서 소득이 있는 일정 기간 동안 보험료를 납입할 수 있도록 '10년납 50년만기' 또는 '20년납 80세만기' 등의 형태로 보험료 납입기간을 조정할 수 있다. 일반적으로 보험료 납입기간이 길면 매월 납입하는 보험료는 작아지고, 보험료 납입기간을 짧게 할수록 보험료는 비싸진다.

제2절 보험료와 수지상등의 원칙

1. 수지상등의 원칙

가. 수지상등의 원칙의 의의

수지상등의 원칙이란 보험회사가 보험계약자로부터 위험전가의 대가로 받은 보험료의 합이 보험사고의 발생으로 지급하는 보험금의 합과 같아야 한다는 원칙을 말한다. 즉 수입보험료의 총액과 지급보험금의 총액이 같아야 함을 의미한다.

급부반대급부 균등의 원칙은 보험계약자 개인의 입장에서 볼 때 납입하는 보험료의 산출근거를 설명하는 원칙이라면, 수지상등의 원칙은 전체 보험계약자 입장에서 보험료의 합계와 보험금의 합계가 같아야 한다는 원칙이다.

> **수입보험료의 합계 = 지급보험금의 합계**
> **평균보험료 × 보험가입자수 = 평균지급보험금 × 사고발생건수**

나. 렉시스(Lexis)의 원칙

수지상등의 원칙은 장래에 지급할 보험금을 예측할 수 있다면, 보험계약자로부터 받아낼 보험료도 충분히 예측할 수 있음을 의미한다. 예를 들어 우리나라 국민들에게 사망할 경우 사망보험금 1억원씩을 지급하는 보험을 판매한다고 할 때 보험료는 얼마씩 거두어 들여야 할까? 보험계약은 수지상등의 원칙이 지켜져야 하기 때문에 장래에 지급할 보험금과 사고발생확률을 대수의 법칙에 의해 예측할 수 있다면, 보험가입자들에게 거두어 들일 보험료를 계산해 낼 수 있다.

독일의 경제학자 렉시스는 수지상등의 원칙에 따라 보험료를 산출하는 원리를 다음과 같은 수식으로 표현하고 있다.

n = 보험가입자의 수, P = 보험료,

r = 보험금을 받을 자의 수, Z = 사고보험금,

w = 사고발생확률이라 하면,

보험료의 총 수입은 보험료(P)를 보험가입자 수만큼 곱하면 산출할 수 있다. 따라서 보험료 수입 합계액은 $n \times P$로 표현할 수 있다. 지급보험금의 합계액은 평균 지급보험금(Z)을 보험금을 받을 자의 수로 곱하면 산출할 수 있다. 따라서 지급보험금의 합계액은 $r \times Z$로 표현할 수 있다.

보험료 수입 총액 = $n \times P$

지급보험금의 총액 = $r \times Z$

수지상등의 원칙에 따라

$$\text{보험료 수입 총액} = \text{지급보험금의 총액}$$

$$n \times P = r \times Z$$

로 표현할 수 있다. 보험료를 산출하기 위해 양변에 $\frac{1}{n}$ 을 곱하면,

$$P = \frac{r}{n} \times Z$$

$$P = w \times Z$$

보험료 (P) = 사고발생확률(w) × 평균지급보험금(Z)

따라서 보험료(P)는 각각의 보험에서 보상하고자 하는 보험사고의 발생확률(w)을 구한 다음, 해당 보험사고에 대한 평균지급보험금(Z)을 곱하면 산출할 수 있다. 이렇게 보험료는 사고발생에 따른 보험금의 수학적 기댓값(w × Z)을 나타낸다는 원리를 '렉시스의 원칙'이라 한다.

2. 보험료불가분의 원칙

가. 보험료기간

보험료기간이란 보험회사가 위험을 측정하여 사고발생률 등에 따라 보험료

를 산출하는데 표준이 되는 기간을 말한다. 대부분의 보험계약의 보험료기간은 통상 1년 단위로 산정되고 있다. 대표적인 보험이 자동차보험이다. 자동차보험은 매 1년 단위로 보험료를 산정하고, 전년도(직전 3년)의 위험률(손해율)을 반영하여 보험료의 인상이나 인하 여부를 결정한다.

나. 보험료불가분의 원칙

보험료불가분(保險料不可分)의 원칙이란 보험회사가 보험료 산정을 위하 위험측정의 단위로 산정한 보험료기간은 더 이상 나눌 수 없기 때문에 보험회사가 보험료기간중 일부라도 위험부담을 한 경우에는 중도에 보험계약이 해지되거나 실효 등으로 보험계약이 종료되더라도 보험회사는 전체 보험료기간에 해당하는 보험료를 취득할 수 있다는 것을 의미한다.

보험료불가분의 원칙은 보험료기간을 나눌 수 없는 하나의 일체로 보고, 보험료기간 중의 보험사고의 크기를 기준으로 보험료를 산정한 만큼 하나의 보험료기간에 대하여는 보험사고가 발생하지 않은 기간에 대해서도 보험회사가 보험료를 청구할 수 있음을 의미한다.

예를 들어, 보험금액을 1200만원, 보험기간을 1년, 연간 보험료를 12만원으로 하고 매월 보험료를 1만원씩 분할하여 지급하기로 한 화재보험계약에서, 만약 보험계약자가 1개월분의 보험료 1만원을 납부한 상태에서 화재사고가 발생하여 1200만원의 손해가 발생했다고 할 경우 보험회사는 전체 손해액 1200만원을 12개월로 나누어 산출한 100만원만을 지급하는 것이 아니고, 1200만원을 지급한다. 반대로 보험회사는 화재보험료는 1년을 단위로 산출되었으므로 이미 지급받은 1개월분의 보험료 외에 11개월분의 보험료를 보험계약자에게 받아낼 수 있다. 이것을 보험료불가분의 원칙이라 한다.

대부분의 보험계약은 매월 보험료를 납입하기로 하여 보험료를 받고 있다. 이때 매월 1일 30만원의 보험료를 납부하고 해당 월의 1일에 보험사고가 발생하였다면 보험회사는 나머지 29일에 해당하는 보험료를 반환하지 않는다. 이 기간을 늘려 보험료 납부를 매년 1회 연초에 한다면, 1년분의 보험료를 1월 1일에 납부하고 1월 2일에 보험사고가 발생하였다 하더라도 보험회사는 나머지 11개월 29일분에 해당하는 보험료를 청구할 수 있다. 이러한 원칙을 보험료불가분의 원칙이라 하는데, 실무적으로는 보험사고 발생시점에서 경과하지 않은 보험기간에 대한 보험료를 일할계산하여 반환하기도 한다.

제3절 보험료의 구성

1. 영업보험료의 구성

가. 영업보험료

우리가 보험설계사나 보험회사에 매월 납입하는 보험료를 영업보험료라 한다. 흔히 일반적으로 말할 때 보험료는 영업보험료를 말하는데, 이는 순보험료와의 혼동을 막기 위해 영업보험료라는 용어를 사용한다. 영업보험료는 순보험료와 부가보험료로 나뉘어 진다.

나. 순보험료

순보험료는 피보험자의 보험사고의 발생으로 인한 보험금의 지급이나 보험기간의 종료나 중도의 해지 등으로 인한 만기환급금과 해지환급금의 재원으로 충당할 수 있도록 하기 위한 보험료이다. 순보험료는 다시 위험보험료와 저축보험료로 구성된다.

1) 위험보험료

위험보험료는 보험기간 중 피보험자의 사망이나 후유장해, 진단, 수술, 입원, 통원 등의 보험사고 발생으로 인한 보험금 지급을 위한 보험료이다.

2) 저축보험료

보험기간이 끝나면 만기보험금(만기환급금)을 받게 되고, 보험기간 중도에 보험계약을 해지하면 해지환급금을 받게 된다. 이때 지급하는 만기환급금과 해지환급금의 지급을 위해 적립하는 보험료를 저축보험료라 한다.

<그림 6-1> 보험료의 구성

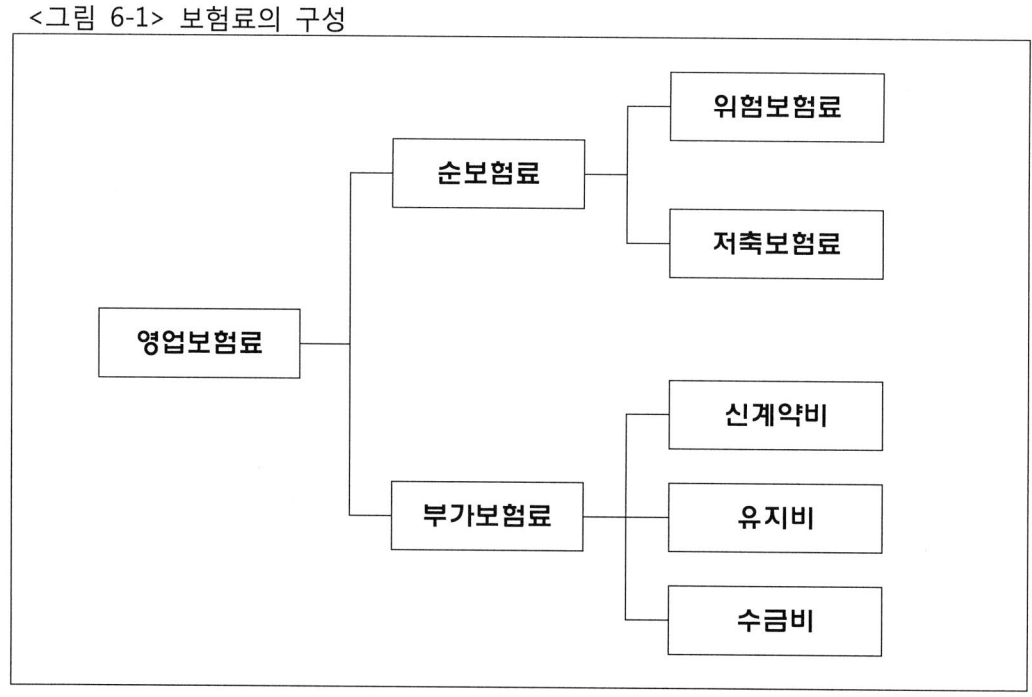

다. 부가보험료

부가보험료란 보험사업의 운영을 위한 보험설계사 등에게 지급하는 모집수당이나 수수료, 계약의 유지 및 자산운용 등에 필요한 인건비, 관리비 등의 제경비, 보험료 수금에 소요되는 수금비 등으로 나누어진다.

1) 신계약비

신계약비란 보험계약의 모집을 위한 모집수당, 보험증권의 발행, 보험약관이나 청약서의 발행, 피보험자의 건강진단비용, 판매촉진비 등과 같은 신계약을 체결하는 데에 소요되는 모든 경비를 말한다.

2) 유지비

유지비란 보험계약의 유지 및 관리에 소요되는 모든 비용을 말하는 것으로서 여기에는 보험계약의 유지에 소요되는 사무관련 비용과 보험회사 직원들의 급여 등의 비용이 포함된다.

3) 수금비

수금비는 보험료를 수금하는 데에 필요로 하는 은행이체 수수료, 영수증 발행비용 등의 경비를 말한다.

은행예금과 달리 보험은 해지하면 왜 원금을 찾을 수 없을까?

은행에 3년 만기 적금을 가입한다고 가정해보자. 원래 3년간 적금을 납입하기로 하였다가 6개월쯤 지난 다음에 이 적금을 해지하면 우리는 납입한 원금을 찾을 수 있을까? 답은 '그렇다'이다. 은행은 예금자로부터 예금을 받아 이를 재원으로 대출자에게 대출을 해주면서 받은 이자 중 일부를 예금자에게 돌려주고 나머지 이자 부분을 수익의 원천으로 삼는다. 따라서 은행에서는 약정한 예금기간의 중간에 해지하더라도 납입한 원금 전액은 물론 약정한 이자에서 상당부분의 '이자손해'를 제외한 나머지 이자를 받을 수 있다.

보험은 어떨까? 3년 만기 보험을 가입하였다가 가입 후 6개월만에 보험계약을 해지하면 보험계약자는 본인이 납입한 원금은 물론 10원 한 장 찾을 수 없을 수도 있다. 왜 그럴까?

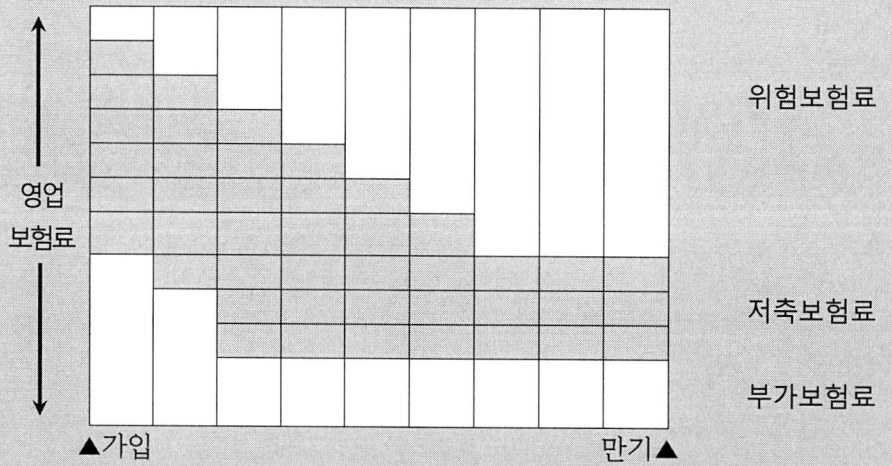

우리가 보험회사에 납입하는 보험료, 즉 영업보험료는 크게 위험보험료와 저

축보험료를 합한 순보험료와 부가보험료로 이루어진다. 우리가 보험계약기간이 끝나고 만기가 되어서 찾는 만기보험금이나 보험기간 중도에 해지하는 경우에 받을 수 있는 해지환급금은 모두 저축보험료에서 지급된다. 위의 그림에서 보다시피 전체 영업보험료에서 보험사고의 발생으로 지급할 재원이 되는 위험보험료 부분은 보험기간이 지속될수록 점점 커지고, 보험계약 체결로 인해 소요되는 경비 등으로 사용되는 부가보험료는 보험가입 초기에 많았다가 일정 시점 이후부터는 매월 고정비용처럼 차감하게 된다. 그 외의 나머지 부분이 우리가 만기에 찾는 만기보험금 또는 보험기간 중도에 찾는 해지환급금이다.

다시 말해, 우리가 사고가 발생하지도 않아서 보험금을 받은 적도 없는데 보험기간 중간에 보험계약을 해지하면 납입한 보험료 원금 전액을 찾을 수 없는 이유는 첫째, 보험료를 납입한 나는 보험사고가 발생하지 않았지만 나 이외의 누군가는 사고가 발생하여 보험금을 받아갔기 때문이며, 둘째, 우리가 납입한 보험료 중 보험기간 초기에(통상 7년 이내) 보험설계사 등의 수수료 등의 부가보험료가 많이 공제되기 때문이고, 셋째, 보험회사는 보험계약이 체결되면 만기까지 지속될 것으로 예상하고 다양한 분야에 투자했는데 중간에 해지하게 되면 보험사 입장으로서도 손해를 보기 때문에 중도에 해지하는 보험계약자에게 일종의 해지공제금을 차감하기 때문이다.

이러한 이유로 인해 우리는 보험기간 중간에 계약을 해지하면 절대 원금을 찾을 수 없다. 따라서 보험을 가입할 때는 장기적인 안목에서 목돈을 사용할 일 등은 없는지를 종합적으로 검토하여 보험을 가입해야 한다.

2. 보험료지수

가. 보험료지수

보험료지수란 해당 보험상품의 보험료가 표준순보험료 보다 높거나 낮은 수준을 나타내는 지표이다. 보험료지수의 산출은 영업보험료(순보험료 + 부가보험료)를 표준순보험료(순보험료의 업계 평균치)로 나눈 값에 100을 곱하여 산출한다.

$$[기존] \quad 보험료지수 = \frac{납입보험료\ 현가총액}{표준순보험료\ 현가총액} \times 100$$

예를 들어, 월 보험료로 5만원을 납부하는 보험의 보험료지수가 160%라면 순보험료는 31,250원이 된다. 즉 해당 보험의 순보험료를 알기 위해서는 매월 납입하는 보험료 5만원을 보험료지수로 나누어 산출하고, 월 보험료 5만원에서 순보험료 31,250원을 제외한 나머지 18,750원이 해당 보험상품의 부가보험료가 된다. 보험료지수는 원래 보험소비자가 보험상품에서 순수한 위험보장이나 저축보험료 수준을 알기 위해 2012년 7월에 도입하였으나, 이러한 보험료지수가 사업비수준을 가늠하기 쉽지 않다는 지적에 따라 보험료지수 산출방식을 바꾸었다.

$$[변경] \quad 보험료지수 = \frac{영업보험료}{표준순보험료 + 표준사업비} \times 100$$

변경되는 보험료지수는 표준을 100으로 보고, 100을 초과하면 해당 보험상품의 보험료는 업계의 평균보험료 수준보다 높은 것이 되고, 100보다 낮은 경우에는 업계의 평균보다 낮다는 것을 의미한다.

따라서 변경된 기준에 의한 보험료지수는 보험상품의 보험료(순보험료와 부가보험료의 합계액)가 참조순보험료(표준이율 및 참조순보험요율을 적용하여 계산한 순보험료) 대비 높거나 낮은 수준을 나타내는 지수를 의미하며, 이러한 보험료지수는 보장성보험과 확정금리형 저축성보험에 적용된다.

<표 6-1> 보험료지수 비교공시

	삼성화재	메리츠화재	현대해상	LIG손해보험	동부화재
실손의료비 상해입원형	157.6	150.0	128.5	176.0	123.5

자료 : 손해보험협회 공시실 자료(http://www.knia.or.kr)

나. 보험료지수의 비교

2015년 1월 금융소비자원은 보도자료를 통해 생명보험사중에서 사업비를 많이 떼는 보험회사를 발표했다. 금융소비자원은 생명보험사에서 현재 판매중인 종신보험(주계약)을 대상으로 사업비 부가수준을 조사한 결과, 사업비를 상대적으로 많이 부과하는 생명보험사는 메트라이프 생명, AIA생명, 현대라이프이고, 사업비를 상대적으로 적게 떼는 생명보험사는 하나생명, ING생명, 농협생명, 교보라이프 플래닛으로 확인되었다.

<표 6-2> 종신보험의 사업비를 많이/적게 떼는 보험사 현황

(보험료지수 단위 : %)

사업비를 많이 떼는 보험사(5개사)		중간수준으로 떼는 보험사(12개사)				사업비를 적게 떼는 보험사(5개사)	
메트라이프	145.77	한화	129.95	교보	130.17	교보라이프플래닛	115.25
AIA	142.50	KDB	130.58	흥국	130.75	하나	121.70
현대라이프	140.43	신한	131.24	ACE	131.42	ING	124.20
KB	139.30	동양	131.51	PCA	132.50	농협	125.00
동부	137.58	알리안츠	134.85	미래에셋	134.95	푸르덴셜	127.80
		우리아비바	135.06	삼성	136.66		

※ 생보협회 공시실에 등록된 179개 종신보험(주계약)의 보험료 지수를 각 사별로 평균한 것임.
※ 자료 : 금융소비자원 2015년 1월 28일자 보도자료

실제 보험상품을 보더라도 사업비를 가장 많이 부과하는 종신보험은 메트라이프의 (무) Life Cycle 종신보험(2형)으로 보험료지수가 167.90%에 이르렀으며, 사업비율은 40.44%에 달했다. 반면, 교보라이프플래닛의 (무)라이프플래닛 e종신보험(일반형)은 113.40%이고 사업비율은 11.82%에 이르렀다. 다시 말해 메트라이프의 보험상품은 전체 보험료중 40% 이상이 사고보험금과는 상관없는 사업비로 부과되고 있었으며, 이는 교보라이프플래닛에 부과되는 사업비율 11.82%의 4배 가까이 이르고 있다.

<표 6-3> 사업비를 가장 많이/적게 떼는 종신보험(예시)

구분	보험사	보험명칭	보험료지수	사업비율*
사업비를 가장 많이 떼는 종신보험(2종)	메트라이프	(무)Life Cycle종신보험(2형)	167.90%	40.44%
	PCA	(무) PCA매직 변액유니버셜종신보험Ⅱ	149.80%	33.24%
사업비를 가장 적게 떼는 종신보험(2종)	교보라이프플래닛	(무)라이프플래닛 e종신보험(일반형)	113.40%	11.82%
	하나	(무) 건강한 종신보험(1.1)	114.10%	12.36%

※ 사업비율 : 소비자가 내는 보험료 중 사업비가 차지하는 비율로, 보험료지수를 알기쉽게 환산
 [(보험료지수 - 100) / 보험료지수] 한 수치임
※ 자료 : 금융소비자원 2015년 1월 28일자 보도자료 인용.

3. 보험료산출방식

　보험료를 산출하는 방식은 기존에는 위험률, 이자율, 사업비율과 같은 3가지 가격결정요소를 활용하여 산출하는 3이원 방식이 적용되었으나, 2013년 4월부터는 실제 현금흐름을 보험료에 반영하기 위해 가격결정요소를 위험률, 이자율, 사업비율 외에도 해지환급금과 해지율, 투자수익률, 보험상품 판매량, 계약자 구성비 등을 다양하게 적용하는 현금흐름방식 보험료 산출방식(CFP : Cash-flow Pricing)이 있다.

가. 3이원방식

　3이원 방식의 보험료 산출방식은 세 가지 이익의 원천, 즉 예정위험률, 예정이율, 예정사업비율에 따라 보험료를 산출하는 방식을 말한다.

　보험계약의 보험료 산정은 2단계로 이루어진다. 즉 보험계약을 체결할 당시에는 장래의 보험사고 발생률이나 이자율, 사업비 등을 정확히 예측하는 것이 불가능하기 때문에 대수의 법칙에 따라 예상되는 보험료를 산출하여 보험계약자로부터 보험료를 받았다가 사업운영결과 이익이 발생할 경우 계약자에게 잉여금을 배당하여 최종적으로 보험료를 확정한다. 이러한 방식은 불확실한 장래의 상황을 예상하여 보험료를 미리 거두어야 하는 현실적인 문제 때문이다.

> **무배당 보험?**
>
> 　무배당보험이란 예정위험률, 예정이율, 예정사업비율을 반영하여 사업을 운영한 결과 이익이 발생한 경우 보험계약자에게 지급하도록 한 배당을 하지 않는 보험계약을 말한다. 유배당 보험은 1년 이상 유지된 유효한 보험계약에 대하여 배당을 실시하지만, 무배당 보험은 보험료를 산정할 때부터 미리 배당을 하지 않을 것을 감안하여 실제 경험률과 비슷하게 설정하여 보험료를 할인하는 방식을 사용한다. 따라서 무배당 보험은 유배당 상품에 비하여 보험료가 비교적 저렴한 것이 특징이다.

1) 예정위험률

　예정위험률은 말 그대로 위험률을 예상한 예측치이다. 대수의 법칙에 따라 예상되는 사망률이나 사고율 등의 자료를 근거로 예상되는 보험금을 산정하는 방식이다. 생명보험의 경우 한 개인이 특정 시점에 사망 또는 생존하는 것을 보험금 지급사유로 하는 계약에서 사용되는 사망률을 예정사망률이라 한다.[56] 이러한 예정사망률의 기초자료가 되는 것이 바로 경험생명표이다. 경험생명표는 현재 제8회 경험생명표를 사용하고 있다.

---

56) 생명보험협회, 생명보험이란 무엇인가?, 2011, p.29.

<표 6-4> 경험생명표와 평균수명

구분	사용기간	남성 평균수명	여성 평균수명
제1회 조정국민생명표	1976.03~1981.02	-	-
제2회 조정국민생명표	1981.03~1986.01	-	-
간이경험생명표	1986.02~1988.09	-	-
제1회 경험생명표	1988.10~1991.07	65.75	75.65
제2회 경험생명표	1991.08~1996.12	67.16	76.78
제3회 경험생명표	1997.01~2002.11	68.39	77.94
제4회 경험생명표	2002.12~2006.03	72.32	80.90
제5회 경험생명표	2006.04~2009.09	76.4	84.4
제6회 경험생명표	2009.10~2012.06	78.5	85.3
제7회 경험생명표	2012.07~2015.03	80.0	85.9
제8회 경험생명표	2015.04~현재	81.4	86.7

자료 : 보험개발원(http://www.kidi.or.kr) 참조순보험료율 자료 인용

사망을 제외한 나머지 보험사고도 대수의 법칙에 따라 충분히 예측할 수 있다. 교통사고가 발생할 확률이나 암 등과 같은 각종 질병에 걸릴 확률 등의 위험률은 대략적인 수치를 예측할 수 있다.

<표 6-5> 교통사고 현황

구분	2008	2009	2010	2011	2012	2013	2014	2015
사고(건)	215,822	231,990	226,878	221,711	223,656	215,354	223,552	232,035
사망(명)	5,870	5,838	5,505	5,229	5,392	5,092	4,762	4,621
부상(명)	338,962	361,871	352,458	341,391	341,391	328,711	337,497	350,400

자료 : 경찰청 통계자료 인용(http://www.police.go.kr).

예상되는 사고율 등을 기초로 보험료를 산출하다보니 예상되는 보험사고의 위험(예정위험률)이 높아지면 보험료는 높아지고, 예상되는 보험사고의 위험(예정위험률)이 낮아지면 보험료는 낮아진다.

2) 예정이율

예정이율은 말 그대로 이율을 예상한 것이다. 보험계약은 수지상등의 원칙에 따라 보험료 수입의 총액과 향후 지급보험금의 총액을 같게 해야 한다. 예를 들어 특정 사고에 대해 100억원의 보험금 지급이 예상되는 경우에는 보험계약자들로부터 100억원의 보험료를 거둬야 한다. 그러나 보험료를 받은 시점과 보험금이 지급되는 시점 간에는 상당한 시간적 격차가 있으며, 시간의 경과에 따라 100억원의 보험료에는 이자가 붙게 된다. 이자율이 5%라고 한다면 100억원의 보험금 지급을 위해 보험료를 100억원을 받았지만 시간의 경과에 따라 105억원이 되고 만다. 즉 수지상등의 원칙이 무너지게 된다. 따라서 보험회사는 일정 비율만큼을 할인하여 보험료를 거둬들인다면 일정 시간 경과 후에 지급할 보험금에 맞출 수 있을 것이다.

이처럼 적립된 보험료를 운용하거나 이자 수입 등을 감안하여 지급보험금과 수입보험료를 현재의 가치로 환산하여 일치시킬 때 적용하는 할인율을 예정이율이라 한다.

예정이율은 할인율이기 때문에, 예정이율이 높아진다는 것은 할인율이 높아지는 것을 의미하므로 보험료는 싸진다. 반대로 예정이율이 낮아진다는 것은 할인율이 낮아지는 것을 의미하므로 보험료는 비싸진다.

3) 예정사업비율

예정사업비율은 보험회사가 보험계약을 체결, 유지, 관리하는 데에 소요되는 비용을 예상한 비율을 말한다. 예정사업비율은 사업을 영위하면서 발생하는 비용을 예상한 것이기 때문에 예정사업비율이 낮아지면 보험료는 싸지고, 예정사업비율이 높아지면 보험료는 당연히 높아진다.

생명보험회사에서는 예정사업비중 신계약비는 보험가입금액과 초년도 영업보험료의 일정액에 비례하여 산정하고, 유지비는 보험가입금액과 매년 영업보험료의 일정액에 비례하여 산정하며, 수금비는 영업보험료의 일정비율만큼 산정한다.[57]

이러한 보험회사의 사업비는 2000년 4월 전까지는 예정신계약비의 한도에 대해 직접 규제하였으나, 보험가격자유화에 따라 2000년 4월부터 자유화되었다. 그러나 과도한 사업비의 책정을 방지하기 위해 표준해약환급금 제도를 도입하여 계약자를 보호하고 있다.[58] 표준해약환급금 제도는 해지환급금에서 공제되는 과도한 해약공제로 인한 부담을 최소화하기 위해 계약 해지시에 보험료 적립금에서 차감하는 해약공제액의 최대한도를 정하여 표준해약공제액 이상은 공제할 수 없도록 한 제도이다.

나. 현금흐름방식

우리나라와 일본에서는 주로 세 가지 이익의 원천인 3이원 방식에 기초하여 보험료를 산출해왔다. 2009년 12월 보험업법 시행령의 개정으로 현금흐름방식

---

[57] 이상림, 보험기초이론, 생명보험협회, 2015, p.99.
[58] 생명보험협회, 생명보험이란 무엇인가, 생명보험협회, 2011, p.30.

의 보험료 산출방식이 도입되었다. 이에 따라 FY2012까지는 3이원방식과 현금흐름방식을 병행할 수 있었으며, 이후 2013년 4월부터는 현금흐름방식에 따라 보험료를 산출하고 있다.

현금흐름방식의 보험료 산출방식은 3가지 예정율 외에도 계약해지율, 유지율, 보험상품판매량 등의 다양한 기초율을 바탕으로 최적의 보험료를 산출해가는 방식으로 적용된다.

4. 책임준비금 적립방식

책임준비금(Liability Reserve)이란 보험계약자가 납부하는 보험료는 사고가 발생한 피보험자나 보험수익자에게는 사고 보험금을 지급해야 하고, 보험기간의 만기시에는 만기보험금을 지급해야 하며, 중도에 해지하는 계약자에게는 해지환급금을 지급해야 한다. 이렇게 보험회사가 장래에 지급할 보험금 등을 위해 최소한 적립해야 하는 금액을 책임준비금이라 한다.

책임준비금은 적립하는 방식에 따라 질머식 책임준비금 적립방식과 순보험료식 책임준비금 적립방식이 있다. 우리나라에서는 기존에는 질머식 책임준비금 적립방식을 적용해왔으나 2003년 9월 보험업감독규정을 개정하면서 2003년 10월 1일 이후 판매되는 보험상품부터는 순보험료식 책임준비금 적립방식을 적용토록 하였다.

가. 질머식 책임준비금 적립방식

보험회사는 보험계약 초기에 영업활동을 통해 보험계약을 유치해온 보험설계사등에게 신계약비 등으로 많은 수당과 수수료를 지급한다. 또한 신계약비는 계약초기에 거의 전액을 지출하기 때문에 평준순보험료로는 이를 감당할 수 없다. 따라서 계약을 체결한 초년도에 순보험료(위험보험료와 저축보험료) 중의 일부를 사업비로 사용하고 차년도 이후에 일정한 금액씩을 상환해 가는 방식을 질머식 책임준비금 적립방식이라 한다.

이러한 책임준비금 적립방식은 1863년 독일의 보험계리인인 질머(August Zilmer)가 개발하였다고 하여 질머식 책임준비금 적립방식이라 한다.

나. 순보험료식 책임준비금 적립방식

순보험료식 책임준비금 적립방식은 보험회사가 보험계약자 등에게 지급할 사고보험금, 만기보험금, 해지환급금 등의 지급에 필요한 순보험료(위험보험료 + 저축보험료)를 기준으로 책임준비금을 지급하는 방식이다. 이 방식에서는 초년도 평준부가보험료로 충당하지 못한 신계약비의 부족분은 다음 년도 이후의 평준부가보험료로 충당하는 방식이다. 이 방식은 신계약비의 충당에 어려움을 겪을 수 있지만 책임준비금을 안정적으로 적립할 수 있는 이상적인 방식이다.

5. 보험안내자료의 개선

최근 보험상품의 구조와 특성 및 소비자 유의사항 등에 대한 정보를 알기 쉽게 하기 위한 노력의 일환으로 보험안내자료를 쉽고 간편하게 이해할 수 있도록 하고 있다. 그 중 보험상품의 중요 정보를 아이콘으로 표현하는 방식은 보험안내자료의 가독성을 획기적으로 높이는 계기가 될 것으로 보인다.

〈표 6-6〉 보험상품 특성정보 아이콘 예시

(상품특성)	원금도달기간 [3.5%기준]	보험료갱신형	보험료지수 [낮을수록 저렴]	최저이율보장
(구체적인 설명)	약 10년 [납입보험료 기준]	보험료 변동가능	98 [보험사평균 100]	5년 미만 : 2% 5~10년 : 1.5% 10년 이상 : 1%
아이콘 의미	적용금리 3.5% 적용시 원금 도달기간이 약 10년(납입보험료 기준)	갱신형 상품으로 갱신시점에 보험료 변동가능성 있음	보험료가 업계 평균 대비 2% 저렴	적용금리가 변동되나 일정 기간동안 일정 이율로 보장

<그림 6-2> 보험상품 특성정보를 활용한 보험다모아 안내 예시

번호	회사명 및 상품명	공시이율 (%)	최저보증이율 (%)	유지기간 (년)	납입보험료	해지환급금	환급률 (%)	비고	가입형태
1	OO생명 (무)OO다이렉트 원금보장저축보험	2.63	5년미만 2.0 5~10년 1.5 10년 이상 1.0	10	2,400만원	2,674만원	111.4	표시된 공시이율: 2016.11월 기준 보장내용 확인	온라인 가입 인터넷바로가입
	저축성보험 / 금리연동형 / 최저이율보장 [2.3%] / 원금도달기간 [2.00% 저리] 약 7년 [주계약] / 예금자보호 보호대상 상품 / 보험가격지수 112 [보험사평균 100]								
2	OO생명 무배당 OO인터넷저축보험Premium	2.68	10년이내 1.5 10년초과 1.0	10	2,400만원	2,664만원	111	표기된 공시이율: 2016.10월 기준 보장내용 확인	온라인 가입 인터넷바로가입
	저축성보험 / 금리연동형 / 최저이율보장 [1.3%] / 원금도달기간 [2.00% 저리] 약 8년 [주계약] / 예금자보호 보호대상 상품 / 보험가격지수 116 [보험사평균 100]								

단원요약

1. 보험료란 보험계약의 당사자인 보험계약자가 보험계약에 따라 보험자의 위험부담에 대한 대가로서 보험자에게 지급하는 것을 말한다.

2. 수지상등의 원칙이란 보험회사가 보험계약자로부터 위험전가의 대가로 받은 보험료의 합이 보험사고의 발생으로 지급하는 보험금의 합과 같아야 한다는 원칙을 말한다(수입보험료의 총액 = 지급보험금의 총액)

3. 보험료불가분의 원칙이란 보험회사가 보험료 산정을 위해 위험측정의 단위로 산정한 보험료기간은 더 이상 나눌 수 없기 때문에 보험회사가 보험료기간 중 일부라도 위험부담을 한 경우에는 중도에 보험계약이 해지되거나 실효 등으로 보험계약이 종료되더라도 보험회사는 전체 보험료 기간에 해당하는 보험료를 취득할 수 있다는 것을 의미한다.

4. 우리가 보험회사에 납입하는 영업보험료는 순보험료와 부가보험료로 구성되고, 순보험료는 다시 위험보험료와 저축보험료로 구성된다. 부가보험료는 신계약비, 유지비, 수금비로 구성된다.

   ·보험계약은 중도에 해지하면 나 이외의 누군가는 사고가 발생하여 보험금을 받아 갔고, 보험계약 체결시 보험설계사 등에게 수당이나 수수료 등으로 지급되기 때문에 원금을 찾을 수 없다.

5. 보험료지수란 표준이 되는 보험료 대비 내가 납입하는 보험료가 얼마나 더 비싼지의 여부를 알 수 있도록 한 것으로, 보험료지수가 100을 초과하면 해당 보험상품의 보험료는 업계의 평균보다 비싼 것이고, 100보다 낮은 경우에는 업계의 평균보다 낮은 것이다.

6. 보험료 산출방식은 3이원방식과 현금흐름방식의 2가지가 있다.

7. 3이원방식의 보험료 산출방식은 예정위험률, 예정이율, 예정사업비율을 토대로 하여 보험료를 산출하는 방식이다.

8. 책임준비금을 적립하는 방식에는 질머식 책임준비금 적립방식과 순보험료식 책임준비금 적립방식이 있다.

주요 용어

- 보험계약자
- 피보험자
- 보험수익자
- 보험자
- 보험사고
- 보험기간
- 보험료납입기간
- 보험료
- 수지상등의 원칙
- 렉시스의 원칙
- 보험료기간
- 보험료불가분의 원칙
- 영업보험료
- 순보험료
- 위험보험료
- 보험금
- 저축보험료
- 부가보험료
- 신계약비
- 유지비
- 수금비
- 보험료지수
- 3이원 방식
- 예정위험률
- 예정이율
- 예정사업비율
- 현금흐름방식
- 책임준비금
- 질머식 책임준비금적립방식
- 순보험료식 책임준비금적립방식

연습문제

1. 보험료와 보험금, 보험기간과 보험료기간을 구분하여 설명하시오.
2. 수지상등의 원칙과 렉시스의 원칙을 설명하시오.
3. 영업보험료의 구성과 각각의 구성보험료의 의미를 설명하시오.
4. 보험료지수의 의미에 대하여 설명하시오.
5. 보험료 산출방식 두 가지에 대해 설명하시오.
6. 3이원 방식에 의한 보험료 산출기초 3가지를 설명하시오.
7. 책임준비금의 적립방식에 대해 설명하시오.

참고문헌

이상림, 보험기초이론, 생명보험협회, 2015.

한국보험학회, 보험사전, 한국보험학회, 1997,

생명보험협회, 생명보험이란 무엇인가?, 생명보험협회, 2011.

금융감독원, "소비자 이해도 제고를 위한 보험안내자료 개선방안", 2016. 12. 22일자 보도자료.

제7장

보험판매채널

학습목표

○ 보험판매채널의 의미와 다양한 보험판매채널의 종류와 보험판매채널의 법적 성질 등을 이해할 수 있다.

○ 보험판매채널별로 각각의 판매채널의 권리와 의무에 대해 이해할 수 있다.

제7장 보험판매채널

제1절 보험판매채널의 종류

1. 보험판매채널

가. 보험판매채널의 역사

일반적으로 보험설계사 제도는 보험회사의 탄생과 함께 등장한 것으로 생각하기 쉽지만 실제 현재와 같은 보험설계사 제도가 도입된 것은 최초의 생명보험회사가 출범한지 80여년이나 지난 19세기 중반부터이다. 보험설계사 제도의 기원은 1792년 영국에서 설립된 웨스트민스터 소사이어티(Westminster Society)사가 최초의 근대적인 생명보험사인 에퀴터블(Equitable) 생명보험사와의 경쟁에서 우위를 점하기 위해 지방에 거주하는 은행가나 변호사 등을 생명보험 영업에 활용하면서부터 시작되었다. 오늘날과 같은 전업 보험설계사가 등장한 것은 1843년 미국의 뉴욕생명보험사에서 시작되었다. 이 회사에서는 투자대리인에게 생명보험설계사의 업무를 부여하고 이들로 하여금 고객을 방문하여 보험가입을 권유하고 계약을 체결하도록 하였다.[59]

대부분의 보험선진국의 보험판매채널은 에이전트 형태의 판매채널이 대부분을 구성하고 있다. 즉, 우리나라처럼 1사 전속주의에 의해 특정 보험회사만을 위하여 보험상품을 판매하지 않고 보험회사로부터 자유롭게 독립되어 다양한

---

59) 생명보험협회, 생명보험이란 무엇인가?, 생명보험협회, 2011, p.168.

보험회사의 상품을 판매하는 제도로 성장해왔다. 우리나라의 경우에는 1사 전속주의를 기본으로 채택하고 있기 때문에 특정회사 소속의 보험설계사는 해당 보험회사의 보험상품만을 판매하도록 하고 있으며, 최근에는 교차모집을 허용하거나 또는 독립법인대리점(GA, General Agent)형태의 판매채널도 급성장하고 있다.

우리나라의 보험판매채널은 과거에는 '보험아줌마'라는 다소 부정적인 이미지로 각인되어 있었다. 원래 보험아줌마로 불리던 보험판매채널은 제2차 세계대전 이후 패전한 일본에서 많은 남성들이 전쟁에서 사망하자 미망인 여성인력을 경제인구로 끌어들이기 위해 전략적으로 도입하였으며, 이것이 성공하게 되면서 한국도 경제성장기에 여성인력 활용을 위해 도입되었다.

보험설계사는 과거에는 '보험모집인'이라는 명칭을 사용하였으나 2003년 5월 보험업법의 개정으로 보험설계사라는 명칭을 사용하게 되었다.

나. 보험모집을 할 수 있는 자

보험상품의 판매는 흔히 '모집'이라고 정의되기도 하는데, '모집'이란 보험계약의 체결을 중개하거나 대리하는 것을 말한다(보험업법 제2조(정의) 제12호). 보험업법에서는 모집을 할 수 있는 자를 보험설계사, 보험대리점, 보험중개사, 보험회사의 임원(대표이사, 사외이사, 감사 및 감사위원 제외) 또는 직원으로 제한하고 있다. 다시 말해, 보험업법에서 명시한 보험설계사나 보험대리점, 보험중개사, 그리고 보험회사의 임직원을 제외한 자는 보험상품을 판매할 수 없으며, 이를 위반한 경우 보험업법 제204조에 의해 1년 이하의 징역 또는 1천만원 이하의 벌금에 처해진다.

> 보험업법 제83조(모집할 수 있는 자)
>
> ① 모집을 할 수 있는 자는 다음 각 호의 어느 하나에 해당하는 자이어야 한다.
>   1. 보험설계사
>   2. 보험대리점
>   3. 보험중개사
>   4. 보험회사의 임원(대표이사·사외이사·감사 및 감사위원은 제외한다. 이하 이 장에서 같다.) 또는 직원
> ② 제91조에 따른 금융기관보험대리점등은 대통령령으로 정하는 바에 따라 그 금융기관 소속 임직원이 아닌 자로 하여금 모집을 하게 하거나, 보험계약 체결과 관련한 상담 또는 소개를 하게 하고 상담 또는 소개의 대가를 지급하여서는 아니 된다.
>
> [전문개정 2010.7.23.]

보험회사는 '모집을 할 수 있는 자' 이외의 자에게 모집을 위탁하거나 모집에 관하여 수수료, 보수 그 밖의 대가를 지불할 수 없다(보험업법 제99조).

2. 보험판매채널의 종류

가. 보험설계사

보험설계사란 "보험회사·보험대리점 또는 보험중개사에 소속되어 보험계약의 체결을 중개하는 자(법인이 아닌 사단과 재단을 포함한다)로서 제84조에 따

라 금융위원회에 등록된 자"를 말한다(보험업법 제2조(정의) 제9호).

보험설계사는 기존에는 계약체결권이나 보험료수령권 그리고 고지의무 수령권 등을 갖지 않았으나, 2015년 3월 개정 상법의 시행으로 보험자가 작성한 영수증을 보험계약자에게 교부하는 경우에는 보험료 수령권을 인정하고 있으며, 보험자가 작성한 보험증권을 보험계약자에게 교부할 수 있는 권한을 갖게 되었다.

1) 보험설계사 등의 교육

보험회사, 보험대리점 및 보험중개사는 소속 보험설계사에게 등록한 날부터 2년이 지날 때마다 2년이 된 날부터 6개월 이내에 보험업법시행령에 정한 바에 따라 교육을 해야 한다.

> 보험업법시행령 제29조의2(보험설계사 등의 교육)
>
> ① 법 제85조의2제1항에 따라 보험회사, 보험대리점 및 보험중개사(이하 이 조에서 "보험회사등"이라 한다)는 소속 보험설계사에게 법 제84조에 따라 등록한 날부터 2년이 지날 때마다 2년이 된 날부터 6개월 이내에 별표 4의 기준에 따라 교육을 하여야 한다.
>
> [본조신설 2011.1.24]

교육과목은 ① 보험모집과 관련한 윤리교육, ② 보험관련 법령 및 분쟁사례, ③ 보험상품(생명보험상품, 손해보험상품 및 제3보험상품), ④ 회계원리 및 위험관리론의 4과목을 집합교육 또는 사이버교육의 방법으로 20시간 이상 시행해야 하며, 이중 외부교육은 5시간 이상 포함시켜야 한다.

2) 교차모집

우리나라에서 보험설계사 제도는 「1사 전속주의」를 원칙으로 하고 있다. 즉, 보험회사는 다른 보험회사 등에 소속된 보험설계사에게 모집을 위탁하지 못하며, 보험설계사도 자기가 소속된 보험회사 등 이외의 자를 위하여 모집을 하지 못한다. 이를 위반한 경우 보험회사에게는 2천만원 이하의 과태료를 부과하며(보험업법 제209조 제2항 제16호), 보험설계사에게는 1천만원 이하의 과태료를 부과한다(보험업법 제209조 제3항 제2호).

> 보험업법 제85조(보험설계사에 의한 모집의 제한)
>
> ① 보험회사등은 다른 보험회사등에 소속된 보험설계사에게 모집을 위탁하지 못한다.
> ② 보험설계사는 자기가 소속된 보험회사등 이외의 자를 위하여 모집을 하지 못한다.
> ③ 다음 각 호의 어느 하나에 해당하는 경우에는 제1항 및 제2항을 적용하지 아니한다.
>   1. 생명보험회사 또는 제3보험업을 전업(專業)으로 하는 보험회사에 소속된 보험설계사가 1개의 손해보험회사를 위하여 모집을 하는 경우
>   2. 손해보험회사 또는 제3보험업을 전업으로 하는 보험회사에 소속된 보험설계사가 1개의 생명보험회사를 위하여 모집을 하는 경우
>   3. 생명보험회사나 손해보험회사에 소속된 보험설계사가 1개의 제3보험업을 전업으로 하는 보험회사를 위하여 모집을 하는 경우
> ④ 제3항을 적용받는 보험회사 및 보험설계사가 모집을 할 때 지켜야 할 사항은 대통령령으로 정한다.
>
> [전문개정 2010.7.23.]

그러나 생명보험회사 소속의 보험설계사가 1개의 손해보험회사를 위하여 모집하거나 손해보험회사 소속의 보험설계사가 1개의 생명보험회사를 위하여 모집하는 것 등을 허용하고 있는데 이를 상호 교차하여 판매한다하여 이를 「교차모집」이라 한다.

나. 보험대리점

보험대리점이란 "보험회사를 위하여 보험계약의 체결을 대리하는 자(법인이 아닌 사단과 재단을 포함한다)로서 개인과 법인을 구분하여 대통령령으로 정하는 바에 따라 금융위원회에 등록된 자"를 말한다. 보험설계사 또는 보험중개사로 등록된 자이거나 다른 보험회사등의 임직원은 보험대리점이 될 수 없다.

보험대리점은 개인인 보험대리점(이하 "개인보험대리점"이라 한다)과 법인인 보험대리점(이하 "법인보험대리점"이라 한다)으로 구분하고 각각 생명보험대리점, 손해보험대리점(단종보험대리점 포함) 및 제3보험대리점으로 구분하며, 등록된 업무범위 내의 보험상품만을 판매할 수 있다.

보험업법시행령 제30조(보험대리점의 구분 및 등록요건)

① 법 제87조에 따른 보험대리점은 개인인 보험대리점(이하 "개인보험대리점"이라 한다)과 법인인 보험대리점(이하 "법인보험대리점"이라 한다)으로 구분하고, 각각 생명보험대리점·손해보험대리점[특정 재화의 판매 또는 용역의 제공

> 을 본업으로 하는 자가 그 본업과 관련 있는 보험상품을 모집하는 손해보험대리점(이하 "단종손해보험대리점"이라 한다)을 포함한다. 이하 같다] 및 제3보험대리점으로 구분한다. <개정 2015.1.6>

보험대리점은 자기 또는 자기를 고용하고 있는 자를 보험계약자 또는 피보험자로 하는 보험을 모집하는 것을 주된 목적으로 하지 못한다. 또한 자기 또는 자기를 고용하고 있는 자를 보험계약자 또는 피보험자로 하는 보험의 보험료 누계액이 그 보험대리점이 모집한 보험의 보험료의 100분의 50을 초과하게 된 경우에는 자기 또는 자기를 고용하고 있는 자를 보험계약자 또는 피보험자로 하는 보험을 모집하는 것을 그 주된 목적으로 한 것으로 본다(보험업법 제101조).

> 보험업법 제101조(자기계약의 금지)
>
> ① 보험대리점 또는 보험중개사는 자기 또는 자기를 고용하고 있는 자를 보험계약자 또는 피보험자로 하는 보험을 모집하는 것을 주된 목적으로 하지 못한다.
>
> ② 보험대리점 또는 보험중개사가 모집한 자기 또는 자기를 고용하고 있는 자를 보험계약자나 피보험자로 하는 보험의 보험료 누계액(累計額)이 그 보험대리점 또는 보험중개사가 모집한 보험의 보험료의 100분의 50을 초과하게 된 경우에는 그 보험대리점 또는 보험중개사는 제1항을 적용할 때 자기 또는 자기를 고용하고 있는 자를 보험계약자 또는 피보험자로 하는 보험을 모집하는 것을 그 주된 목적으로 한 것으로 본다.
>
> [전문개정 2010.7.23.]

1) 법인보험대리점(독립법인대리점)

법인보험대리점은 보험상품을 판매하는 대리점 중에서 보험회사와는 독립되어 여러 보험회사의 보험상품을 복합적으로 판매할 수 있는 법인 형태의 보험대리점을 말한다. 법인보험대리점은 자체의 판매조직을 바탕으로 외국계 보험회사의 국내진출이나 하위 보험사의 시장점유율 확대정책 등과 맞물려 최근 급성장 하였다.

<표 7-1>에서 보다시피 전체 보험설계사 396,988명 중 보험대리점 소속 설계사는 185,139명으로 46.6%에 이르고 있으며, 이중 대형 보험대리점은 87,173명으로 22%를 차지하고 있다. 보험회사 전체의 보험설계사의 수는 21만 여명으로 53.4%인 것에 비추어볼 때 보험대리점은 거의 절반에 가까운 정도의 비중을 차지하고 있다.

<표 7-1> 소속별 보험설계사 현황 (2014년 3분기말 기준)

구분	보험대리점	대형 보험대리점	보험사	합계[*]
설계사수	185,139명	87,173명	211,849명	396,988명
비중	46.6%	22.0%	53.4%	100.0%

주1) 금융기관보험대리점 소속 설계사 176,841명은 제외
자료 : 금융감독원 2014년 12월 26일자 보도자료 인용

법인보험대리점은 최근 탄탄한 조직력을 바탕으로 점차 대형화 되어가고 있다. 특히 대형 법인보험대리점의 경우 최근 2~3년 간 매출이 급격히 증가하면서 불완전 판매나 불건전영업행위에 대한 우려도 증가하고 있는 것이 현실이다.

2014년 3분기말 기준 설계사수 3천명 이상인 대형 법인보험대리점은 총 35

개이며, 설계사는 87,173명으로 대형 법인보험대리점으로 보험설계사가 집중되는 추세가 이어지고 있다.60)

<표 7-2> 대형 법인보험대리점 및 설계사 현황(2014년 3분기말)

(단위: 개, 명)

구분	대형 보험대리점 수		소속 설계사 수			
	'14.2분기말	'14.3분기말	'14.2분기말	'14.3분기말	증감	증감률
3,000명 이상	8	9	47,602	53,954	6,352	13.3%
1,000~2,999명	16	14	27,880	24,077	△3,803	△13.6%
500~999명	12	12	8,698	9,142	444	5.1%
합 계	36	35	84,180	87,173	2,993	3.5%

자료 : 금융감독원 2014년 12월 26일자 보도자료 인용

2) 단종보험대리점

단종보험대리점은 단일 보험종목의 보험상품의 판매를 허용한 보험대리점으로, 일반 보험대리점에 비해 자격시험이나 교육이수 등의 대리점 등록요건이 완화된 보험대리점을 말한다. 이러한 단종보험대리점은 제품과 서비스를 연계하여 휴대폰 보험과 같이 보험회사가 제품이나 서비스 제공자와 연계하여 보험상품을 판매하도록 한 것이다. 따라서 소비자가 전자제품판매점(단종보험대리점)에서 L사(제조사, 계약자)의 태블릿 PC를 구입하면서 판매원(단종설계사)의 권유로 2년간 파손시 연간 20만원 한도내(1만원 공제)에서 수리비를 보장하는 5만원 상당의 태블릿 PC보험에 가입하도록 하는 등의 형태로 운영된다.

단종보험대리점은 도입 초기에는 도입이 용이하고 시장수요가 있는 분야에

---

60) 금융감독원, "2014년 3분기 대형 법인보허대리점 경영현황 분석결과", 금융감독원 2014년 12월 24일자 보도자료.

서 우선 도입하고 향후 단계적으로 확대 운영할 예정이었다. 단종보험대리점은 본업에 대한 전문성을 가지고 본업과 연계된 소수의 보험상품을 판매가능하도록 함으로써, 소비자가 보험을 가장 필요로 하는 시점과 장소에서 전문가로부터 설명을 들으며 편리하게 가입이 가능하게 하는 장점이 있다. 또한 소비자 과실에 의한 전자제품의 파손 시 수리보장, 가전, 중고차 구입, 공연예매 등 향후 다양한 제품이나 서비스에서 연계보험의 출현이 활성화 될 것으로 예상된다. 다만, 소비자 보호를 위해 가입자에 대한 설명의무 부여, 보상책임 명확화 등 보험상품 제공자간 역할과 책임을 명확화 하기로 하였다.

<표 7-3> 단종보험대리점 단계별 확대방안

구분	1단계	2단계	3단계
보험상품	주택화재보험, 가정종합보험, 부동산권리보험, 법률비용보험	배상책임종합보험 애견건강보험 제품보증연장보험 휴대폰보험 등	채무면제유예보험 자전거보험
대리점업종	공인중개사사무소 법률사무소(법인) 등	아파트관리사무소 동물병원, 유통업체, 이동통신사	신용카드사 자전거 판매상 등

다. 보험중개사

보험중개사란 "독립적으로 보험계약의 체결을 중개하는 자(법인이 아닌 사단과 재단을 포함한다)로서 개인과 법인을 구분하여 금융위원회에 등록된 자"를 말한다. 보험설계사 또는 보험대리점으로 등록된 자 또는 다른 보험회사 등의 임직원 등은 보험중개사로 등록하지 못한다.

보험중개사는 독립적으로 보험계약의 체결을 중개하는 자이기 때문에 보험중개사가 보험계약자 등에게 손해를 가한 경우에는 보험중개사의 영업보증금 한도에서 손해배상을 할 수 있다.

보험중개사는 보험회사의 임직원이 될 수 없으며, 보험계약의 체결을 중개하면서 보험보험회사·보험설계사·보험대리점·보험계리사 및 손해사정사의 업무를 겸할 수 없다(보험업법 제92조(보험중개사의 의무 등)).

라. 직급영업

직급영업이란 보험설계사나 보험대리점이 아닌 보험회사 소속의 정규직원들이 직접 보험상품을 판매하는 것을 말한다. 직급영업을 통한 보험상품의 판매는 대규모 기업보험이나 고액의 보험상품, 회사의 전략적 필요에 의한 보험상품의 판매 등에 활용된다.

직급영업은 보험회사를 대표하여 직원으로서 보험상품을 판매하기 때문에 보험료 수령권, 고지의무 수령권, 계약체결권 등의 권한을 갖는다.

마. 방카슈랑스(금융기관보험대리점)

금융기관보험대리점은 흔히 방카슈랑스(Bancassurance)라 불린다. 은행의 'Bank(Banque)'와 보험의 'Assurance'를 합성한 단어이다. 즉 은행과 같은 금융기관에서 보험상품을 판매하는 형태의 판매채널이다.

방카슈랑스에서는 모든 종류의 상품을 보험회사와 동일하게 판매할 수 있는 것이 아니다. 방카슈랑스의 도입과정에서 시장의 혼란을 최소화하기 위해 판

매할 수 있는 보험상품을 단계별로 구분하였다.

보험업법시행령에 따라 도입시부터 2005년 3월 31일까지는 1단계로서 생명보험상품은 개인 저축성보험이나 신용생명보험을 판매할 수 있었으며, 손해보험 상품은 개인연금, 장기저축성보험, 주택화재보험, 상해보험, 종합보험, 신용손해보험 등을 판매할 수 있었다.

<표 7-4> 금융기관보험대리점의 1단계 판매허용 보험상품(2005년 3월 31까지)

생명보험	손해보험

가. 개인저축성 보험
  1) 개인연금
  2) 일반연금
  3) 교육보험
  4) 생사혼합보험
  5) 그 밖의 개인저축성 보험
나. 신용생명보험
	가. 개인연금
	나. 장기저축성 보험
	다. 화재보험(주택)
	라. 상해보험(단체상해보험은 제외한다)
	마. 종합보험
	바. 신용손해보험

2단계에서는 생명보험사와 손해보험사 모두 1단계 허용상품에 개인보장성보험 상품중 제3보험 상품을 판매하되 저축성보험의 특별약관이나 질병사망 특별약관을 부가한 상품은 제외하도록 하였다.

<표 7-5> 금융기관보험대리점의 2단계 판매허용 보험상품(2005년 4월 1일 이후)

생명보험	손해보험
가. 제1단계 허용상품	가. 제1단계 허용상품
나. 개인보장성 보험 중 제3보험(주계약으로 한정하고, 저축성보험 특별약관 및 질병사망 특별약관을 부가한 상품은 제외한다)	나. 개인장기보장성 보험 중 제3보험(주계약으로 한정하고, 저축성보험 특별약관 및 질병사망 특별약관을 부가한 상품은 제외한다)

주) 보험기간 만료 시 환급금이 지급되는 상품은 2006년 10월 1일 이후

금융기관보험대리점은 그 금융기관보험대리점 등의 본점이나 지점 등 점포별로 2명의 범위에서 모지에 종사하게 할 수 있으며, 그 금융기관 소속의 임직원이 아닌 자로 하여금 모집을 하게 하거나 보험계약의 체결과 관련한 상담 또는 소개를 하게 하고 상담 또는 대가를 지급하지 못한다(보험업법 제83조 제2항).

또한, 최근 사업연도말 현재의 자산총액이 2조원 이상인 금융기관보험대리점은 1개의 생명보험회사 또는 1개의 손해보험회사 상품의 모집액은 신규로 모집하는 보험상품의 모집초액 각각의 100분의 25를 초과할 수 없다. 이를 "25% 룰"이라 한다. 이러한 '25% 룰'은 2012년 3월 계열분리한 농협은행과 농업협동조합은 이 조항을 적용받지 않는다.

> 보험업법시행령 제40조(금융기관보험대리점등의 영업기준 등)
>
> ⑥ 금융기관보험대리점등(최근 사업연도 말 현재 자산총액이 2조원 이상인 기관만 해당한다)이 모집할 수 있는 1개 생명보험회사 또는 1개 손해보험회사 상품의 모집액은 매 사업연도별로 해당 금융기관보험대리점등이 신규로 모집하는 생명보험회사 상품의 모집총액 또는 손해보험회사 상품의 모집총액 각각의 100분의 25(제7항에 따라 보험회사 상품의 모집액을 합산하여 계산하는 경우에는 100분의 33)를 초과할 수 없다.

바. 사이버마케팅(CM, Cyber Marketing)

인터넷 환경이 발달한 우리나라에서는 인터넷을 통한 보험상품의 판매도 활발하게 이루어지고 있다. 특히 자동차보험 분야에서는 본인의 차량번호와 주민등록번호 등의 몇가지 기본정보를 입력하면 모든 손해보험회사의 자동차보험료가 산출되도록 한 시스템 등이 도입되어 점차 시장점유율을 높여 가고 있다.

교보라이프 플래닛 생명은 교보생명이 출자하여 만든 보험사로 보험계약의 가입, 유지, 보험금의 지급에 이르는 모든 과정이 인터넷상에서 이루어지는 보험회사이다. 최근에는 스마트폰을 통한 보험가입이 가능하도록 하고 있다.

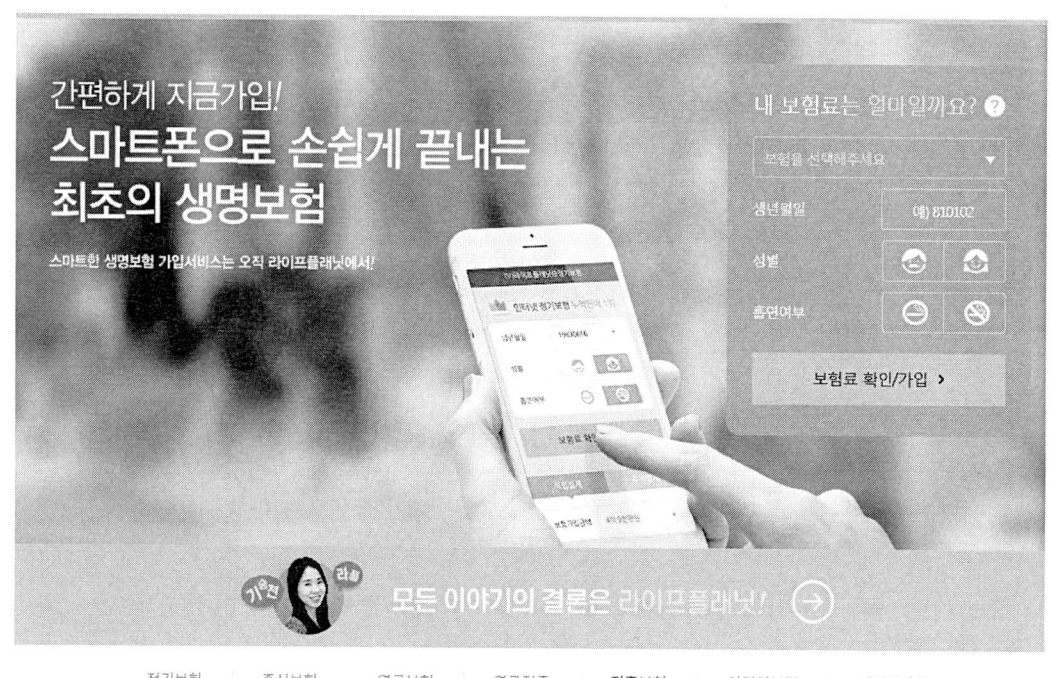

〈그림 7-1〉 인터넷전문 보험사 교보라이프 플래닛의 홈페이지 화면 캡처

사. 텔레마케팅(TM, Tele-Marketing)

텔레마케팅은 통신판매수단의 대표적인 판매채널로 자리매김하였다. 텔레마케팅은 보험상품의 판매를 위해 보험회사가 확보한 고객 데이터베이스 자료를 토대로 직접 고객에게 전화를 걸어 보험상품의 가입을 유도하는 아웃바운드(Out-bound) 채널과 인터넷, 신문, 홈쇼핑 채널을 통해 보험을 가입하려는 보험계약자의 전화를 받아 가입절차를 진행하는 인바운드 채널로 나누어진다.

통신판매전문 보험회사는 총보험계약건수 및 수입보험료의 100분의 90 이상을 전화, 우편, 컴퓨터통신 등 통신수단을 이용하여 모집하는 보험회사를 말하며, 이러한 통신판매전문보험회사는 모집비율 90%를 위반한 경우에는 그 비율을 충족할 때까지 통신수단 이외의 방법으로 보험을 모집할 수 없다.

> 보험업법시행령 제13조(통신판매전문보험회사)
>
> ① 법 제9조제2항에서 "대통령령으로 정하는 바에 따라 모집을 하는 보험회사"란 총보험계약건수 및 수입보험료의 100분의 90 이상을 전화, 우편, 컴퓨터통신 등 통신수단을 이용하여 모집하는 보험회사(이하 "통신판매전문보험회사"라 한다)를 말한다.
>
> ② 통신판매전문보험회사가 제1항에 따른 모집비율을 위반한 경우에는 그 비율을 충족할 때까지 제1항에 따른 통신수단 외의 방법으로 모집할 수 없다.
>
> ③ 모집비율의 산정기준 등 통신수단을 이용한 모집에 필요한 사항은 금융위원회가 정하여 고시한다. [전문개정 2011.1.24.]

아. 홈쇼핑 채널[61]

최근 TV채널의 다양화 되면서 홈쇼핑 채널에서도 보험상품을 판매하고 있다. 홈쇼핑채널을 통한 보험상품의 판매는 해당 채널이 진행되는 동안 보험상품에 대한 상세한 설명을 통해 보험상품의 가입을 유도할 수 있다. 그러나 과도한 과장광고나 보험금을 지급하지 않는 사유 등에 대한 설명은 축소하거나

---

61) 홈쇼핑 판매방송 광고심의 현황(월간 손해보험 2014년 5월호)

아예 설명하지 않는 등의 부작용등이 나오면서 이에 대한 조치를 취하였다.

3. 보험산업환경의 변화와 판매채널

가. 인터넷 판매채널(다이렉트 보험)

 다이렉트 보험은 보험회사 내의 직판채널을 통해 보험상품을 판매함으로써 보험설계사 또는 보험대리점과 같은 대면채널에게 지급하는 수당이나 수수료의 인하로 보험료를 낮춘 보험상품을 말한다. 최근 들어 인터넷 환경의 발달과 스마트 폰 보급의 확대로 인하여 인터넷 판매채널이 성장하고 있다.

 원래 다이렉트 보험은 손해보험회사에서 판매하는 자동차 보험의 경우 보장내역과 보험금 등이 회사마다 거의 차이가 없어서 이미 10여년 전부터 인터넷을 통한 보험상품의 판매가 활성화 되어 있었다. 인터넷 판매채널을 통해 보험소비자는 동일한 보장내역을 가장 저렴하게 가입할 수 있는 보험회사를 선택하여 가입할 수 있었다.

 손해보험의 자동차 보험시장에서만 주효할 것으로 믿었던 인터넷 판매채널이 최근에는 생명보험 상품까지도 잠식하고 있다. 기존에는 생명보험 상품이 복잡하여 보험상품을 판매하는 보험설계사까지도 제대로 모르는 상품이 있다는 이유로 인터넷 판매에는 부정적이었다. 하지만 인터넷 전용상품은 상품구조를 최대한 단순화 시켜 출시하기 시작했다. 2011년 11월부터 시작된 인터넷 판매채널은 1년 동안 가입자수가 1만명을 넘어서고, 1년 이상 유지율도 93%로 생명보험사 전체 평균 유지율 79%보다 훨씬 높게 나타났다.

 2011년 말 KDB생명을 시작으로 신한생명, 한화생명, 삼성생명이 잇따라 20

여종의 인터넷 전용보험상품을 출시하였고, 2013년 12월에는 생보업계 최초로 온라인 전문사인 '교보라이프플래닛생명'이 출범하였다. 이 보험사는 마케팅과 보험가입과 유지, 보험금 지급이 모두 인터넷상에서 처리된다.

인터넷 전용상품의 경우, 특약이 아예 없거나 1~2개의 특약으로 단순화 시켜 보험소비자가 쉽게 이해할 수 있고 보험료가 저렴하다는 장점이 있지만, 대면채널 상품보다 상대적으로 다양한 보장을 받을 수 없다는 단점도 있다.

나. 마트슈랑스

보험상품을 단순화 시킴으로써 이제는 마트의 진열대에서 일반 소비재처럼 보험상품을 구입할 수 있다. 기존의 마트슈랑스는 마트내의 영업점에서 보험설계사와 같은 대면채널을 통해 가입했다면, 새로운 마트슈랑스는 단순화한 보험상품을 성별과 나이에 맞는 상품을 선택하여 장바구니에 담아온 다음, 계산대에서 결재하는 방식으로 이루어진다. 결제후 해당 보험회사의 홈페이지 또는 상담센터에서 보험상품 박스 안에 들어 있는 보험선불권을 사용해 간단한 절차만으로 바로 가입할 수 있다. 현재 이러한 상품들은 5년 만기 일시납 상품으로 3~9만원대의 보험료를 한번만 결재하면, 추가 보험료 납입없이 5년 동안 보장받을 수 있는 상품이다.

현재 새로운 형태의 마트슈랑스 상품은 현대라이프와 이마트의 제휴로 어린이 보험은 매장내의 기저귀, 분유 및 완구류 코너에서 구입할 수 있고, 사고보험은 레저 및 캠핑용품, 자동차 용품 코너에서 구매가 가능하다. 2013년 말 현재 서울과 경기 일부 지역 마트 5개 지점을 시작으로 2014년부터는 서울, 경기지역 이마트 전점으로 확대될 예정이다.

<그림 7-2> 현대라이프생명의 홈페이지

<그림 7-3> 마트에서 판매하는 보험상품

다. 복합금융점포의 확대

2014년 7월 금융위원회에서는 2014년 하반기 법규개정을 통해 2015년부터 계열사간 복합금융점포 활성화 방안을 시행할 예정이다. 이 방안에는 복합금융점포 내의 업종간 물리적 경계선을 없애는 것을 포함하여, 금융소비자가 동의할 경우 일정기간 각 계열사의 개인식별정보와 금융정보를 공유할 수 있도록 하는 안을 담고 있다.

복합금융점포란 은행, 증권, 보험, 카드 등의 금융상품에 대하여 금융상품을 만드는 각 계열사는 그대로 두면서, 판매는 하나의 통합된 점포에서 판매하는 점포를 말한다. 복합금융점포를 운영하게 되면 회사는 계열사간 공동점포 운영을 통해, One- Stop 자산관리 서비스 제공 등을 통한 시너지효과를 창출하고, 금융소비자에게는 종합금융서비스를 제공할 수 있게 된다.

기존에는 은행과 금융투자 등과 같은 복합 자산관리 서비스를 제공하더라도 계열사간에 사무공간을 같이 사용할 수 없다는 규정 때문에 각 계열사별로 출입문과 창구를 분리해야 했다. 이로 인한 금융소비자들의 불편이과 불필요한 규제를 없애면서, 금융사는 사무공간 구분방식을 금융회사가 자율적으로 선택할 수 있도록 하여 사무공간을 벽이나 칸막이가 아닌 바닥 표시선으로 구분이 가능하도록 하고, 출입문도 공동으로 사용이 가능하도록 하였다.

복합금융점포 활성화에 따라 보험업계와 각 사별로 희비는 엇갈리고 있다. KB금융, 신한금융, 농협금융 등 금융지주사들이 가장 큰 수혜자로 꼽히고 있다. 삼성, 한화 등 은행 외 생명·손보사, 카드사, 증권사를 보유한 대기업 계열 금융사들의 움직임도 빨라지고 있다.

<표 7-6> 복합금융점포의 확대

금융사	복합금융점포	복합금융점포 확대근거
신한금융	25개 PWM(Private Wealth Management) 운영	PWM 점포 영업이익 매년 18% 성장
KB금융	'점포 속 점포'등 11개 복합 금융점포 운영	LIG손보 인수계기로 확대
하나금융	총31개 복합금융점포 운영	그룹차원의 복합금융점포 확대계획 수립
삼성생명	5개 지점 복합금융점포 시범운영	설계사 소득 1.3~1.5배 증가

자료 : 세계일보 2014.7.24 보도자료 인용

신한금융은 2011년 말부터 총 25곳의 PWM(Private Wealth Management)을 만들어 운영 중이다. 은행의 평균 자산 성장률은 지난해 말 기준으로 4%대이고, 증권업계의 상당수가 마이너스 성장을 하고 있는데 PWM은 이보다 3배 높은 12%의 성장률을 보이고 있다.

KB금융지주도 LIG손해보험 인수에 힘입어 보험과 증권 등 계열사와의 시너지 효과를 거두기 위해 현재 11개의 점포를 확대할 예정이다.

하나금융지주는 현재 총 31개의 복합 금융점포를 운영 중인데 그룹 차원에서 복합 금융점포를 더욱 확대하기 위해 비즈니스 모델을 연구하고 있다.

보험사의 실질적 강자인 삼성생명 역시도 삼성화재, 삼성증권, 삼성카드 등의 계열사를 통해 2013년 이후 5곳의 복합 금융점포를 운영한 이후 설계사들의 종합적인 금융 컨설팅 능력이 확대된 것으로 판단하고 확대를 검토하고 있다.

다양한 계열사를 보유한 보험사들은 실질적인 시너지효과를 기대하고 있지만 중소형사들은 상대적으로 위축될 것으로 예상하고 있다. 금융당국에서는 이번 복합금융점포의 확대방안과 함께 개인자산관리 종합계좌(IWA), 계좌이동제(2016년)까지 시행할 경우 금융환경이 급변할 것으로 예상하고 있다.

라. 온라인 보험수퍼마켓

보험소비자는 보험사에 전속되어 있는 보험설계사나 보험대리점을 가입할 경우 해당 보험회사의 보험상품만 구매할 수 있다. 소비자의 선호도에 따라 여러 보험회사의 보험상품을 비교하고자 할 때는 독립대리점(GA)을 통해 보험을 가입할 수 있다. 그러나 보험소비자가 대면채널에 의한 보험상품의 비교외에도 온라인상에서 보험상품을 비교하여 손쉽게 가입하고자 하는 경우 인터넷상에서 가능하지만 실질적인 비교는 쉽지 않다.

이에 따라 소비자가 필요한 보험상품을 온라인상에서 비교하고 조회한 후 가입할 수 있는 온라인 보험슈퍼마켓이 2015년 11월 30일부터 핀테크 산업 육성방안62)에 따라 시행되었다. 자동차보험 분야는 이미 십수년 전부터 인터넷

---

62) 금융위원회, "핀테크 산업 활성화를 위한 단계별 추진전략과 향후 과제", 금융위원회 2015년 5월 20일자 보도참고자료, p.5.

상에서 동일한 조건하에 보험계약자가 보험료를 비교하며 가입할 수 있도록 해오고 있다. 온라인 보험슈퍼마켓의 도입에 따라 기존의 자동차보험은 물론, 여행자보험, 연금보험, 보장성보험, 저축성보험을 모두 하나의 사이트에서 비교하여 가입할 수 있도록 하였다.

<그림 7-4> 보험다모아 사이트 화면캡처(http://www.e-insmarket.or.kr)

온라인 보험수퍼마켓이 등장에 따라 보험소비자가 스스로의 판단하에 편리하게 적합한 상품에 가입할 수 있으며, 보험가입 당시 온라인상에서 충분한 상품 설명 등의 보완을 통해 사후 분쟁소지도 감소할 것으로 보고 있다. 하지만, 온라인 보험수퍼마켓의 등장은 기존의 대면채널의 시장잠식으로 인해 기존 전속채널 중심의 판매채널 약화도 우려되고 있다.

> **핀테크?**
>
> 금융을 의미하는 Financial과 기술을 의미하는 technique의 합성어로 금융과 기술을 통합한다는 의미의 새로운 형태의 금융기법을 말한다. 이 용어는 금융과 IT 산업의 융합을 통해 금융서비스 및 산업의 변화를 통칭한다. 최근에는 국경 간 상거래가 급증하고 온라인과 모바일을 통한 금융거래가 늘면서 새로운 금융수단으로 자리하고 있다.

마. 보험자판기

보험상품은 보험설계사 등에 의해서만 판매되어야 하는 것이 정상적이지만 향후 개발될 보험판매채널의 하나로 '자동판매기'를 들 수 있다. 실제 일본의 나리타공항에는 여행객의 편의를 위해 자판기의 설명에 따라 보험을 가입할 수 있도록 자판기를 설치해두고 있다.

<그림 7-5> 나리타공항에 설치된 보험자판기   <그림 7-6> 동경해상의 여행자보험 자판기

제2절 보험판매채널의 법적 권한

1. 보험판매채널의 의무

가. 설명의무의 범위

보험회사 또는 보험설계사 등은 일반보험계약자에게 보험계약의 체결을 권유하는 경우에는 보험료, 보장범위, 보험금 지급제한 사유 등의 중요한 사항을 일반보험계약자가 이해할 수 있도록 설명해야 한다.

또한 설명한 사항에 대한 일반보험계약자가 이해하였는지를 증명하기 위해 서명, 기명날인, 녹취 등의 방법으로 확인받아야 한다. 그리고 일반보험계약자가 설명을 거부하지 않는 한, 보험계약의 체결시부터 보험금 지급시까지의 주요 과정을 설명해야 한다.

보험업법 제95조의2(설명의무 등)

① 보험회사 또는 보험의 모집에 종사하는 자는 일반보험계약자에게 보험계약 체결을 권유하는 경우에는 보험료, 보장범위, 보험금 지급제한 사유 등 대통령령으로 정하는 보험계약의 중요 사항을 일반보험계약자가 이해할 수 있도록 설명하여야 한다.
② 보험회사 또는 보험의 모집에 종사하는 자는 제1항에 따라 설명한 내용을 일반보험계약자가 이해하였음을 서명, 기명날인, 녹취, 그 밖에 대통령령으로 정하는 방법으로 확인을 받아야 한다.

> ③ 보험회사는 보험계약의 체결 시부터 보험금 지급 시까지의 주요 과정을 대통령령으로 정하는 바에 따라 일반보험계약자에게 설명하여야 한다. 다만, 일반보험계약자가 설명을 거부하는 경우에는 그러하지 아니하다.
> ④ 보험회사는 일반보험계약자가 보험금 지급을 요청한 경우에는 대통령령으로 정하는 바에 따라 보험금의 지급절차 및 지급내역 등을 설명하여야 하며, 보험금을 감액하여 지급하거나 지급하지 아니하는 경우에는 그 사유를 설명하여야 한다.
> [본조신설 2010.7.23.]

또한 보험업법시행령에서는 보험회사의 설명의무에 대하여 보험계약체결단계와 보험금 청구단계, 그리고 보험금 지급단계에서 각각의 설명의무의 범위를 정하고 있다. 보험계약 체결단계에서는 보험의 모집에 종사하는 자의 성명, 연락처 및 소속과 함께 모집에 종사하는 자가 보험회사를 위하여 보험계약의 체결을 대리할 수 있는지의 여부와 보험료나 고지의무사항을 보험회사를 대신하여 수령할 수 있는지의 여부, 그리고 보험계약의 승낙절차와 승낙거절시의 거절사유를 설명하도록 의무화 하였다.

> 보험업법시행령 제42조의2(설명의무의 중요 사항 등)
>
> ③ 보험회사는 법 제95조의2제3항에 따라 다음 각 호의 단계에서 중요 사항을 항목별로 일반보험계약자에게 설명하여야 한다. 다만, 제2호에 따른 보험금 청구 단계의 경우 일반보험계약자가 계약 체결 전에 또는 보험금 청구권자가 보험금 청구 단계에서 동의한 경우에 한정하여 서면, 문자메시지, 전자우편 또는 모사전송 등으로 중요 사항을 통보하는 것으로 이를 대신할 수 있다. <개정 2011.12.31.>
>
> 1. 보험계약 체결 단계
>   가. 보험의 모집에 종사하는 자의 성명, 연락처 및 소속

나. 보험의 모집에 종사하는 자가 보험회사를 위하여 보험계약의 체결을 대리할 수 있는지 여부
　　다. 보험의 모집에 종사하는 자가 보험료나 고지의무사항을 보험회사를 대신하여 수령할 수 있는지 여부
　　라. 보험계약의 승낙절차
　　마. 보험계약 승낙거절 시 거절 사유

나. 모집광고시의 준수사항

보험회사 또는 보험의 모집에 종사하는 자가 보험상품에 관하여 광고를 하는 경우에는 보험계약자가 보험상품의 내용을 오해하지 않도록 명확하고 공정하게 전달해야 한다.

> 보험업법 제95조의4(모집광고 관련 준수사항)
>
> ① 보험회사 또는 보험의 모집에 종사하는 자가 보험상품에 관하여 광고를 하는 경우에는 보험계약자가 보험상품의 내용을 오해하지 아니하도록 명확하고 공정하게 전달하여야 한다.
> ② 보험회사 또는 보험의 모집에 종사하는 자가 보험상품에 관하여 광고를 하는 경우에는 다음 각 호의 내용이 포함되어야 한다.
> 1. 보험계약 체결 전에 상품설명서 및 약관을 읽어 볼 것을 권유하는 내용
> 2. 보험계약자가 기존에 체결했던 보험계약을 해지하고 다른 보험계약을 체결하면 보험인수가 거절되거나 보험료가 인상되거나 보장내용이 달라질 수 있다는 내용
> 3. 변액보험 계약과 관련하여 대통령령으로 정하는 내용

4. 그 밖에 대통령령으로 정하는 내용

③ 보험회사 또는 보험의 모집에 종사하는 자가 보험상품에 대하여 광고를 하는 경우에는 다음 각 호의 행위를 하여서는 아니 된다.
1. 보험금 지급한도, 지급제한 조건, 면책사항, 감액지급 사항 등을 누락하거나 충분히 고지하지 아니하여 제한 없이 보험금을 수령할 수 있는 것으로 오인하게 하는 행위
2. 보장금액이 큰 특정 내용만을 강조하거나 고액 보험금 수령 사례 등을 소개하여 보험금을 많이 지급하는 것으로 오인하게 하는 행위
3. 보험료를 일할로 분할하여 표시하거나 보험료 산출기준(보험가입금액, 보험료 납입기간, 보험기간, 성별, 연령 등)을 불충분하게 설명하여 보험료가 저렴한 것으로 오인하게 하는 행위
4. 만기 시 자동갱신되는 보험상품의 경우 갱신 시 보험료가 인상될 수 있음을 보험계약자가 인지할 수 있도록 충분히 고지하지 아니하는 행위
5. 금리 및 투자실적에 따라 만기환급금이 변동이 될 수 있는 보험상품의 경우 만기환급금이 보험만기일에 확정적으로 지급되는 것으로 오인하게 하는 행위
6. 그 밖에 보험계약자 보호를 위하여 대통령령으로 정하는 행위

④ 제1항 및 제2항 각 호에 관한 구체적인 내용, 보험회사 또는 보험의 모집에 종사하는 자가 광고를 하는 방법 및 절차, 그 밖에 필요한 사항은 대통령령으로 정한다.
⑤ 보험회사 또는 보험의 모집에 종사하는 자가 광고를 할 때 「표시·광고의 공정화에 관한 법률」 제4조제1항에 따른 표시·광고사항이 있는 경우에는 같은 법에서 정하는 바에 따른다.
⑥ 보험협회는 필요하면 보험회사 또는 보험의 모집에 종사하는 자로부터 광고물을 미리 제출받아 보험회사등의 광고가 이 법이 정한 광고기준을 지키는지를 확인할 수 있다.

[본조신설 2010.7.23.]

다. 불완전판매의 문제

보험설계사는 보험계약자와 보험계약을 체결할 때 ① 보험약관 전달, ② 보험계약자 보관용 청약서, ③ 중요한 사항의 설명, ④ 자필서명의 4가지를 반드시 이행해야 한다. 그러나 이중 단 한가지라도 이행하지 않을 경우에는 보험계약자는 3개월 내에 해당 보험계약을 취소하고 이미 납입한 보험료 전액과 보험계약대출을 연단위복리로 계산한 이자를 받을 수 있다.

위의 4가지는 보험상품을 판매하는 과정에서 보험설계사 등이 반드시 이행해야 하는 업무절차로서 이를 위반한 경우를 흔히 '불완전판매'라 부른다.

2. 보험안내자료

보험설계사 등이 모집을 위하여 사용하는 보험안내자료는 보험회사의 상호나 명칭 등과 보험가입에 관한 권리와 의무에 관한 주요 사항 등에 대하여 명백하고 알기 쉽게 표현되어 있어야 한다.

> 보험업법 제95조(보험안내자료)
>
> ① 모집을 위하여 사용하는 보험안내자료(이하 "보험안내자료"라 한다)에는 다음 각 호의 사항을 명백하고 알기 쉽게 적어야 한다.
>   1. 보험회사의 상호나 명칭 또는 보험설계사·보험대리점 또는 보험중개사의 이름·상호나 명칭
>   2. 보험 가입에 따른 권리·의무에 관한 주요 사항

> 3. 보험약관으로 정하는 보장에 관한 사항
> 3의2. 보험금 지급제한 조건에 관한 사항
> 4. 해약환급금에 관한 사항
> 5. 「예금자보호법」에 따른 예금자보호와 관련된 사항
> 6. 그 밖에 보험계약자를 보호하기 위하여 대통령령으로 정하는 사항
>
> [전문개정 2010.7.23.]

3. 보험약관 이해도 평가

보험약관은 보험과 법률에 관한 전문지식이 있는 보험회사가 작성하여 계약 상대방인 보험계약자에게 제시하는 부합계약의 성격을 띠고 있다. 따라서 약관에는 전문적이고 기술적인 용어가 많이 사용되고 있으며 이로 인해 보험소비자가 그 계약 내용을 이해하는데 어려움을 겪을 수도 있다.

보험약관 이해도 평가는 이러한 문제를 해소하기 위하여 2011년에 도입된 제도이다. 즉, 보험소비자, 보험설계사, 법률 전문가, 보험전문가 등 보험소비와 밀접한 관련이 있는 사람들(보험약관 이해도 평가위원회)에게 보험약관의 내용에 대한 이해도를 평가하도록 하여 그 결과를 공시함으로써, 보험의 공급자인 보험회사가 보다 알기 쉬운 보험약관을 만드는 것을 유도하기 위한 제도이다.

> 보험업법 제128조의4(보험약관 이해도 평가)
>
> ① 금융위원회는 보험소비자와 보험의 모집에 종사하는 자 등 대통령령으로 정하는 자(이하 이 조에서 "보험소비자등"이라 한다)를 대상으로 보험약관에 대

> 하여 보험약관의 이해도를 평가하고 그 결과를 대통령령으로 정하는 바에 따라 공시할 수 있다.
> ② 금융위원회는 보험소비자등의 보험약관에 대한 이해도를 평가하기 위해 평가대행기관을 지정할 수 있다.
> ③ 제2항에 따라 지정된 평가대행기관은 조사대상 보험약관에 대하여 보험소비자등의 이해도를 평가하고 그 결과를 금융위원회에 보고하여야 한다.
> ④ 보험약관 이해도 평가에 수반되는 비용의 부담, 평가 시기, 평가 방법 등 평가에 관한 사항은 금융위원회가 정한다.

4. 적합성의 원칙

적합성의 원칙이란 보험상품과 같은 금융상품을 판매할 때 보험소비자의 보험가입목적, 소득상황, 연령, 재산상황 등을 종합적으로 고려하여 소비자에게 적합한 보험상품을 권유해야 한다는 원칙을 말한다.

보험업법 제95조의3에서는 일반보험계약자가 보험계약을 체결하기 전에 면담 또는 질문을 통하여 보험계약자의 연령, 재산상황, 보험가입의 목적 등을 파악하고 일반보험계약자의 서명, 기명날인, 녹취 등의 방법으로 확인을 받아 유지·관리하여야 하며, 확인받은 내용은 일반보험계약자에게 지체 없이 제공하도록 하고 있다. 또한 일반보험계약자의 연령, 재산상황, 보험가입의 목적 등에 비추어 그 일반보험계약자에게 적합하지 아니하다고 인정되는 보험계약의 체결을 권유하지 못하도록 하고 있다.

보험업법 제95조의3(적합성의 원칙)

① 보험회사 또는 보험의 모집에 종사하는 자는 일반보험계약자가 보험계약을 체결하기 전에 면담 또는 질문을 통하여 보험계약자의 연령, 재산상황, 보험가입의 목적 등 대통령령으로 정하는 사항을 파악하고 일반보험계약자의 서명(「전자서명법」 제2조제2호에 따른 전자서명을 포함한다), 기명날인, 녹취, 그 밖에 대통령령으로 정하는 방법으로 확인을 받아 유지·관리하여야 하며, 확인받은 내용은 일반보험계약자에게 지체 없이 제공하여야 한다.
② 보험회사 또는 보험의 모집에 종사하는 자는 일반보험계약자의 연령, 재산상황, 보험가입의 목적 등에 비추어 그 일반보험계약자에게 적합하지 아니하다고 인정되는 보험계약의 체결을 권유하여서는 아니 된다.
③ 제1항 및 제2항을 적용받는 보험상품은 대통령령으로 정한다.
④ 보험회사 및 보험의 모집에 종사하는 자가 제1항에 따라 확인을 받아야 할 내용 및 확인 내용의 유지·관리기간은 대통령령으로 정한다.

[본조신설 2010.7.23.]

적합성의 원칙에 따라 보험회사 및 보험모집에 종사하는 자는 보험계약자의 연령과 월 소득 및 월 소득에서 보험료 지출이 차지하는 비중, 보험가입목적, 변액보험계약 가입 여부 등에 대하여 확인해야 한다.

보험업법시행령 제42조의3(적합성 원칙의 확인 내용 등)

① 법 제95조의3제1항에서 "보험계약자의 연령, 재산상황, 보험가입의 목적 등 대통령령으로 정하는 사항"이란 다음 각 호의 사항을 말한다.
  1. 보험계약자의 연령

2. 월 소득 및 월 소득에서 보험료 지출이 차지하는 비중
3. 보험가입의 목적
4. 변액보험계약 및 「자본시장과 금융투자업에 관한 법률」 제9조제21항에 따른 집합투자증권의 가입 여부
5. 그 밖에 보험계약자에게 적합한 보험계약의 체결을 권유하기 위하여 필요하다고 인정되는 사항으로서 금융위원회가 정하여 고시하는 사항

[본조신설 2011.1.24]

5. 특별이익의 제공금지

우리는 TV채널을 돌리다가 홈쇼핑 채널에서 보험상품을 판매하는 것을 많이 보게 된다. 홈쇼핑 채널에서는 실제 보험을 가입하지 않고 상담만 받더라도 일반적인 보험설계사들이 제공하지 않는 많은 사은품 제공을 약속한다. 간단히 사먹을 수 있는 제과점의 식빵에서부터 가격이 상당할 것 같은 청소기 까지 많은 선물을 제공하겠다는 약속한다.

일반적인 보험설계사들이 제공하지 않던 이러한 사은품들은 실제 제공될까? 나아가 이러한 사은품들은 법에 저촉되는 것은 아닐까? 결론부터 얘기하자면 홈쇼핑에서 제공하겠다는 사은품은 모두 실제 제공된다. 또한 이러한 사은품들은 사은품의 금액에 따라 합법적인 것일 수도 있고, 불법적인 것일 수도 있지만 아마도 모두 합법적인 범위 내에서 지급되는 것으로 보면 된다.

> 보험업법 제98조(특별이익의 제공 금지)
>
> 보험계약의 체결 또는 모집에 종사하는 자는 그 체결 또는 모집과 관련하여 보험계약자나 피보험자에게 다음 각 호의 어느 하나에 해당하는 특별이익을 제공하거나 제공하기로 약속하여서는 아니 된다. <개정 2014.10.15.>
> 1. 금품(대통령령으로 정하는 금액을 초과하지 아니하는 금품은 제외한다)
> 2. 기초서류에서 정한 사유에 근거하지 아니한 보험료의 할인 또는 수수료의 지급
> 3. 기초서류에서 정한 보험금액보다 많은 보험금액의 지급 약속
> 4. 보험계약자나 피보험자를 위한 보험료의 대납
> 5. 보험계약자나 피보험자가 해당 보험회사로부터 받은 대출금에 대한 이자의 대납
> 6. 보험료로 받은 수표 또는 어음에 대한 이자 상당액의 대납
> 7. 「상법」 제682조에 따른 제3자에 대한 청구권 대위행사의 포기
>
> [전문개정 2010.7.23.]

보험업법 제98조에서는 보험설계사 등은 보험계약의 체결과정에서 보험계약자 또는 피보험자에게 특별이익을 제공할 수 없도록 하고 있다. 특별이익의 범위는 금전이나 보험료의 할인 또는 수수료의 지급, 약정 보험금 이상의 지급약속, 보험료의 대납 등의 특별이익을 제공할 수 없도록 하고 있다.

예전에는 많은 보험설계사들이 최초 1회 보험료 등의 대납을 약속하여 영업행위를 하던 적이 있었으나 이러한 행위들이 모두 불법행위에 해당한다. 보험료의 대납은 물론 약정한 보험금 이상의 지급약속 등도 특별이익에 포함되어 모두 금지되어 있다.

만약, 이를 위반하여 금품을 제공한 자 또는 이를 요구하여 수수한 보험계

약자 또는 피보험자에게는 3년 이하의 징역 또는 2천만원 이하의 벌금에 처해진다(보험업법 제202조 (벌칙)).

> 보험업법시행령 제46조(특별이익의 제공 금지)
>
> 보험업법 제98조제1호에서 "대통령령으로 정하는 금액"이란 보험계약 체결 시부터 최초 1년간 납입되는 보험료의 100분의 10과 3만원 중 적은 금액을 말한다.
> [전문개정 2011.1.24.]

특별이익의 범위에 대해 보험업법시행령에서는 '보험계약 체결 시부터 최초 1년간 납입되는 보험료의 100분의 10과 3만원 중 적은 금액'이라 정하고 있다. 다시 말해, 홈쇼핑 등에서 제공하는 사은품은 비싸봐야 3만원짜리의 물품에 불과하다. 홈쇼핑에서 보험소비자를 유인하기 위해 제공하는 사은품은 3만원 이내의 물품에 불과하기 때문에 사은품에 현혹되어 보험에 가입하는 일은 없어야 할 것이다.

6. 모집을 위탁한 보험회사의 배상책임

보험회사는 그 임직원, 보험설계사 또는 보험대리점이 모집을 하면서 보험계약자에게 손해를 입힌 경우 이를 배상할 책임을 진다.

> 보험업법제102조(모집을 위탁한 보험회사의 배상책임)
>
> ① 보험회사는 그 임직원·보험설계사 또는 보험대리점(보험대리점 소속 보험설계사를 포함한다. 이하 이 조에서 같다)이 모집을 하면서 보험계약자에게 손해를 입힌 경우 배상할 책임을 진다. 다만, 보험회사가 보험설계사 또는 보험대리점에 모집을 위탁하면서 상당한 주의를 하였고 이들이 모집을 하면서 보험계약자에게 손해를 입히는 것을 막기 위하여 노력한 경우에는 그러하지 아니하다.
> ② 제1항은 해당 임직원·보험설계사 또는 보험대리점에 대한 보험회사의 구상권(求償權) 행사를 방해하지 아니한다.
> ③ 제1항에 따라 발생한 청구권에 관하여는 「민법」 제766조를 준용한다.
>
> [전문개정 2010.7.23.]

7. 중복보험 확인의무

보험회사 또는 보험의 모집에 종사하는 자는 대통령령으로 정하는 보험계약을 모집하기 전에 보험계약자가 되려는 자의 동의를 얻어 모집하고자 하는 보험계약과 동일한 위험을 보장하는 보험계약을 체결하고 있는지를 확인해야 하고 확인된 내용을 보험계약자가 되려는 자에게 즉시 알려야 한다.

보험업법 제95조의5(중복계약 체결 확인 의무)

① 보험회사 또는 보험의 모집에 종사하는 자는 대통령령으로 정하는 보험계약을 모집하기 전에 보험계약자가 되려는 자의 동의를 얻어 모집하고자 하는 보험계약과 동일한 위험을 보장하는 보험계약을 체결하고 있는지를 확인하여야 하며 확인한 내용을 보험계약자가 되려는 자에게 즉시 알려야 한다.
② 제1항의 중복계약 체결의 확인 절차 등에 관하여 필요한 사항은 대통령령으로 정한다.

"대통령령으로 정하는 보험계약"이란 실손의료보험계약을 말하는 것으로 단체가 체결하는 여행보험계약이나 국외여행, 연수 또는 유학 등 국외체류중 발생한 위험을 일괄 체결하는 보험계약의 경우에는 중복계약 체결 확인의무의 제외대상이다.

보험업법시행령 제42조의5(중복계약 체결 확인 의무)

① 법 제95조의5제1항에서 "대통령령으로 정하는 보험계약"이란 실제 부담한 의료비만 지급하는 제3보험상품계약(이하 "실손의료보험계약"이라 한다)을 말한다. 다만, 다음 각 호의 보험계약은 제외한다. <개정 2015.1.6>
  1. 삭제 <2014.4.15>
  2. 여행 중 발생한 위험을 보장하는 보험계약으로서 다음 각 목의 어느 하나에 해당하는 보험계약
    가. 「관광진흥법」 제4조에 따라 등록한 여행업자가 여행자를 위하여 일괄 체결하는 보험계약
    나. 특정 단체가 그 단체의 구성원을 위하여 일괄 체결하는 보험계약
  3. 국외여행, 연수 또는 유학 등 국외체류 중 발생한 위험을 보장하는 보험계약

② 보험회사 또는 보험의 모집에 종사하는 자가 실손의료보험계약을 모집하는 경우에는 법 제95조의5제1항에 따라 피보험자가 되려는 자가 이미 다른 실손의료보험계약의 피보험자로 되어 있는지를 확인하여야 한다.
③ 제2항에 따른 확인 결과, 피보험자가 되려는 자가 다른 실손의료보험계약의 피보험자로 되어 있는 경우에는 보험금 비례분담 등 보장금 지급에 관한 세부 사항을 안내하여야 한다.
④ 제2항 및 제3항에 따른 확인 및 안내에 관한 세부 사항은 금융위원회가 정하여 고시한다. **[본조신설 2011.1.24]**

제3절 보험판매채널의 최근 이슈

1. 보험설계사는 산재보험 가입이 가능할까?

보험설계사는 노동법에서 정한 근로자일까? 근로자라면 노동조합을 설립할 수 있을까? 또는 근로자로 보아 산재보험에 가입할 수 있을까? 현재는 보험설계사, 콘크리트 믹서트럭 운전자, 학습지교사, 골프장 캐디, 택배기사, 퀵서비스기사와 같은 6개 직종의 특수형태 근로종사자에게는 산재보험을 가입하도록 하고 있다.

특수형태 근로종사자란 계약의 형식에 관계없이 근로자와 유사하게 노무를 제공함에도 「근로기준법」등이 적용되지 않아 업무상의 재해로부터 보호할 필요가 있는 자로서 ① 주로 하나의 사업에 그 운영에 필요한 노무를 상시적으로 제공하고 보수를 받아 생활할 것, ② 노무를 제공함에 있어서 타인을 사용하지 아니할 것 의 모두에 해당하는 자를 말한다. [63]

2. 보험설계사 모집이력 시스템 제도 도입

보험회사 및 보험대리점이 보험협회를 통해 보험설계사의 모집이력을 상호 공유할 수 있는 모집이력 시스템이 2015년 7월부터 도입된다. 보험설계사 등이 잦은 이직을 통해 회사로부터 받는 제재를 회피하고 불완전 판매를 조장하

---

[63] 근로복지공단(http://www.kcomwel.or.kr) 자료 인용.

는 등 보험 모집질서를 저해하는 보험설계사를 퇴출하기 위한 조치로 마련되었다. 이에 따라 속칭 '철새·먹튀 설계사'를 변별할 수 있게 되고 보험설계사를 위촉하는 보험회사는 이를 참고하도록 하였다.

보험설계사 모집이력 시스템에서는 ① 보험회사 등 소속별 등록기간, ② 모집한 보험계약 건수, ③ 영업정지 또는 등록취소 이력, ④ 품질보증해지 및 민원해지 건수, ⑤ 수당환수 유무 등을 등재하여 관리하게 된다.[64]

---

[64] 금융위원회, 「보험업감독규정 개정안」공포 및 시행(「보험혁신 및 건전화방안(7월 15일 발표) 관련)」), 금융위원회 2015년 1월 20일 보도자료.

단원요약

1. 보험모집을 할 수 있는 자는 보험설계사, 보험대리점, 보험중개사, 보험회사의 임원 또는 직원이다.
2. 보험설계사는 보험회사나 보험대리점 또는 보험중개사에 소속되어 보험계약의 체결을 중개하는 자로서 「1사 전속주의」가 원칙이지만, 예외적으로 교차모집이 허용되어 있다.
3. 보험대리점이란 보험회사를 위하여 보험계약의 체결을 대리하는 자로서 개인과 법인을 구분하여 금융위원회에 등록된 자를 말한다. 최근 법인보험대리점이 급격이 성장해가고 있으며, 보험설계사 수가 3000명 이상인 대형 법인보험대리점도 증가하고 있으며, 단종보험대리점도 시장의 성장을 이끌 것으로 기대된다.
4. 보험중개사란 독립적으로 보험계약의 체결을 중개하는 자로서 개인과 법인을 구분하여 금융위원회에 등록된 자를 말한다.
5. 보험판매채널의 다른 형태로는 직업영업, 방카슈랑스, 사이버마케팅, 텔레마케팅, 홈쇼핑채널 등이 자리잡고 있다.
6. 최근의 보험판매채널은 인터넷 판매채널이 시장의 성장을 주도하고 있으며, 마트슈랑스, 복합금융점포, 온라인 보험수퍼마켓이 본격적인 도입을 앞두고 있다.
7. 보험설계사는 보험가입과 해지과정에서 보험소비자에게 다양한 피해를 줄 수 있다는 점 등을 고려하여 다양한 의무를 부과하고 있다.
    · 보험약관 등의 설명의무 · 보험안내 자료
    · 적합성의 원칙 · 특별이익의 제공금지

주요용어

- 보험모집
- 보험설계사
- 보험대리점
- 보험중개사
- 교차모집
- 법인보험대리점
- 개인보험대리점
- 단종보험대리점
- 직급영업
- 방카슈랑스(금융기관보험대리점)
- 사이버마케팅(CM)
- 텔레마케팅
- 홈쇼핑채널
- 다이렉트보험
- 마트슈랑스
- 복합금융점포
- 개인자산관리종합계좌(IWA)
- 계좌이동제
- 온라인보험슈퍼마켓
- 설명의무
- 보험안내자료
- 보험약관이해도 평가
- 적합성의 원칙
- 특별이익
- 보험설계사 모집이력 시스템

연습문제

1. 전통적인 보험판매채널의 종류와 상법과 보험업법에 정한 권리와 의무에 대하여 기술하시오.
2. 최근 보험산업환경의 변화에 따라 새로이 등장하고 성장하는 보험판매채널에 대하여 기술하시오.
3. 보험업법에 정한 보험계약 체결단계에서의 설명의무에 대하여 기술하시오.
4. 보험업법에 정한 적합성의 원칙에 대하여 기술하시오.
5. 보험업법에 정한 특별이익 제공의 금지에 대하여 기술하시오.
6. 보험업법에 정한 모집을 위탁한 보험회사의 배상책임에 대하여 기술하시오.

참고문헌

금융감독원(www.fss.or.kr).
금융위원회(www.fsc.go.kr).
보험개발원(www.kidi.or.kr).
세계일보(www.segye.com).
손해보험협회(www.knia.or.kr)
현대라이프생명(www.hyundailife.com).
생명보험협회, 「생명보험이란 무엇인가?」, 생명보험협회, 2011.

에듀컨텐츠·휴피아
CH Educontents·Huepia

제8장

생명보험과 제3보험

학습목표

○ 보험소비자로서 보험을 가입할 때 우선순위와 고려사항, 그리고 보험소비자의 권리에 대해 이해할 수 있다.

○ 생명보험의 보험료 산정방식을 이해하고 보험나이를 산출할 수 있으며, 생명보험 상품의 종류를 이해할 수 있다.

○ 제3보험의 의의와 종류를 이해할 수 있다.

제8장 생명보험과 제3보험

제1절 보험가입과 권리

1. 보험가입의 우선순위

　우리나라에서는 수없이 많은 종류의 보험상품을 판매하고 있다. 가계에서 벌어들이는 소득수준은 일정 수준으로 제한되어 있는데 많은 보험을 가입하기에는 경제적 부담이 만만치 않다. 보험을 가입하는 데에도 순서가 있을까? 정답부터 얘기하자면 '그렇다'이다.

　우선순위도 우선순위이지만 나의 소득의 몇 % 정도를 보험에 가입하는 것이 합리적인 판단일까? 보험가입을 너무 많이 하는 것은 실제 가용할 수 있는 소득을 줄이는 것이어서 바람직하지 않고, 너무 적게 가입하는 것도 실제 위험에 직면하였을 경우 그러한 위험에 대한 대비가 부족하게 될 것이다.

　보험회사에 납입하는 보험료는 개인이나 가계 또는 조직이 가지고 있는 위험을 위험단체를 구성한 보험회사에 전가하는 비용이기 때문에 비용은 적정 수준으로 비교적 낮은 것이 좋다. 통상 본인 소득의 6%~8% 정도의 범위내에서 가입하는 것이 합리적이라는 의견이 지배적이다.

　그렇다면 어떤 보험부터 우선순위를 부여하여 가입하는 것이 좋을까? 우선, 보험료 수준도 상대적으로 낮고, 일상생활에서 가장 많이 필요로 하는 보험이

실손의료보험이다. 실손의료보험은 상해 또는 질병으로 인하여 발생하는 입원치료비용이나 통원치료비용을 보상하는 보험이기 때문에 실생활과 가장 밀접하게 연관되어 있다.

둘째, 한 가장의 소득을 주로 책임지고 있는 가장의 사망보험이 필요하다. 가장이 사망하게 되면 정신적인 충격은 물론, 남은 가족들은 당장 '생계유지'라는 크나큰 문제에 직면하게 된다. 가장이 사망하고 난 다음 일정 기간동안 가족들이 자력으로 생계를 유지할 수 있는 기간까지 생활을 유지할 수 있도록 하는 사망보험을 필요로 한다. 사람의 사망은 질병으로 인한 사망일수도 있고, 상해나 재해와 같은 사고에 의한 것일 수도 있기 때문에 이에 대한 대비가 필수적이다.

셋째, 우리나라 사람이 평균수명까지 생존할 경우 약 36.7%의 사람이 암에 걸리게 되며, 암을 제외한 사망원인은 뇌혈관질환과 심장질환이 압도적이다. 이러한 질병에 걸리게 되면 직장을 잃게 되거나 고액의 의료비를 부담하게 되기 때문에 이러한 질병에 대비한 보험이 필요하다. 흔히 건강보험, CI(치명적 질병)보험 등이 여기에 속한다.

넷째, 운전을 하는 경우 운전자보험을 필요로 한다. 물론 자동차보험은 자동차를 소유하는 사람이면 의무적으로 가입해야 하는 보험이기 때문에 이에 대한 논의를 배제할 경우 운전자보험은 운전자가 사고를 일으켰을 때 발생하는 형사적 책임, 예를 들면, 벌금이나 형사합의금, 변호사비용, 면허정지 및 취소 등에 대한 비용 손해를 보상하는 보험으로 1만원 정도의 소액으로 가입할 수 있는 보험이다.

다섯째, 이러한 보험들이 갖추어져 있다면 100세 시대에 노후의 생계위험에 대비한 연금보험이다. 연금보험은 은퇴이후의 장기간 지속되는 무소득 장수시대를 위해 필요하다.

2. 보험상품을 선택할 때 고려할 사항

흔히 보험상품은 '사는' 상품이 아닌 '파는'상품으로 인식되고 있다. 즉 보험소비자가 자발적으로 스스로의 위험을 분석하여 필요한 보험상품을 가입하는 것이 아니라, 보험설계사 등이 적극적으로 보험상품의 가입을 권유하면서 가입이 이루어진다는 것이다. 이때 보험설계사 등이 가입을 권유하는 상품은 당연히 피보험자의 위험을 분석하여 꼭 필요한 보험을 가입시킬 것으로 예상되지만 일부의 경우 보험설계사의 실적 경쟁에 밀려 '판매해야 하는 보험상품'을 권유하는 경우도 있다.

<표 8-1> 보험상품별 가입의향 비교

(단위: %, %P)

구분	생명보험					손해보험		
	질병 보장 보험	사망 보장 보험	저축성 보험	변액 보험	의향 없음	장기 손해 보험	일반 손해 보험	의향 없음
2010년	16.9	6.7	14.4	5.8	65.2	24.3	8.3	36.4
2011년	19.8	11.7	20.6	5.9	56.9	29.8	8.8	34.1
2012년	15.2	7.9	17.3	4.6	64.3	20.4	9.3	49.1
2013년	17.9	6.6	19.1	3.5	63.3	22.0	8.0	41.5
2014년	17.3	6.3	18.3	4.7	65.9	19.6	11.3	44.1
증가율	-0.6	-0.3	-0.8	1.2	2.6	-2.4	3.3	2.6

주 : 사망보장보험에는 종신보험이, 저축성보험에는 연금보험이 포함됨
자료 : 보험연구원, 보험소비자설문조사(2014년), p.9. 자료 인용

그렇다면 보험소비자들이 보험을 가입할 때는 어떤 점들을 고려해야 하는

것일까? 보험을 가입할 때 고려해야 할 사항으로는 우선 내가 가입하는 보험이 어떤 상황에 대비하기 위한 상품인지를 따져 보아야 한다. 두 번째는 만약에 보험에서 정한 보험사고가 발생할 경우에는 얼마나 보장이 되는지의 여부를 따져보아야 한다. 세 번째는 언제부터 언제까지 보장을 받을 수 있는지를 따져보아야 한다.

가. 어떤 위험에 대비하기 위한 상품인가 ?

우리가 일상생활을 영위해가는 동안 많은 위험에 직면하게 된다. 가깝게는 단순한 상해사고에서부터 교통사고로 인한 갑작스런 사망, 암이나 뇌졸중 또는 급성심근경색과 같은 중대한 질병에 걸리거나 질병으로 인한 사망, 치매 등의 다양한 위험을 안고 살아가고 있다.

따라서 가입하려는 보험이 여러 가지 위험 중 어떤 위험에 대비하기 위한 것인지를 고려해야 한다. 다시 말해, 내가 사망하고 나서 남은 가족들을 위한 보험상품인지, 아니면 내가 생존해 있는 동안 나에게 발생할 수 있는 질병이나 상해사고를 대비하고 위한 보험상품인지, 노후 준비를 위한 것인지를 분명히 해야 한다.

일상생활 중의 모든 위험을 보장 받는다면 더 없이 좋겠지만, 그러기 위해서는 소득수준 대비 과도한 보험료를 납부해야 하는 부담이 생기게 된다. 따라서 본인을 둘러싼 가장 크고 위협적인 위험부터 대비하는 것이 우선이다. 본인에게 본인 사망시 남은 가족들의 생계유지가 가장 큰 위험이라면 생명보험부터 가입해야 할 것이고, 무엇보다 노후 생활이 가장 큰 위험이라면 연금보험부터 가입해야 할 것이다. 이러한 우선순위는 개인별로 직면해 있는 위험의 종류와 수준에 따라 각기 다르다. 어떤 위험을 대비하려는 것인지를 분명히 하는 것이 첫 번째 고려사항이다.

나. 보험사고 발생시 얼마나 보장을 받을 수 있는가?

보험을 가입한 사람들에게 보험가입여부를 물어보면 대부분 자신있게 그리고 자랑스럽게 어느 보험회사에 어떤 보험을 가입했다고 이야기 한다. 그러나 그 보험에서는 본인이 질병이나 상해로 인해 사망시에는 보험금이 얼마나 지급되는지, 본인이 암이나 갑상선암에 걸리게 되면 어느 정도의 보험금을 받을 수 있는지, 교통사고로 10일간 병원에 입원하면 얼마나 보험금이 지급되는지를 아는 사람은 드물다. 대부분의 보험소비자들은 보험설계사를 믿고 보험을 가입했다는 사실이 중요한 것이지 보험사고가 발생하면 얼마나 지급되는지는 관심이 없는 것이다.

실제로는 '보험을 가입했다'는 사실 자체보다도 '보험사고 발생시 보험금을 얼마나 받을 수 있는지'가 더 중요하다. 얼마나 받을 수 있는지를 확인했다면 그 위험에 맞게 충분히 보장이 가능한지를 따져보아야 한다. 즉 암보험에 가입한 경우 암에 걸렸을 때 1,000만원을 보장 받는다면 1,000만원으로 병원치료비나 치료를 위한 휴직시의 생활비 등으로 충분한지의 여부까지 함께 고려해 보아야 한다. 그 결과 받을 수 있는 보험금이 필요자금보다 부족하다면 보험료를 추가부담하더라도 보험가입금액을 추가로 상향 조정해야 한다.

따라서 보험을 가입할 때는 내가 직면한 다양한 위험들, 즉 상해(재해) 사망, 질병사망, 암이나 뇌졸중 또는 급성심근경색과 같은 중대한 질병, 교통사고로 인한 입원, 운전중 사고로 인한 형사적 책임, 상해 또는 질병으로 인해 입원 및 통원시의 치료비 등을 나열하고, 각각의 경우에 해당 보험상품에서 받을 수 있는 보험금을 보험약관과 비교해 보아야 한다.

다. 언제부터 언제까지 보장을 받을 수 있는가?

일반적인 보험소비자들이 가입하는 대부분의 인(人)보험은 질병상해보험 표준약관을 적용받기 때문에 보험청약과 함께 제1회 보험료를 납입한 때부터 보험회사의 책임이 개시된다. 또한 암보험이나 치명적 질병보험(CI보험) 등은 보험계약일로부터 그날을 포함하여 90일이 지난 날의 다음 날부터 책임이 개시되고, 치매 등을 보장하는 간병보험은 생명보험의 경우 90일 또는 2년 등의 면책기간이 존재한다. 연금보험은 55세 이후 또는 60세 이후 등과 같은 연금개시기간이 있으며, 생명보험의 연금저축보험은 종신토록 연금을 지급하는 반면 손해보험의 연금저축보험은 연금이 지급되는 기간이 제한되어 있다.

이렇게 보험마다 가입이후 곧바로 보험회사의 책임이 개시되지 않는 보험도 있으므로 보험회사의 책임 개시시기와 함께 책임이 끝나는 시기에 대한 확인도 필요하다.

생명보험의 정기보험은 저축기능이 없고 5년, 10년, 20년 등과 같이 정해진 기간만을 보장하기 때문에 보험료가 저렴하다는 장점이 있지만, 해당 보험기간이 끝난 이후부터가 본격적으로 질병위험이나 사망위험이 증가할 수 있기 때문에 이에 대해서도 고려해야 한다. 예를 들어, 35세 인 직장인 남성이 20년 만기인 정기보험에 가입하는 경우, 20년의 보험기간이 끝나는 55세 이후는 각종 성인병 등에 의한 질병사망 위험이 급격히 상승하는 시기이기 때문에 이에 대한 충분한 고려도 필요하다.

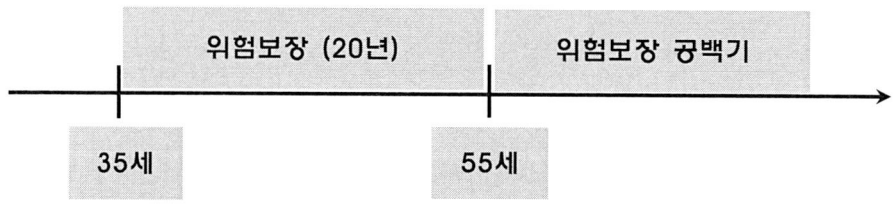

<그림 8-1> 위험보장기간과 위험보장 공백기

라. 내가 가입하려는 보험의 보험료는 적정 수준인지

보험소비자는 가입하려는 보험상품의 보험료 수준이 적정수준인지 알기가 쉽지 않다. 일단 1~2시간 이상 본인 앞에서 열성적으로 해당 보험상품을 설명하는 보험설계사 등에 대한 인간적인 배려 등으로 인해 설명을 들은 이후 별다른 보험상품의 비교절차 없이 보험을 가입하는 것이 일반적이다.

하지만, 보험상품은 한번 가입하면 짧게는 1년부터 수십년 또는 종신토록 보험료를 납부해야 한다는 점에서 납부하는 보험료 수준이 적절한지의 여부를 검토해야 한다.

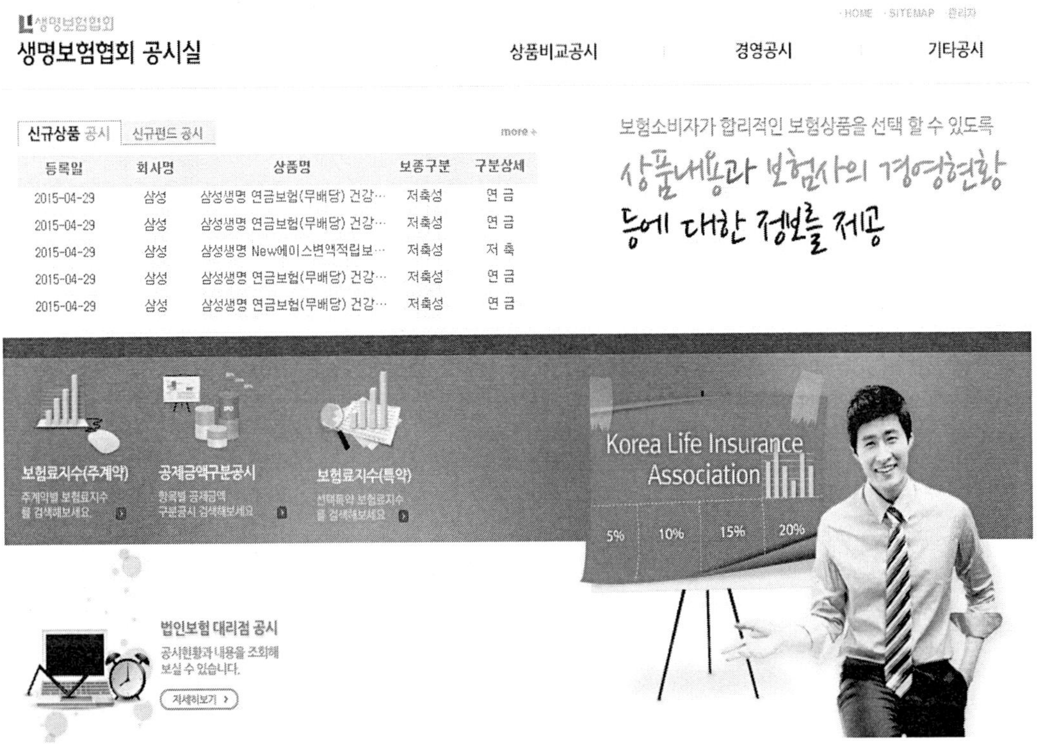

<그림 8-2> 생명보험협회 상품공시실 홈페이지

    보험료수준을 비교하기 위해서는 생명보험협회와 손해보험협회에서 제공하는 보험료지수 비교공시를 활용하면 좋다. 생명보험협회의 경우 홈페이지를 통해 주계약과 특약의 보험료지수를 각각 비교해볼 수 있으므로 가입하려는 보험상품을 찾아 보험료지수를 확인하면 된다. 보험료 지수는 업계의 표준이 되는 보험료 대비 가입하려는 보험의 보험료를 비교한 것으로 100에 가까울수록 표준보험료에 가까운 것이다. 즉 보험료지수가 170%라면 표준보험료 대비 70% 정도 비싸다는 것을 의미한다.

3. 보험상품 가입시 보험소비자의 권리

보험상품을 가입할 때 보험소비자가 당연히 누릴 수 있는 권리가 몇 가지 있다. 그 중 대표적인 것이 청약의 철회와 계약취소권이다. 즉 보험을 가입한 이후 보험약관을 살펴보았더니 본인이 가입을 원했던 상품이 아니라는 사실을 알았거나 보험가입당시 보험설계사 등으로부터 충분한 설명을 듣지 못했을 경우에는 보험약관 교부 및 설명의무 위반을 이유로 보험계약을 취소할 수 있다.

가. 청약의 철회

청약철회(cooling-off)제도는 청약 후 일정기간 동안 신중하게 보험가입을 고려할 수 있도록 한 일종의 숙려기간으로서 대표적인 소비자 보호제도이다.[65] 즉 보험계약을 체결하였다가 단순히 마음이 변하거나 다른 보험상품으로 가입하려는 경우 일정 기간 이내에는 아무런 위약금이나 손해배상책임 없이 계약을 취소할 수 있도록 한 제도이다.

청약철회에 대한 규정은 기존에는 보험약관에서만 규정하고 있던 계약상의 권리였으나, 2014년 7월 시행된 개정 보험업법에서 청약철회규정이 신설됨으로써 법률상의 권리로 인정되게 되었다.

---

65) 임동섭, 「현장에서 활용하는 손해사정실무」, 보험연수원, 2015, p.267.

1) 청약의 철회

청약철회는 보험증권을 받은 날부터 15일 이내에 청약을 철회할 수 있으나 청약을 한 날로부터 30일을 초과한 경우에는 철회할 수 없다(보험업법 제102조의4(청약철회)제1항). 즉, 보험계약자는 청약을 한 날부터 30일 이내에 청약을 철회할 수 있지만, 청약일부터 30일 이내라 하더라도 보험증권을 받은 후 15일이 지나면 청약철회를 할 수 없다. 만약, 보험증권을 받은 날에 대해 다툼이 발생한 경우에는 보험회사가 이를 증명해야 한다(보험업법 제102조의4 제2항). 청약을 철회할 수 있는 사유는 별도로 정하고 있지 않으므로 보험계약자가 단순히 마음이 변하여 가입을 원하지 않는 경우라면 이유를 묻지 않고 철회할 수 있다.

2) 청약철회의 효과

청약철회권은 보험계약자의 의사표시만으로 그 효력이 발생하는 형성권에 해당하므로, 보험계약자가 청약철회의 의사를 표시하면 보험회사는 특별한 사정이 없는 한 이를 거부할 수 없다. 보험계약자가 청약을 철회하면 보험회사는 청약의 철회 신청을 받은 날부터 3일 이내에 보험료를 반환해야 한다. 만약 철회신청이후 반환기일(3일)이 지나도록 보험료 반환이 늦어진 경우에는 보험회사는 보험계약대출이율을 연단위복리로 계산한 금액을 이자로 더하여 지급해야 한다.

또한, 보험계약당시에 청약을 철회할 수 있다는 설명을 듣지 못하여 청약철회기간 15일을 넘기게 됨으로서 청약을 철회할 수 없게 된 경우에는 청약철회에 대한 설명의무를 위반한 것으로 보아 보험계약이 성립된 날부터 3개월 이내에 해당 계약을 취소할 수 있다.

나. 보험약관 교부 및 설명의무 위반에 의한 취소

보험상품은 심각한 정보의 불균형이 발생하기 때문에 보험계약자에게는 보험가입당시 알고 있는 사항에 대하여 정확하게 알려야 할 의무를 부담하며, 보험회사는 약관의 중요한 사항에 대하여 보험계약자에게 충분히 알려주어야 한다. 보험계약자가 보험계약의 중요한 사항에 대하여 충분히 알 수 있도록 하기 위하여 보험회사는 ① 보험약관의 중요한 사항에 대하여 설명해야 하고, ② 보험약관과 계약자 보관용청약서를 전달해야 하며, ③ 보험계약자가 청약서에 자필서명을 하도록 해야 한다. 이를 「보험약관 교부 및 설명의무」라 한다.

만약 보험회사가 이를 위반한 경우에는 보험계약자는 보험계약이 성립된 날부터 3개월 이내에 해당 보험계약을 취소할 수 있다. 이 경우 보험회사는 보험계약자가 납입한 보험료에 보험료를 받은 기간 동안 보험계약대출이율을 연 단위복리로 계산한 금액을 이자로 지급해야 한다.

<표 8-2> 청약철회와 약관교부설명의무위반에 의한 취소의 비교

구 분	청약철회	약관설명의무 위반 등에 의한 계약 취소
사 유	· 청약철회의 전제가 되는 사유 불문	· 보험회사 등이 약관설명의무 등을 이행하지 않은 경우
행사 기간	· 청약일부터 **30일**(단, 보험증권을 받은 날부터 **15일** 이내) · 계약 성립 전에도 행사 가능	· 계약 성립일부터 **3개월** · 계약 성립 후에만 행사 가능
행사에 따른 효과	· 보험계약자가 이미 납입한 **보험료**를 지급 · 보험회사가 철회신청을 받은 날부터 **3일**이 지난 경우에는 **이자**를 더해서 지급	· 보험계약자가 이미 납입한 **보험료**에 납입일 이후 **이자**를 더해서 지급

제2절 생명보험

1. 생명보험의 의의

생명보험은 사람이 출생한 이후 겪게 되는 각종 상해와 질병의 위험으로부터 예상치 못하게 사망에 이르게 될 경우 이를 보장하는 보험이다. 생명보험은 원래 상부상조의 정신을 바탕으로 사망 등에 따르는 경제적 손실을 보장하기 위한 보험으로서 다수의 보험계약자로부터 소액의 보험료를 갹출하여 보험사고를 당한 사람에게 거액의 보험금을 지급하는 방식으로 운영된다.

생명보험을 통해 사람은 출생이후 성장과정을 거치면서 결혼, 육아, 노후문제 등에 따른 비용 문제에 직면하게 되고 생활자금이나 주택자금, 자녀교육, 노후 생활 자금 등의 다양한 자금이 필요하게 된다. 이러한 자금들은 생명보험의 저축기능을 통해 준비할 수 있다.

2. 생명보험의 보험료

가. 자연보험료와 평준보험료

1) 자연보험료

자연보험료란 각 연령대별 사망률을 기초로 실제 사망률을 반영하여 나이가 적을수록 사망확률이 낮기 때문에 낮은 보험료를 적용하고, 나이가 많을수록 높아지는 사망률을 적용하여 보험료가 체증되도록 한 보험료 부담 방식을 말한다. 즉 인간의 연령증가에 따른 자연스러운 사망확률을 보험료에 그대로 반영한 방식을 말한다.

이 방식에 따르면 나이가 적을수록 사망확률이 낮기 때문에 보험료부담이 작지만, 일정 연령 이상이 되어 사망확률이 급격히 증가할 때에는 보험료 부담도 급격히 증가되어 계약자가 부담하기 어렵다는 단점이 있다.

2) 평준보험료

자연보험료 방식에 의하여 보험료를 산출할 경우 일정 연령 이상 도달하면 계약자는 보험료를 감당할 수 없는 상황에 이르게 된다. 이러한 보험료 납입 부담의 문제를 해결하기 위해 보험계약자가 납입해야 할 자연보험료의 총액을 산출하여 보험기간 전기간 동안 균등하게 배분하여 평준화 시킨 보험료 부과 방식을 평준보험료라 한다.

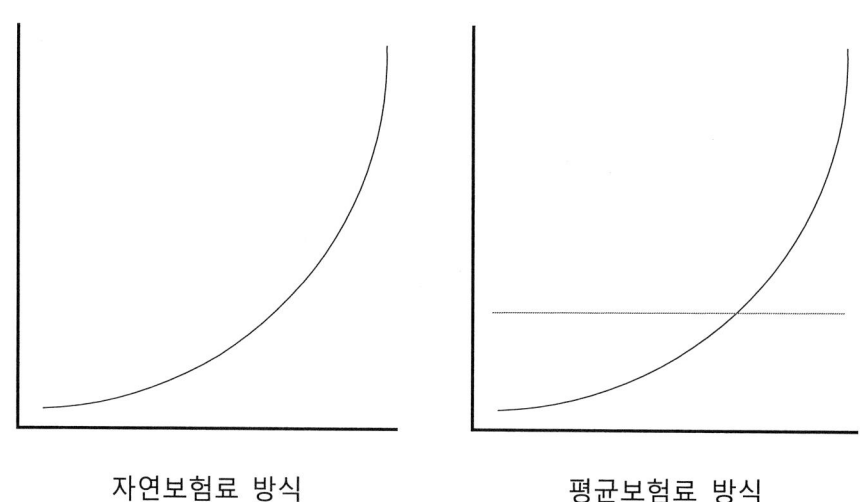

자연보험료 방식   평균보험료 방식

〈그림 8-3〉 자연보험료 방식과 평준보험료 방식

나. 보험나이

사람은 나이가 들수록 사망확률이 높아지고 사망확률이 높아질수록 보험료가 비싸지기 때문에 생명보험회사에서는 피보험자의 연령대별로 보험료를 달리 적용한다. 그렇다면 사람의 출생일은 1년 365일 동안 다양하게 나타날 텐데 보험료 산정을 위한 나이는 어느 시점으로 하는 것이 좋을까?

연령증가에 따른 사망확률에 따라 보험료를 달리 적용하기 위하여 보험산업에서는 "보험나이"를 적용한다. 보험나이는 일단 만 나이를 계산하여 6개월 미만의 끝수는 버리고, 6개월 이상의 끝수는 1년으로 하여 계산하며, 이후 매년 계약 해당일에 나이가 증가하는 것으로 한다.

> 【보험나이 계산 예시】
> 생년월일: 1988년 10월 2일, 현재(계약일): 2014년 4월 13일
> ⇒ 2014년 4월 13일 - 1988년 10월 2일 = 25년 6월 11일 = 26세

예를 들어, 2017년 4월 13일 계약일 현재 생년월일이 1991년 10월 2일인 사람의 보험나이는 우선 만나이로 계산하여 산출된 25년 6월 11일을 기준으로 6개월 이상은 1년으로 하여 계산하여 보험나이는 26세가 된다.

다. 경험생명표

경험생명표란 전국민을 대상으로 한 것이 아니라 특정 생명보험사에 가입되어 있는 보험가입자들을 대상으로 이들을 연령과 성별로 구분하여 각 연령대별로 생존확률과 사망확률을 나타낸 것을 말한다.

우리나라의 통계청에서는 전국민을 대상으로 한 국민생명표를 만들어 발표하고 있지만, 이러한 국민생명표는 전국민을 대상으로 한 만큼 생명보험에 가입한 사람들과는 많은 차이가 있다. 예를 들어, 전국민을 대상으로 한 국민생명표는 출생시부터 장애나 심각한 질환을 가진 사람들을 포함한 조사결과이지만, 생명보험사에서 발표하는 경험생명표는 건강수준이 일정 수준이상의 비교적 건강한 사람들이 보험에 가입하고 이들을 대상으로 한 생명표이니 만큼 관찰대상인 모집단이 다르기 때문에 차이가 있을 수 밖에 없다.

<표 8-3> 통계청의 간이생명표(5세 간격별)

연령	기대여명 (전체)(년)	기대여명 (남자)(년)	기대여명 (여자)(년)	사망확률 (전체)	사망확률 (남자)	사망확률 (여자)
0	81.94	78.51	85.06	0.00294	0.00306	0.00281
1	81.18	77.76	84.30	0.00074	0.00082	0.00066
5	77.24	73.82	80.35	0.00054	0.00064	0.00043
10	72.28	68.86	75.38	0.00048	0.00060	0.00035
15	67.32	63.90	70.41	0.00116	0.00150	0.00079
20	62.39	58.99	65.46	0.00183	0.00237	0.00122
25	57.50	54.13	60.54	0.00243	0.00307	0.00175
30	52.64	49.29	55.64	0.00333	0.00418	0.00244
35	47.80	44.48	50.77	0.00449	0.00578	0.00314
40	43.01	39.73	45.92	0.00686	0.00932	0.00431
45	38.28	35.07	41.11	0.01057	0.01491	0.00605
50	33.67	30.57	36.34	0.01576	0.02297	0.00841
55	29.16	26.22	31.63	0.02214	0.03311	0.01132
60	24.76	22.03	26.96	0.03256	0.04785	0.01743
65	20.51	18.00	22.39	0.04929	0.07182	0.02893
70	16.43	14.19	17.98	0.08674	0.12433	0.05625
75	12.74	10.83	13.89	0.15136	0.20975	0.11002
80	9.53	8.00	10.26	0.25678	0.33821	0.21404
85	6.92	5.78	7.33	0.40684	0.50302	0.37141
90	4.95	4.18	5.14	0.57996	0.66734	0.55852
95	3.53	3.08	3.63	0.74320	0.80073	0.73172
100	2.56	2.36	2.65	1.00000	1.00000	1.00000

주) 통계청(http://www.kostat.go.kr). 2014년 12월 3일 자료.

우리나라에서는 보험산업이 발전해오면서 여러 가지 생명표를 사용해왔다. 보험산업이 본격적으로 발달하기 전인 1959년 이전에는「특정 생명표」를 사용했다. 그 이후에는 우리나라에 통계자료가 없다는 현실적인 문제로 인해1962년부터 1968년까지 7개년 동안 일본의 제9회 국민생명표(남)를 사용하였고, 1969년부터 1975년까지 7개년 동안 일본의 제10회 국민생명표(남)를 사용하였다.

이후 1970년에 경제기획원 조사통계국에서 발표한 생명표를 근거로 1976년 3월부터 1981년 2월까지 6개년동안 제1회 조정국민생명표를 사용하였다. 1981년 3월부터 1986년 1월까지는 제2회 조정국민생명표를 사용하였다가, 1985년에 이르러서야 6개 생명보험회사의 1982년도 기초사망률을 근거로 1986년 2월부터 1988년 9월까지「85 간이경험생명표」를 사용하였다.

제대로 된 경험생명표는 1988년 10월부터 1991년 7월까지 사용된「제1회 경험생명표」로서 이는 기존 6개 생명보험회사의 1982년~1984년도의 기초사망률을 기초로 한 경험생명표였다.

라. 사망과 경험생명표

생명보험은 사람의 생존과 사망을 보험사고로 하고 있기 때문에 사람의 생존률과 사망률은 중요한 지표가 된다. 사망률이란 일정 연령에 도달한 사람 중에 1년 내에 사망할 확률을 말하고, 생존율은 '1-사망률'로 정의되기 때문에 사망률을 구하면 곧바로 생존율을 구할 수 있다. 사망률은 보통 0세에서 특정 인구가 생존해 있다고 가정하고 그 생존해 있던 인구가 매년 얼마나 감소해 나가는지를 보여주는 지표이다. 특정 연령의 사망률은 다음과 같이 구할 수 있다.

$$n\text{세의 사망률} = \frac{n\text{세와 } n+1\text{세 사이의 사망자수}}{n\text{세의 생존자수}}$$

$$1\text{세의 사망률} = \frac{n\text{세와 } n+1\text{세 사이의 사망자수}}{n\text{세의 생존자수}} = \frac{104}{99,390} = 0.00105$$

$$1\text{세의 생존율} = 1 - 0.00105 = 0.99895$$

생명표에는 사망률과 생존율, 생존자수, 사망자수와 평균여명도 표기하고 있다. 평균여명이란 특정 연령에서 그 연령의 사람이 생존가능한 기간의 평균을 의미한다.

<표 8-4> 제4회 경험생명표 예시

연령	생존자수	사망자수	생존율	사망률	평균여명
0	100,000	610	0.99390	0.00610	72.76
1	99,390	104	0.99895	0.00105	72.21
2	99,286	84	0.99915	0.00085	71.28
3	99,202	67	0.99932	0.00068	70.34
~	~	~	~	~	~
30	97,260	95	0.99902	0.00098	44.42
~	~	~	~	~	~

자료 : 보험연구원, KiRi Weekly 2012.2.20, 생명보험의 이해 2: 생존율, 사망률

예를 들면, 30세인 남성의 평균여명은 44.42년인데, 실제로는 이보다 더 오래살수도 있고, 훨씬 이전에 사망할 수도 있다. 하지만 평균이기 때문에 일반

적인 30세의 남성은 44년 정도 더 살 수 있음을 의미한다. 보통 평균수명을 얘기할 때는 0세인 연령의 평균여명을 평균수명으로 사용한다.

생명표는 분석하는 대상에 따라 국민생명표와 경험생명표로 나뉜다. 국민생명표는 전체 국민이나 특정 지역의 인구를 대상으로 인구통계에 의한 사망상황을 나타낸 것이고, 경험생명표는 생명보험회사나 공제조합 등의 가입자에 대한 실제 사망통계치를 근거로 작성된 것을 말한다.[66]

<표 8-5> 경험생명표와 평균수명

구분	사용기간	남성 평균수명	여성 평균수명
제1회 조정국민생명표	1976.03~1981.02	-	-
제2회 조정국민생명표	1981.03~1986.01	-	-
간이경험생명표	1986.02~1988.09	-	-
제1회 경험생명표	1988.10~1991.07	65.75	75.65
제2회 경험생명표	1991.08~1996.12	67.16	76.78
제3회 경험생명표	1997.01~2002.11	68.39	77.94
제4회 경험생명표	2002.12~2006.03	72.32	80.90
제5회 경험생명표	2006.04~2009.09	76.4	84.4
제6회 경험생명표	2009.10~2012.06	78.5	85.3
제7회 경험생명표	2012.07~2015.03	80.0	85.9
제8회 경험생명표	2015.04~ 현재	81.4	86.7

자료 : 보험개발원(http://www.kidi.or.kr) 참조순보험료율 자료 인용

---

[66] 생명보험협회, 생명보험이란 무엇인가, 2011, p.23.

우리나라에서는 1976년부터 국민생명표를 보정한 조정국민생명표를 사용하다가 1986년부터 실제 보험가입자들의 사망통계를 기초로 작성된 경험생명표를 사용했으며, 2015년 4월 현재는 제8회 경험생명표를 활용하고 있다. 1997년 4월부터는 예정위험률이 자율화됨에 따라 회사별로 경험사망률을 자유롭게 적용하고 있다.[67]

3. 생명보험의 보험상품

가. 생명보험상품의 특징

1) 무형의 상품

일반제조업의 경우는 TV, 자동차, 컴퓨터 등과 같이 유형의 상품을 제조, 판매하기 때문에 구매자가 그 상품의 가치를 직접 느낄 수 있다. 그러나 생명보험상품은 형태가 보이지 않는 무형의 상품이기 때문에 구매에 따른 효과를 곧바로 느끼기가 어렵다. 따라서 생명보험에 대한 보험가입자의 이해가 필요하며 보험에 대한 인지도가 생명보험 가입에 영향을 미치게 된다.

2) 미래지향적 상품

생명보험 상품은 불확실한 미래에 대한 보장을 주기능으로 하는 미래지향적 상품이다. 즉, 구입 즉시 효용을 느끼는 제조업체 상품에 비해 생명보험상품은 사망, 상해, 만기, 노후 등 장래 보험사고 발생시점에서 효용을 인식하게 된다.

---

67) 앞의 책, p.24.

3) 장기성 상품

일반상품의 경우는 물품의 인도와 대금의 납입이 동시에 이루어져 상품 구입 즉시 계약이 소멸되는 반면 생명보험 상품은 짧게는 수년, 길게는 종신동안 계약의 효력이 지속되는 특징을 갖고 있다.

4) 비자발성 상품

생명보험 상품은 기본적으로 장래의 위험에 대비하기 위한 상품이기 때문에 가입자 스스로의 필요에 의한 자발적 가입보다는 대부분 생활설계사의 권유와 설득에 의해 판매가 이루어진다. 그러나 최근에는 보험의 필요성을 인식하여 자발적인 가입이 점차 늘고 있다.

나. 생명보험 상품의 개발

생명보험상품은 인간의 생명과 신체를 보험의 목적으로 하기 때문에 과학적이고 합리적인 방법 즉, 대수의 법칙, 수지상등의 원칙 등을 기초로 하여 개발, 판매되고 있다. 보험회사에서 새로운 보험상품을 개발하여 판매하고자 할 때에는 사업방법서, 보험약관, 보험료 및 책임준비금 산출방법서 등의 기초서류를 작성하여 생명보험상품관리규정에 정해진 바에 따라 금융감독원의 인가를 받도록 하고 있다.

다. 주계약과 특약

생명보험상품은 일반적으로 주계약과 특약으로 이루어진다.

① 주계약 : 보험계약에 있어서 기본이 되는 중심적인 보장내용 부분을 주계약 또는 주보험이라고 한다.

② 특약 : 특약은 특별보험약관의 준말로서 주계약에 계약자가 필요로 하는 보장을 추가하거나 보험가입자의 편의를 도모하기 위한 방법을 추가하는 것을 말한다.

라. 상품의 분류

생명보험 상품은 변화되는 고객의 욕구를 충족시키기 위해 매우 다양하게 개발되어판매되고 있는데 생명보험상품의 기본적인 분류는 생존보험, 사망보험, 생사혼합보험의 세 가지 형태이다.

1) 생존보험(生存保險)

피보험자가 보험기간 만기일까지 생존했을 때에만 보험금이 지급되는 보험이다. 즉, 사망보험에서 사망이라는 것을 조건으로 하여 보험금을 지급하는 것과는 정반대로 어느 일정시점에 있어서 피보험자가 생존하고 있는 것을 조건으로 보험금을 지급하게 되며, 피보험자가 보험기간중 사망했을 때에는 보험금이 지급되지 않고 납입한 보험료도 환급되지 않는 것이 원칙이다. 그러나 현재 우리나라에서 판매되고 있는 생존보험은 대부분 피보험자가 보험기간중 사망하더라도 사망보험금을 지급받을 수 있도록 각종 사망보장이 부가되어 판매되고 있다.

2) 사망보험(死亡保險)

사망보험은 생존보험과는 반대로 피보험자가 보험기간중에 사망했을 때 보

험금이 지급되는 보험이다. 따라서 보험기간 만료일까지 생존했을 때에는 보험금이 지급되지 아니함은 물론 납입한 보험료도 환급되지 않는다.

이 보험은 보험기간을 미리 정해 놓고 피보험자가 보험기간내에 사망하였을 때 보험금을 지급하는 정기보험(定期保險)과 일정한 기간을 정하지 않고 피보험자가 어느 때 사망하더라도 보험금을 지급하는 종신보험(終身保險)으로 나뉘어진다. 이러한 사망보험은 만기보험금이 없기 때문에 저렴한 보험료로 사망시 고액의 보장을 받을 수 있는 장점을 지니고 있다.

3) 생사혼합보험(양로보험)

생사혼합보험은 피보험자가 일정기간 내에 사망했을 때에 사망보험금을 지급하는 정기보험과 만기까지 생존했을 때에 만기보험금을 지급하는 생존보험을 합친 것이다. 즉, 생존보험과 사망보험의 장단점을 서로 보완한 것으로서 사망보험금의 보장기능과 생존보험의 저축기능을 동시에 겸비한 생명보험이라 할 수 있다.

마. 생명보험의 종류

1) 종신보험

① 전통적 종신보험

종신보험은 피보험자의 연령증가와 관계없이 일정한 보험료로 종신보장을 제공하는 보험이다. 피보험자의 연령이 증가하면서 사망률이 증가하는데 사망률의 증가에도 불구하고 보험료가 증가하지 않도록 하기 위해 평준보험료방식에 따라 초기에는 실제 위험보험료보다 많은 금액을 받아 투자하는 방법을 사용한다.

ⓐ 종신납 종신보험

종신납 종신보험은 피보험자가 사망할 때까지 보험료를 납입하는 방법이다. 보험기간 전체에 걸쳐 보험료를 납입하므로 다른 납입유형에 비해 저렴하다.

ⓑ 유한납 종신보험

보험계약을 체결할 때 정한 일정기간 동안 보험료를 납입하거나 피보험자가 사망하는 경우까지 보험료를 납입하는 종신보험이다. 이 방법은 보험료를 일정 기간동안 납입하거나 피보험자가 일정 연령에 도달할 때까지 보험료를 납입해야 하는 보험이다. 유한납 종신보험의 월 보험료는 종신납 종신보험의 보험료보다 높은 금액으로 책정된다.

ⓒ 일시납 종신보험

일시납 종신보험은 단 한번에 보험료를 납입하는 보험이다. 보험회사는 일시납으로 받은 보험료의 대부분을 책임준비금으로 적립한다. 일시납 종신보험은 보험료 납입즉시 상당 규모의 해지환급금이 적립된다. 보험료 납입기간이 짧을수록 책임준비금의 적립은 빨라진다.

② 수정종신보험

보험계약시 정한 보험료가 보험기간의 일정 시점이후에 변경되거나 보험가입금액이 보험기간 중에 변경되도록 한 종신보험을 말한다. 수정종신보험의 주된 장점은 보다 큰 가입금액의 종신보험에 가입할 수 있다는 점이지만 전통적인 종신보험보다 해지환급금의 적립속도가 느리다는 단점이 있다.

2) 유니버셜 종신보험

유니버셜보험은 보험료 납입금액의 조정, 가입금액 및 사망보험금의 조정, 그리고 개별적인 가격결정 요소를 그 특징으로 한다. 일반적인 종신보험은 보험을 유지하기 위해 보험계약자가 반드시 납입해야하는 총 보험료가 정해져 있지만, 유니버셜 종신보험은 위험률, 예정이율, 사업비와 같은 가격결정요소에 따라 변동될 수 있으므로 보험계약자가 납입보험료를 결정할 수 있다.

유니버셜 종신보험은 유연성을 특징으로 하는데, 보험가입시에 일정기간 경과후 보험계약자는 보험가입금액, 사망보험금의 증감을 요청할 수 있고, 해당 보장에 대해 납입해야할 보험료를 일정한도내에서 정할 수 있다. 보험계약자는 보험회사의 승인을 얻어 ① 가입금액과 사망급부금액, ② 조정가능 보험료와 같은 선택사항을 변경할 수 있다.

3) 변액종신보험

전통적인 종신보험의 가입금액은 보험기간 전체에 걸쳐 동일하며, 정기보험료의 납입과 이자 소득에 따라 계약자 적립금이 증가한다. 전통적인 종신보험의 책임준비금에 해당하는 자산은 일반계정으로 운영된다.

반면, 변액종신보험의 책임준비금에 해당하는 자산은 특별계정에서 운용된다. 이 특별계정의 투자성과에 따라 사망보험금 및 해지환급금이 변동되는 형태의 보험이다.

4) 변액유니버셜 종신보험

변액유니버셜 종신보험은 유니버셜보험의 보험료 및 사망보험금의 유연성과 변액종신보험의 투자유연성 및 위험을 혼합한 보험이다. 이 보험에서는 보험계약자가 보험료와 가입금액을 선택할 수 있게 하고, 계약자 적립금은 특별계정으로 운용한다.

제3절 제3보험

1. 제3보험의 의의

가. 제3보험의 개요

제3보험에 속하는 상해, 질병, 간병보험은 사람의 신체에 관한 보험으로서 상법상 인보험으로 분류할 수 있으며, 또한 사람의 신체에 발생한 비용손해를 보상한다는 측면에서 손해보험으로 분류할 수 있다.

제3보험은 사람의 신체를 보험영역으로 하는 인보험(생명보험)과 손해보험의 특성을 모두 가지고 있기 때문에 두 영역 중 어느 분야에도 속하지 않은 제3의 영역이라는 의미에서 제3분야(Gray Zone)보험이라고도 한다.

제3보험이란 용어는 1965년 일본의 大森忠夫교수가 "商法上의 傷害保險의 地位"라는 논문을 발표하면서 처음으로 제기되었다. 위 논문에서 제3보험의 상해보험계약은 정액 내지 준 정액보험금 계약이므로 생명보험의 정액보상과 손해보험의 실손보상 특징이 혼합되어 있다는 의미로 제3보험이라는 용어가 사용되게 되었다.

우리나라에서는 1997년 7월 손·생보 상품관리규정을 개정하면서 제3보험 범위를 확정하였고, 제3보험 상품은 손해보험회사와 생명보험회사에서 상호 겸영할 수 있도록 허용되었다. 이후 보험업법의 개정을 통해 제3보험의 정의와 손·생보 겸영대상을 명확히 하였다.

나. 보험업법상의 보험업의 구분

우리나라의 보험업법에서는 보험업을 생명보험업, 손해보험업, 제3보험업으로 구분하고 보험회사는 생명보험업과 손해보험업을 겸영할 수 없도록 하고 있다. 하지만 제3보험은 생명보험회사와 손해보험회사 모두에서 영위할 수 있다. 제3보험은 새로운 형태의 보험이 아니라 기존에도 판매되던 상해보험, 암보험, 실손의료보험 등의 보험상품을 말한다.

〈표 8-6〉 보험업법상 보험업의 구분

구분	생명보험	손해보험	제3보험
용어 정의	사람의 생존 또는 사망에 관하여 약정한 급여의 제공을 약속하고 금전을 수수하는 것을 업으로 행하는 것	우연한 사고로 인하여 발생하는 손해의 보상을 약속하고 금전을 수수하는 것을 업으로 행하는 것	사람의 질병·상해 또는 이로 인한 간병에 관하여 약정한 급여를 제공하거나 손해의 보상을 약속하고 금전을 수수하는 것을 업으로 행하는 것
보험 종목	1. 생명보험 2. 연금보험(퇴직보험포함) 3. 그 밖에 대통령령이 정하는 보험종목	1. 화재보험, 2. 해상보험(항공운송보험 포함) 3. 자동차보험 4. 보증보험 5. 재보험 6. 그 밖에 대통령령이 정하는 보험종목	1. 상해보험 2. 질병보험 3. 간병보험 4. 그 밖에 대통령령이 정하는 보험종목

2. 제3보험의 상품

가. 상해보험

1) 상해보험의 의의

상해보험이란 급격하고도 우연한 외래의 사고로 사람의 신체에 입은 상해에 대하여 치료에 소요되는 비용 및 상해의 결과에 기인한 사망 등의 위험보장을 목적으로 하는 보험을 말한다.

2) 상해사고의 요건

상해사고는 급격성과 우연성, 외래성 3가지 요건을 모두 충족하여야 한다.

① 급격성

급격성이란 보험사고가 단시간 내에 돌발적으로 발생하여 원인 또는 결과의 발생을 피할 수 없을 정도로 급박한 상태에서 발생하는 것을 말한다.

② 우연성

우연성이란 피보험자의 의사에 기인하는 고의사고와 구별되는 개념으로 원인 또는 결과의 발생이 예견되지 않은 상태를 말한다.

우연성의 판단기준은 반드시 객관적일 필요는 없으며 피보험자의 입장에서 주관적으로 우연성이 있으면 충분하다.

③ 외래성

외래성이란 보험사고의 발생원인이 피보험자 자신의 신체에 내재되어 있는 내부적 요인이나 신체결함에 기인한 것(질병)이 아니라 신체의 외부적인 요인에 의한 것을 말한다.

3) 상해보험의 종류

① 상해보험과 재해보험

상해보험과 재해보험은 각각 손해보험회사와 생명보험회사에서 상해사고와 재해사고에 대해 보험금을 지급하는 보험이다. 손해보험에서의 상해는 보험기간중에 피보험자에게 발생한 급격하고도 우연한 외래의 사고를 보상한다. 생명보험에서의 재해는 우발적인 외래의 사고로서 한국표준질병사인분류상의 S00~Y84에 해당하는 사고와 감염병 예방 및 관리에 관한 법률에 정한 제1군 감염병을 포함한다.

상해보험과 재해보험은 흔히 보험기간 중 피보험자가 '다친'경우를 보상한다고 이해하면 훨씬 쉽다. 물론 보상하는 사고가 모두 '다친'사고로 볼 수는 없지만 보상하는 사고의 상당부분이 여기에 포함된다. 또한 익수 또는 익사사고나 연기에 의한 질식, 유독물질 등에 의한 중독 등도 포함된다.

② 교통상해보험과 교통재해보험

교통상해보험과 교통재해보험은 모두 보험기간 중에 피보험자가 입은 교통사고를 보상한다. 교통사고에 대한 개념을 손해보험회사와 생명보험회사가 각기 다른 정의를 하고 있지만 피보험자가 교통기관 등에 탑승중 또는 비탑승중 사고를 보상하는 점 등은 비슷하지만 보장내역은 각기 달리 적용하고 있다.

③ 운전자보험

자동차를 운전하는 피보험자의 형사적인 책임과 행정적인 책임에 대한 비용손해를 보상하는 보험이 운전자보험이다. 운전자보험을 통해 사고를 발생시킨 운전자에게 부담되는 형사적인 책임에 따르는 각종 비용을 보상하는 보험이다.

④ 여행보험

여행중에 발생하는 다양한 상해와 질병, 그리고 휴대품손해와 배상책임손해를 보장하는 보험이다. 여행보험은 국내와 해외를 구분하여 보장내용과 보험료를 달리 적용한다.

⑤ 레저활동보험

골프, 스키, 낚시, 수렵활동 등의 다양한 레저활동 중에 피보험자에게 발생할 수 있는 다양한 사고를 보장하는 보험이다.

나. 질병보험

1) 질병보험의 의의

질병보험은 보험기간 중에 피보험자가 질병에 걸리거나 질병으로 인한 입원, 통원, 수술 등과 같은 의료처치로 인한 경제적 위험을 보장하는 보험을 말한다. 대표적으로 피보험자가 입게 되는 암을 보장하는 암보험, 중대한 질병이나 중대한 수술 등을 보장하는 치명적 질병보험(CI), 상해 또는 질병으로 인한 소득상실을 보상하는 소득보상보험, 상해 또는 질병으로 인한 치료비용을 보상하는 실손의료보험과 해외여행 중의 치료비를 보장하는 해외여행실손의료

보험 등이 있다.

2) 질병보험의 분류

① 암보험

피보험자가 암에 대한 보장개시일 이후에 최초로 암, 기타피부암, 갑상선암, 제자리암, 경계성종양으로 진단받은 경우의 진단, 수술, 입원, 통원, 사망 등의 보험금을 지급하는 보험이다.

② 치명적 질병보험(CI 보험)

보험약관에 정한 중대한 질병으로 진단을 받거나, 중대한 수술을 하는 경우의 해당보험금을 지급하는 보험이다.

③ 소득보상보험(DI 보험)

피보험자가 보험기간 중에 상해 또는 질병으로 인하여 신체장해를 입고 취업불능 상태가 된 경우, 피보험자의 사고발생전 소득의 일정비율만큼을 보상하는 보험을 말한다.

④ 실손의료보험

피보험자가 상해 또는 질병으로 인하여 국내의 의료기관에서 입원 또는 통원 치료하는 경우 발생하는 의료비를 보상하는 보험으로서 국외의 의료기관에서 발생한 의료비는 보상하지 않는다.

⑤ 해외여행 실손의료보험

피보험자가 보험기간 중에 해외여행 중에 국외 또는 국내 의료기관에서 입원 또는 통원하여 치료하는 경우 해당 치료비를 보상하는 보험이다.

⑥ 질병보험 특별약관

각종 질병보험에 부가되는 보험약관으로 특정 질병의 진단이나 수술 또는 입원 등의 경우에 지급하는 특별약관과 보험약관의 책임을 제한하거나 부가하는 경우에 붙여지는 특별약관을 말한다. 태아보험이나 각종 건강보험의 경우에도 이러한 특별약관을 부가하여 이루어진다.

3) 질병보험의 면책기간

질병보험에서 보장하는 위험은 피보험자 본인의 질병이므로 본인의 질병을 숨기고 보험에 가입하는 등의 모럴해저드가 발생할 가능성이 있으므로 보험종목별로 일정기간의 면책기간을 두고 있다.

4) 질병보험의 보상

청약서상 '계약전 알릴의무(중요한 사항에 한한다)'에 해당하는 질병으로 인하여 과거(청약서상 당해 질병의 고지대상 기간을 말한다)에 진단 또는 치료를 받은 경우에는 질병과 관련한 보험금을 지급하지 아니한다.

5) 청약일 이전 진단확정된 질병의 보장

① 청약일 이전에 진단확정된 질병이라 하더라도 청약일 이후 5년이 지나는 동안(계약이 자동갱신되어 5년을 지나는 경우를 포함) 그 질병으로 인하여 추가적인 진단(단순 건강검진 제외) 또는 치료사실이 없을 경우, 청약일부터 5년이 지난 이후에는 보상한다.

② 청약일 이후 5년이 지나는 동안이라 함은 보험료의 납입연체에 의한 계약의 해지가 발생하지 않은 경우를 말한다.

③ 보험료의 납입연체로 인한 해지계약의 부활에서 정한 계약의 부활이 이루어진 경우 부활일을 청약일로 하여 '청약일부터 5년'을 산정한다.

다. 간병보험

1) 간병보험의 의의

간병보험이란 피보험자가 질병이나 상해로 인하여 중증치매(인식불능) 또는 일상생활장해(활동불능)로 항상 타인의 간병을 필요로 하는 상태가 되었을 때 이로 인해 소요되는 비용을 보장해 주는 보험을 말한다.

2) 간병보험의 보험상품

① 공적 장기간병보험

2008.7월부터 시행하고 있는 노인장기요양보험으로서 65세 이상의 노인 또는 65세 미만자로서 치매 등의 노인성 질병을 가진 자가 혼자서는 일상생활을 수행하기 어렵다고 판단되는 경우 정부가 가사활동의 지원 또는 간병 등의 서비스나 이에 갈음하여 현금을 지급함으로서 노후생활의 안정과 그 가족의 경제적 부담을 덜어주기 위한 사회보험제도

② 민영 장기간병보험

ⓐ 손해보험의 간병보험

회사는 보험기간 중 피보험자가 "활동불능상태" 또는 "중증치매상태"로 진단이 확정되고, 그 날을 포함하여 90일(180일) 이상 "활동불능상태" 또는

"중증치매상태"가 계속되었을 경우 약관에 따라 두 가지 지급사유중 최초 1회에 한하여 간병보험금을 지급한다.

ⓑ 생명보험의 간병보험

회사는 보험기간 중 피보험자가 일상생활 장해보장개시일 이후에 최초의 "일상생활장해상태"로 진단이 확정되었거나 중증치매보장개시일 이후에 최초의 "중증(重症)치매상태"로 진단이 확정되었을 때 약관에 따라 장기간병보험금을 지급한다.

ⓒ 신장기 요양(간병)보험

2008.7월부터 정부의 노인장기요양보험제도의 도입을 계기로 새로 판매를 시작한 신 장기요양보험 상품은 생명보험과 손해보험의 상품내용이 동일하다. 다만, 생명보험에서는 "장기요양상태"로 손해보험에서는 "장기간병상태"로 명칭을 달리하여 담보하고 있다.

제4절 이런 보험 저런 보험

1. 세계 유명 스타들의 보험

위험이 존재하는 한 보험은 존재한다. 감미로운 목소리를 가진 가수가 성대를 다치게 되면서 더 이상 노래를 부를 수 없게 된다면 가수는 어떻게 생계를 유지해야 할까? 노래를 불러야 하는 가수나 두 다리로 열심히 뛰고 슛을 해야 하는 축구선수에게 최대의 위험은 신체의 특정부위가 손상되는 것일 것이다.

따라서 유명 연예인들의 신체나 야구선수의 팔, 축구선수의 다리, 기타리스트의 손가락 등을 보험에 가입하기도 한다.

제2차 세계대전 당시 유명 여배우였던 Betty Grable의 다리는 1백만달러의 보험에 가입되었다. 1993년 세계 최고의 음식비평가였던 Egon Ronay는 자신의 혀에 353,000달러에 이르는 보험을 가입하였고, 오스트레일리아 크리켓 국가대표로 1985년부터 1994년까지 활약한 Merv Hughes는 자신의 트레이드 마크인 콧수염에 370,000달러의 보험에 가입하였다. 세계 최고의 와인 테스터로 불리는 네덜란드의 Ilja Gort는 와인의 향기를 맡을 수 있는 코와 치아에 대하여 800만 달러의 보험에 가입하였고, 레알 마드리드의 호날두는 자신의 다리에 1억 4400만달러에 달하는 보험을 가입하였다.

코스타리카의 커피 테스터 Gennaro Peliccia는 자신의 혀에 1,400만달러의 보험에 가입하였으며, 1940년대의 여배우 Bette Davis는 그녀의 가느다란 허리에 28,000달러의 보험에 가입하였고, 66세의 롤링스톤즈 기타리스트 Keith Richard는 그의 왼손의 가운데 손가락에 160만달러의 보험에 가입하였다.

2. 역사속의 다양한 보험

가. 정부의 의지로 탄생한 보험

1) 자전거상해보험

새 정부가 출범한 이후 나온 정책성 보험은 이번이 처음이 아니다. 지난 이명박 정부의 녹색자동차보험, 자전거보험 등은 실패한 상품으로 꼽힌다. 당국의 권고로 출시했지만 시장의 외면으로 판매가 중단되거나 가입률이 미미해 유명무실한 상태다.

지난 2011년 출시된 녹색자동차보험은 지난해 2년 만에 판매가 중지됐다. 자전거보험 역시 소비자들에게 사랑받지 못했다. 민주당 강기정 의원실이 금융감독원으로부터 제출받은 '2009~2013 자전거보험 현황'에 따르면 이명박 정부 초기인 2009년 1만6128건에 달했던 계약건수는 지난해 3분의1(5469건) 수준으로 급감했다.

금융당국의 대대적인 홍보에 힘입어 상품 출시 초기에는 가입자를 유치했지만 정권 말로 갈수록 시장에서 점차 외면을 받게 된 것이다.

정책성 보험이 시장에서 외면받는 동안 피해는 보험을 출시한 보험사들이 뒤집어 썼다. 금융당국의 요청에 의해 서둘러 상품을 내놓다보니 꼼꼼한 상품 설계를 할 수 없었던 것.

자전거보험을 출시한 LIG손해보험·동부화재·메리츠화재·삼성화재·현대해상 등 5개 보험사가 지난 5년 동안 보험사가 가입자들로부터 받은 보험금은 135억여원이었지만 같은 기간 동안 153억여원의 보험금을 지급했다. 20억 원 가까이 손해를 본 셈이다.

한 업계관계자는 "손해율 등에 대한 분석을 할 틈도 없이 금융당국에 의해 반강제식으로 정책성 보험이 출시됐기 때문에 손실이 늘어나는 것 아니겠냐"

고 말했다.

또 다른 업계 관계자는 "손해율을 계산하려면 상품 판매 이후 2년 이상이 걸리는데 정책성 보험들은 기존 통계가 존재하지 않는다"며 "손해율 예측이 어렵기 때문에 수익률 문제가 불거질 가능성이 일반보험에 비해 높은 것이 사실"이라고 밝혔다.

정부의 역할과 책임을 민간 보험사에 전가한다는 주장도 나오고 있다.

4월 20일 장애인에 날에 맞춰 출시될 예정인 장애인 연금보험이나 고령층 특화보험 등의 수요층은 정부 예산으로 공적서비스를 제공해야 할 대상이다. 엄밀히 따지면 보험사가 이 책임을 떠안은 것이다.

경제정의실천시민연합 남은경 사회정책팀장은 "정책성 보험은 정부가 해결해야 하는 공공서비스의 문제를 개인이 보험료를 내고 나중에 보장받으라는 취지"라며 "공적체제가 잘 구축되고 추가로 필요한 경우 개인이 비용을 부담하는 구조로 가야지 이를 민간 보험사들로 떠넘길 경우 공적 영역이 축소될 가능성이 있기 때문에 우려스럽다"고 밝혔다.

2) 4대악 보상보험

4대악 보험의 핵심인 정신적 피해 보상에 대해서도 논란이 예상된다. 정신적 피해는 주관적인 요소이기 때문에 보험료 산정이 쉽지 않기 때문이다.

4대악에 포함되는 학교폭력, 성폭력 등은 대부분 면식범의 소행인 만큼 보험금 수령을 위해 악용될 가능성이 높아 보험사들에는 큰 부담으로 작용할 수도 있다.

3) 해킹 금융사기 보상보험

2014년 1월 우리나라는 국민카드, 롯데카드, 농협은행의 개인정보유출로 큰 홍역을 치렀다. 개인정보의 보호에 허술한 대가를 치른 셈이다. 국가는 그동안 개인정보보호에 대한 대책을 강구하지 않은 것에 대한 책임을, 기업은 기업의 이미지가 추락하고 수없이 많은 가입자의 이탈과 같은 부작용을, 소비자는 개인정보의 유출로 인한 2차 피해까지 입게 된 것이다.

개인정보 유출에 따른 피해를 보상하기 위한 보험이 등장하기에 이르렀다. 삼성화재, 현대해상, 동부화재, LIG손해보험, 메리츠화재 등의 5개 대형 손해보험사를 필두로 피싱해킹금융사기 보상보험을 출시하게 되었다.

기존의 개인정보보호 배상책임보험은 금융사가 소비자들을 위해 일괄 가입하고 금융사의 법률상 배상책임이 발생하는 경우 피해자에게 보상하는 보험이다. 따라서 금융사의 법률상 배상책임이 없는 것으로 확인될 경우에는 손해배상 책임이 없다.

반면, 피싱·해킹 금융사기 보상보험은 금융사가 소비자들을 위해 일괄 가입하는 것은 개인정보보호 배상책임보험과 동일하지만, 금융사의 법률상 배상책임의 존재여부와 상관없이 소비자가 피싱이나 해킹으로 인한 피해를 입은 경우에 보상한다. 이 보험은 기업이 보험료 전액을 부담하는 구조로서 소비자는 보험료를 전혀 부담하지 않을 뿐만 아니라, 피싱이나 해킹에 의한 손해가 발생한 경우 소비자는 곧바로 보험금을 받을 수 있는 구조이다. 가입금액은 가입한 고객의 수와 리스크에 따라 수백만원에서 수억원까지 다양하다.

금융위원회와 금융감독원은 최근 고객정보 유출사태를 일으킨 금융사들이 우선 가입하도록 유도할 방침이며, 국민카드, 롯데카드, 농협은행, 한국씨티은행과 한국스탠다드차타드은행 등이 그 대상이다.

소비자는 본인의 해당 보험에 가입되었는지 여부를 해당 금융사의 홈페이지를 통해 확인하거나 개별적으로 통보되는 문자메시지나 이메일 등을 통해 확인할 수 있다.

단원요약

1. 보험을 가입할 때는 중요하고 긴급한 것을 우선 가입해야 한다. 또한 보험을 가입할 때는 고려해야할 사항들을 충분히 고려해야 한다.
2. 보험소비자는 보험을 가입할 때 청약철회나 약관의 교부 및 설명의무 등에 대한 권리를 누릴 수 있으며, 이에 따른 기간 제한 요건도 살펴야 한다.
3. 생명보험의 보험료는 연령의 증가에 따라 사망확률이 증가하는 것을 그대로 반영하는 자연보험료와 보험계약자가 납입해야할 자연보험료 총액을 보험기간 전기간 동안 균등하게 배분한 평준보험료 방식으로 나누어 볼 수 있다.
4. 보험나이는 질병보험이나 사망보험을 가입할 때 적정 보험료의 산출위해 필요하다.
5. 경험생명표는 특정 보험사에 가입되어 있는 보험가입자들을 대상으로 연령과 성별로 구분하여 각 연령대별로 생존확률과 사망확률을 나타낸 것을 말하는 것으로 2015년 4월 현재 제8회 경험생명표가 적용된다.
6. 생명보험 상품은 무형의 상품, 미래지향적 상품, 장기성 상품, 비자발성 상품 등의 특징이 있다.
7. 생명보험 상품은 종신보험, 유니버셜 종신보험, 변액종신보험, 변액유니버셜 종신보험 등으로 구분할 수 있다.
8. 제3보험은 상해보험, 질병보험, 간병보험으로 구분된다.

주요용어

- 청약철회
- 약관교부 설명의무
- 자연보험료
- 평준보험료
- 보험나이
- 경험생명표
- 국민생명표
- 평균수명
- 주계약
- 특약
- 생존보험
- 사망보험
- 생사혼합보험
- 종신보험
- 유한납 종신보험
- 일시납 종신보험
- 수정 종신보험
- 유니버셜 종신보험
- 변액 종신보험
- 변액유니버셜 종신보험
- 제3보험
- 상해보험
- 질병보험
- 간병보험

연습문제

1. 보험을 가입할 때 우선순위를 정할 수 있으며, 보험가입시 고려사항을 설명하시오.
2. 자연보험료와 평준보험료를 비교하여 설명하시오.
3. 연령이 증가하면 사망위험이 증가하여 보험료는 지속적으로 증가해야 하는데, 우리가 납입하는 보험료는 보험기간 전 기간에 걸쳐 동일한 이유를 설명하시오.
4. 2015년 4월 13일 현재 생년월일이 1989년 10월 2일인 사람의 보험나이를 계산하시오.
5. 경험생명표의 의미와 현재 적용하는 경험생명표에서의 남녀의 평균수명에 대해 설명하시오.
6. 생명보험과 제3보험의 종류에 대해 설명하시오.

참고문헌

김철중, 청년의사, 2015년 5월 4일자 기사.
보험개발원(www.kidi.or.kr)
보험연구원(www.kiri.or.kr).
생명보험협회(www.klia.or.kr)
통계청(www.kostat.go.kr)

예듀컨텐츠·휴피아
CH Educontents·Huepia

제9장

노후와 연금보험

학습목표

○ 노후에 겪게 되는 다양한 위험들에 대해 설명할 수 있다.

○ 연금보험과 연금저축, 그리고 퇴직연금보험에 대해 설명할 수 있다.

제9장 노후와 연금보험

제1절 노후와 초고령화 사회

1. 고령사회의 그늘

인간의 평균수명이 늘어나면서 인류에게는 장수의 축복과 함께 다양한 부작용들이 나타나고 있다. 일본에서는 최근 4년여간 간병을 받는 60세 이상 노인이 자살하거나 살인 가해자나 피해자가 된 사건이 179건 발생한 것으로 나타났다. 요미우리신문이 발표한 보도자료에 따르면, 2013년부터 2016년 8월까지 경찰 발표와 법원 판결, 연구 자료 등을 토대로 관련 사건을 집계한 결과 이런 사건 179건이 벌어져 189명이 숨진 것으로 조사되었다.[68]

요미우리 신문의 자료를 인용한 뉴스[69] 내용을 구체적으로 살펴보면, 179건 중 살인이 85건으로 가장 많았고 살인미수 25건, 상해치사 22건, 동반자살 33건 등이었다. 이 조사에서 가해자가 된 70세 이상은 87명으로 49%였으며 70세 이상의 배우자가 피해자가 된 경우도 72명으로 40%를 차지했다. 또한 가해자 중 126명(70%)은 남성이며, 피해자 중 치매 증상이 확인된 사례는 71건(40%)이었다. 신문은 식사나 배변 등 돌봄에 대한 부담이 커져 주변을 배회하거나 폭언을 하다가 범행으로 이어진 사례가 눈에 띄었다고 전했다. 일본에서 간병이 필요한 인원은 10년 전보다 1.5배 많은 600만 명 이상에 이를 것으로 추정되고 있다.

---

[68] 2016년 12월 5일자 연합뉴스 보도자료.
[69] 2016년 12월 5일자 연합뉴스 보도자료.

간병과정에서 가족에 의한 살해 외에도 고령자의 '자살'사고도 증가하고 있다. 2013년 65세 이상 고령자의 고의적 자해(자살)에 의한 사망률은 인구 10만명당 64.2명으로 나타났다. 성별로 보면 남자 고령자의 고의적 자해(자살)에 의한 사망률은 인구 10만명당 102.3명으로 여자 고령자의 고의적 자해(자살)에 의한 사망률 37.3명보다 2.7배 높게 나타났다. 연령별로 볼 경우 65~69세(42.2명), 70~74세(59.5명), 75~79세(77.7명), 80세 이상(94.7명)순으로 연령이 높아질수록 고의적 자해(자살)에 의한 사망률도 높게 나타났다.[70]

〈표 9-1〉 고의적 자해(자살)에 의한 사망률(65세 이상)

(단위 : 인구 10만명당)

구 분	1990	1995	2000	2005	2010	2011	2012	2013
65세 이상	14.3	23.6	35.5	80.3	81.9	79.7	69.8	64.2
남 자	22.9	37.6	55.6	128.6	128.5	128.6	107.7	102.3
여 자	9.2	15.5	23.6	49.3	50.1	46.1	43.5	37.3
65~69세	14.4	19.2	25.9	62.5	60.0	54.0	45.8	42.2
70~74세	13.2	24.6	34.4	74.5	76.1	76.5	67.4	59.5
75~79세	12.7	27.3	45.5	88.8	94.7	96.1	81.5	77.7
80세 이상	18.2	28.5	51.0	126.7	123.3	116.9	104.5	94.7

자료 : 통계청, 「2014 고령자통계」, 2014년 9월 29일자 보도자료. p. 21.

고령화 사회가 급진전되면서 노인학대 문제도 대두되고 있다. 「노인학대」란 노인이 된 자녀와 배우자가 고령의 부모를 학대하는 행위를 일컫는 말이다. 고령화 사회의 비극으로, 한국이 고령 사회를 넘어 초고령 사회로 진입하면서 노노(老老) 학대는 빠른 속도로 늘어나고 있다. 2015년 6월 15일 보건복

---

[70] 통계청, "2014 고령자 통계", 2014년 9월 29일자 보도자료, p.21.

지부가 공개한 「2014년 노인 학대 현황」 보고서에 따르면, 노인학대로 확인된 건수는 2014년 3,876건에 이르고 있다. 이중 60세 이상의 노인이 노인을 학대하는 이른바 '노(老)-노(老) 학대' 건수는 1,562건에 이르고 있어서 전체 노인학대 건수대비 40.3%에 이르고 있다.

〈표 9-2〉 노인학대 현황
(단위: 건, %)

구 분	2010년	2011년	2012년	2013년	2014년
학대행위자 전체건수	3,478	3,866	3,854	4,013	3,876
60세이상 학대행위자 건수	944	1,169	1,314	1,374	1,562
전체 대비 60세 이상 비율	27.2	30.2	34.1	34.3	40.3

자료 : 2014년 노인학대 현황보고서, 보건복지부, 자료 인용.

'노(老)-노(老) 학대'란 60세 이상 고령자가 고령자를 학대하는 것으로 주로 "고령자 부부간 배우자 학대", "고령자가 스스로 자신을 돌보지 않는 자기 방임", "고령의 자녀에 의한 부모학대"로 분류된다. '노-노 학대'는 주로 고령 배우자에 의한 학대(571건, 36.6%)가 가장 많고, 고령자 본인에 의한 자기방임(463건, 29.6%)과 고령자 아들(186건, 11.9%)에 의한 학대 순으로 주로 가족 내에서 발생하고 있다.

시대가 변화하면서 나타나는 고령사회의 부작용은 다양하게 나타나고 있다. 정년을 연장하기 위해 또는 국민연금을 조기에 수령하기 위해 생년월일 정정 신청을 낸 사람들이 해마다 4~500건씩 된다는 신문보도도 있었다.[71] 또한 세대별 정치적 이념과 성향을 달리하면서 세대간 갈등양상으로 번지는 것도 적지 않은 부작용으로 나타나고 있다.

---

71) 조선일보, "정년 늘리고 연금 빨리 타려···생년월일 바꾼다", 2014년 10월 22일자 보도자료.

2. 평균수명의 연장

가. 평균수명

  45세인 나는 앞으로 몇 년을 더 살 수 있을까? 2017년에 20세인 사람이 50세까지 생존할 확률은 얼마나 될까? 나의 배우자는 몇 세이며, 결혼한 배우자 중 한 사람이 먼저 사망한다면 남은 사람은 얼마나 오랫동안 혼자인 채로 살아야 할까? 이러한 질문에 대한 답은 통계청에서 발간하는 '생명표'를 통해 평균수명(기대수명)을 찾아보면 쉽게 알 수 있다.

  「생명표」란 현재의 사망 수준이 그대로 지속된다는 가정하에 특정 연령대의 출생 집단이 나이가 증가하면서 연령별로 생존 가능한 연령을 정리한 통계표를 말한다. 생명표에는 연령별 기대여명, 사망확률 등이 제시되기 때문에 보건, 의료정책의 수립뿐만 아니라 보험산업 분야에서 보험료율을 산정하는 근거로 활용되기도 하고 손해배상 청구에서의 손해액 산정에 핵심지표로 활용되고 있다.[72]

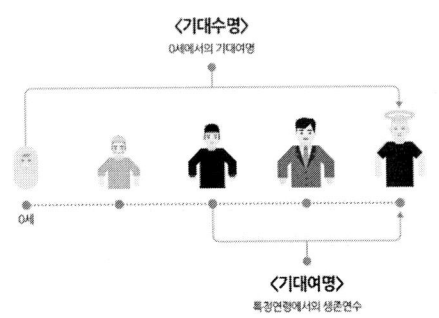

<그림 9-1> 통계청(kostat.go.kr) 자료

  「기대수명(Life expectancy at birth)」이란 특정 연도의 0세 출생자가 앞으로 생존할 것으로 기대되는 평균 생존연수, 즉 0세에서의 기대여명을 말한다. 그리고 「기대여명(Life expectancy)」이란 특정 연도에 특정 연령의 사람이 앞으로 생존할 것으로 기대되는 평균 생존연수를 말한다.[73]

---

72) 통계청(http://kostat.go.kr), 생명표.
73) 통계청(http://kostat.go.kr), 통계표준용어.

<표 9-3> 성별 기대수명

(단위: 년)

	1970	1980	1990	1995	2000	2005	2010	2014	2015	증감 '15-'70
남녀전체	62.3	66.1	71.7	73.8	76.0	78.2	80.2	81.8	82.1	19.8
남자(A)	58.7	61.9	67.5	69.7	72.3	74.9	76.8	78.6	79.0	20.2
여자(B)	65.8	70.4	75.9	77.9	79.7	81.6	83.6	85.0	85.2	19.4
차이(B-A)	7.1	8.5	8.4	8.2	7.3	6.7	6.8	6.4	6.2	-0.9

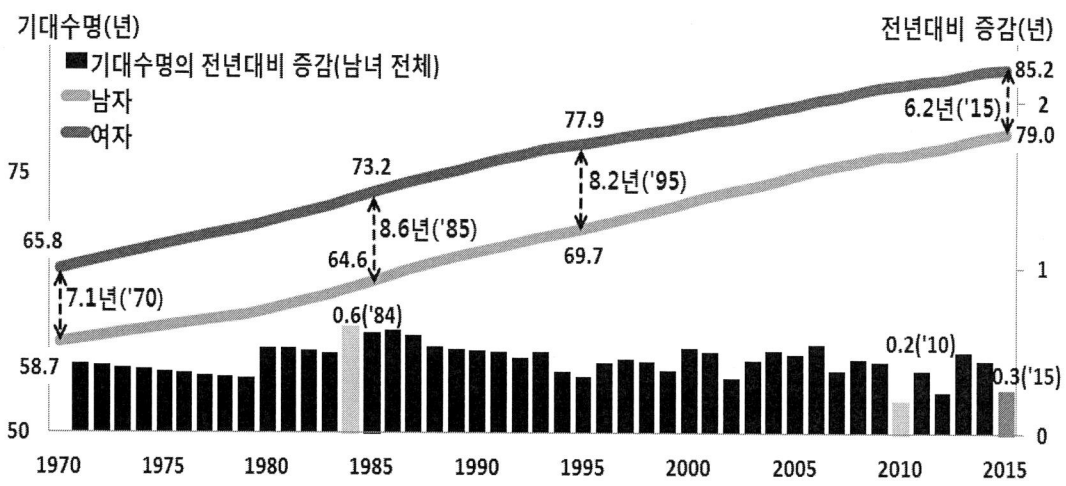

<그림 9-2> 성별 기대수명 추이 및 전년대비 증감, 1970-2015년

보통 여자가 남자보다 6~7년 오래 산다. 남자는 사회 활동을 많이 하기에 사고사가 많고, 받는 스트레스가 세다. 흡연·과음이 잦다. 여성은 여성호르몬으로 심장과 뼈 등을 보호받는다. 철분이 많으면 세포 노화를 부르는데 여성이 남성보다 핏속 헤모글로빈 철분이 적다. X염색체에는 DNA 손상 회복 기능이 있는데 여성(XX)은 두 개고, 남성(XY)은 하나다. 울 때 울어야 건강한데 남자는 울음을 참아서 일찍 죽는다는 말도 있다.

▶ 통계청이 내놓은 생명표에 따르면 지금 70세인 여성은 앞으로 18년을 더 살아 88세까지 간다. 칠순잔치 치른 어머니, 미수연(米壽宴) 못 해 드리면 섭섭하다. 현재 남자 초혼 나이는 32.6세, 여자는 30세다. 부부가 끝까지 산다면 여자가 9년을 혼자 지내게 된다. 신랑과 말년까지 해로하고 싶으면 7년 연하를 골라야 한다. 하지만 평균수명이 올라갈수록 리셋(reset) 의지가 높아져 이혼·재혼이 많아진다. 법으로 일부일처, 삶으로는 다부다처인 셈이다.

나. 건강수명

「건강수명(disability adjusted life expectancy)」이란 평균수명에서 질병이나 부상으로 인하여 활동하지 못한 기간을 뺀 기간을 말한다. 즉 평균수명이 단순히 생존해 있는 기간을 나타내는 지표라면, '건강수명'은 삶의 질을 반영하여 실제 일상생활 등을 영위하며 건강하게 생존해 있는 기간을 나타내는 지표로서 최근에는 평균수명 지표보다 더 중요하게 간주된다.

일반적으로 건강수명은 평균수명보다 10년 가량 더 짧은 것으로 조사되고 있다. 즉 한국사람이 사망에 이르기까지 약 10년 정도는 질병으로 인한 치료과정을 거치게 된다는 것을 의미한다.

다. 행복수명지표

「행복수명지표」란 행복한 노후생활에 다양한 조건들을 바탕으로 행복수명의 개념을 정교화하고 이를 토대로 종합적인 노후준비 수준을 객관적으로 측정하고 개량화한 지표를 말한다.[74]

---

74) 생명보험사회공헌위원회(http://www.100happylife.or.kr)에서 인용.

행복수명지표는 행복한 노후생활에 필요한 핵심요소를 건강수명,[75] 경제수명,[76] 활동수명,[77] 관계수명[78]의 4개 영역으로 구분하고 각 영역에 대한 객관적 준비 수준, 주관적 만족도, 준비계획 등을 측정하여 산출한다.

이에 대해 실제 조사결과 우리나라의 평균 행복수명은 74.9세로 응답자의 평균 기대수명 83.1세보다 약 8.2세 정도 낮게 나타났다. 이는 전반적인 노후준비의 부족으로 생존기간 중 약 8년 이상의 기간 동안 행복한 삶을 지속하기 어렵다는 것을 의미한다.

3. 초고령화 사회의 문제점

가. 67세 여성은 할머니일까?

2015년 5월 대한노인회에서는 현행 65세인 노인연령을 단계적으로 상향 조정하여 70세 정도로 변경하는 제안을 해서 화제가 된 바 있다. 대한노인회는 2010년 지하철 무임승차 문제가 불거진 이후 노인연령 기준을 상향 하는 것에 반대해 왔으나 기초연금, 교통비용 등의 노인복지비용이 매년 증가하는 상황에서 복지혜택을 받는 대한노인회가 2015년 5월 직접 노인연령 상향조정을 제안해오면서 사회적 논의가 촉발되기도 하였다.

실제 65세 이상 노인들의 복지혜택으로는 기초연금, 지하철·전철무료이용, 고궁·박물관·공원 등의 공공시설 무료이용 또는 요금할인 등이다. 우선 기초연금은 65세 이상 전체 노인인구의 70%에게 지급하고 있으나 2015년 10조원 규모이고, 지하철이나 전철은 1984년 이후 무료로 이용하고 있다.

---

[75] 건강수명은 은퇴 후 신체적, 정신적 건강으로 기반하여 행복하게 살아갈 수 있는 기간을 말한다.
[76] 경제수명은 은퇴 후 경제적 안정을 기반으로 하여 행복하게 살아갈 수 있는 기간을 말한다.
[77] 활동수명은 은퇴 후 사회적 활동을 기반으로 하여 행복하게 살아갈 수 있는 기간을 말한다.
[78] 관계수명은 은퇴 후 원만한 인간관계를 기반으로 하여 행복하게 살아갈 수 있는 기간을 말한다.

현재 우리나라의 법률에서는 노인연령을 정하지 않고 있다. 보통은 65세를 노인연령으로 보고 기초연금은 만 65세 이상을 그 대상으로 하고 있지만, 주택연금은 만 60세 이상을 대상으로 한다.

많은 논의 끝에 정부는 2015년 12월 '제3차 저출산·고령사회 기본계획 (2016~2020년)'에 고령기준 재정립을 중장기 과제로 제시하고, 65세를 기준으로 2년 또는 4년마다 1세씩 노인연령 기준을 상향하는 방안이 적극 검토되고 있다. 2016년 우리나라의 65세 이상 인구는 711만8704명으로 전체 인구의 14%를 처음으로 늘어나는 반면, 생산가능인구는 줄어든다.

또한 「고용상 연령 차별금지 및 고령자(장년)고용촉진에 관한 법률」이 2016년 12월 27일 국무회의를 통과하여, 향후 국회를 통과하면 기존 50세 이상 55세 미만을 '준고령자', 55세 이상을 '고령자'로 분류하던 것을 준고령자 명칭은 삭제하고, 55세 이상인 사람을 모두 '장년(長年)'으로 통칭하도록 하였다.

나. 초고령화 사회

「고령화 사회(Aging Society)」란 전체 인구 중에서 65세 이상 인구가 차지하는 비율이 7% 이상인 사회를 말한다. 그러나 전체 인구 중 65세 이상 인구의 비율이 14% 이상인 경우를 「고령사회(Aged Society)」라 하고, 이 비율이 증가하여 20% 이상인 경우를 「후기 고령사회(post-Aged Society)」 또는 「초고령화 사회 (Super-Aged Society)」라 한다.

우리나라의 경우 2000년에 65세 이상의 고령 인구비율이 7.2%를 기록하면서 '고령화 사회'로 진입하였으며, 2017년에는 14%를 상회하여 '고령사회'가 본격화 될 것으로 예상되고 있다. 그러나 2026년을 기점으로 20%를 초과하게 되어 '초고령화 사회'로 진입할 것으로 예상하고 있지만, 2060년경에는 40%에 육박할 것으로 예상하고 있다. 다시 말해, 인구 10명 중 4명 이상이 65세 이상 인구인 셈이다.

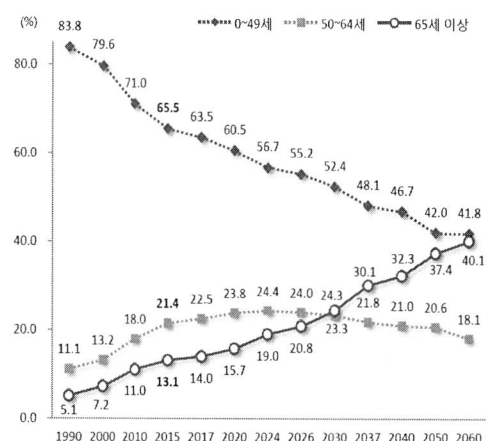

<그림 9-3> 연령대별 인구구성비

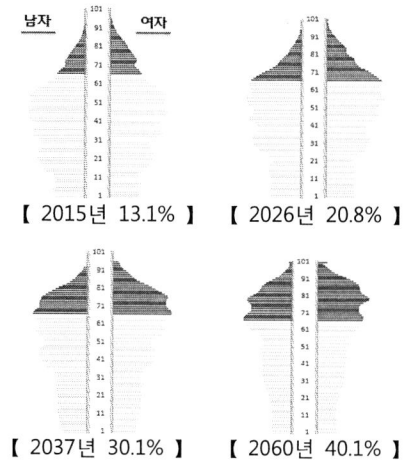

<그림 9-4> 고령자 인구비중

【 2015년 13.1% 】 【 2026년 20.8% 】
【 2037년 30.1% 】 【 2060년 40.1% 】

<표 9-4> 고령인구 추이

(단위 : 천명, %)

	추계인구	0~49세	구성비	50~64세	구성비	65세이상	구성비
1990	42,869	35,906	83.8	4,768	11.1	2,195	5.1
2000	47,008	37,424	79.6	6,189	13.2	3,395	7.2
2010	49,410	35,080	71.0	8,878	18.0	5,452	11.0
2015	50,617	33,139	65.5	10,854	21.4	6,624	13.1
2020	51,435	31,117	60.5	12,234	23.8	8,084	15.7
2030	52,160	27,313	52.4	12,156	23.3	12,691	24.3
2040	51,091	23,872	46.7	10,718	21.0	16,501	32.3
2050	48,121	20,207	42.0	9,923	20.6	17,991	37.4
2060	43,959	18,372	41.8	7,966	18.1	17,622	40.1

※ 자료, 통계청, 장래인구추계 (2011. 12.)

우리나라의 고령화는 고령화 사회 → 고령사회 → 초고령사회로의 이행기간

이 각각 17년과 9년에 불과하여 세계에서 유래를 찾아볼 수 없을 만큼 빠른 속도로 진행되고 있다. 고령화사회에서 초고령사회로 옮겨 가는데 프랑스의 경우 154년, 영국은 99년, 미국은 90년, 일본은 35년이 걸린데 반해 우리나라는 불과 26년 밖에 걸리지 않는다.

<표 9-5> 고령화 속도 국제비교

구분	프랑스	영국	미국	일본	우리나라
고령사회(A)	115년	46년	72년	24년	17년
초고령사회(B)	39년	53년	18년	11년	9년

* A : 고령화사회(노인인구 비율 7%)에서 고령사회(노인인구 비율 14%) 로 진입하는 데 걸린 기간
* B : 고령사회(노인인구 비율 14%)에서 초고령사회(노인인구 비율 20%)로 진입하는데 걸린 기간
자료 : 국민연금공단 홈페이지(http://www.nps.or.kr) 자료 인용.

우리나라의 평균수명이 증가하면서 고령화 속도가 빨라진 것 외에도 출산율의 급격한 감소도 큰 문제로 대두되고 있다. 1980년 2.83명이던 한국의 출산율은 2014년에 1.2명으로 떨어져 세계에서 가장 낮은 수치로 기록되고 있다. 초고령화 사회와 함께 출산율이 떨어지면서 2030년에는 생산가능인구 2.6명이 65세 이상 노인 1명을 부양해야 하고, 2060년에는 1.2명이 노인 1명을 부양해야 하는 상황에 직면하게 된다.

다. 노후의 위험

흔히 인생에서 조심해야 할 세 가지로 소년 급제(及第), 중년 상처(喪妻), 노년 빈곤을 이야기 한다. 인생 초반부의 '초년 대박'을 인생의 첫 번째 위험으로 삼았다. 젊어서의 고생이 긴 인생에서는 오히려 축복으로 보고 있으며, 오

히려 초년의 대박을 위험요인으로 보았다. 중년의 경우에는 배우자의 사망을 큰 위험요인으로 보았다. 노년에는 빈곤한 삶을 위험요인으로 본 것이다. 노년에는 건강상의 문제 등으로 새로운 일에 도전한다는 것이 사실상 불가능에 가깝기 때문이다.

최근 미래에셋 은퇴연구소에서는 "인생후반을 좌우하는 5대 리스크"로 은퇴창업, 금융사기, 중대질병, 황혼이혼, 성인자녀를 위험요인으로 보았다.[79] 은퇴 후 창업하는 과정에서 실패할 경우 이를 만회할 시간이 상대적으로 부족하다는 점과 노년에는 금융지식이나 투자 경험이 부족하여 고수익의 유혹에 쉽게 넘어가면서 발생하는 위험이다. 그리고 무엇보다 노년기에 거의 대부분 발생하는 건강상의 위험을 가장 큰 위험으로 보고 있으며, 황혼이혼이나 성인자녀를 위험요인으로 분석하고 있다.

---

79) 미래에셋 은퇴연구소, "인생후반을 좌우하는 5대 리스크", 2013년 5월 7일자 보고서 자료.

제2절 연금보험

1. 불안한 노후와 노후준비

　세상에서 가장 부실한 보험은 '자식보험'이라는 영국의 속담이 있다. 그 만큼 자식에게 많은 돈을 투자하는 것은 위험함을 의미하기도 한다. 우리나라에서는 부모들이 벌어들이는 소득의 상당부분을 자녀교육에 쏟아 붓고 있다.
　평균수명이 그리 길지 않았던 과거 세대에서는 노후준비를 할 필요가 없었고, 부모 봉양은 자녀들의 몫이었다.
　하지만 자녀들마저도 자녀교육에 집중하면서 노부모를 봉양하는 시대는 지나가 버렸다. 문제는 자녀 교육에 집중하면서 실제 본인의 노후를 책임질 수 없는 사태가 점차 다가오고 있다. 실제 대부분의 중산층이 노후 준비자금을 어느 정도 해야 할지 모르고 있다.
　노후에 직면하게 되는 가장 큰 위험은 질병위험이다. 질병위험은 질병 자체만으로도 큰 위협이지만 질병을 치료하는 과정에서 발생하는 치료비 부담이 오히려 더 클 수 있다.
　한국보건산업진흥원에서 실시한 조사에 따르면 65세 이후 1인당 생애의료비는 암의 경우 남성은 7,000여만원을 상회했고 여성은 4,000여만원에 육박했다. 한국인의 사망원인의 큰 비중을 차지하는 심장질환이나 뇌혈관질환으로 인한 의료비는 남성의 경우 3,000~4,000여만원에 이르고 있다.

<표 9-6> 주요 질병의 65세 이후 1인당 생애의료비

(단위: 만원)

구분	생애의료비	
	남성	여성
암	7,167	3,970
심장질환	2,965	3,081
뇌혈관질환	3,918	5,719
치매	1,304	4,334
당뇨병	1,997	2,840
고혈압성 질환	3,332	6,306

자료 : 한국보건산업진흥원

<표 9-7> 요양기간별 본인 부담금

(단위: 만원)

구분	요양원		요양병원	
	최소	최대	최소	최대
1년	600	840	960	3,000
3년	1,800	2,520	2,880	9,000
5년	3,000	4,200	4,800	15,000
7년	4,200	5,880	6,720	21,000
10년	6,000	8,400	9,600	30,000

자료 : 질병관리본부(송양민, 우재룡, 2014에서 재인용)

그러나 노후에 치매로 진단되거나 거동이 불편하여 요양병원에 입원하게 될 경우 치료비용은 기하급수적으로 증가하게 된다. 요양원에 입원할 경우와 요양병원에 입원할 경우의 본인부담금은 1년간 소요되는 비용이 요양원은 600만원, 요양병원은 960만원 정도로 예상된다. 평균수명과 건강수명을 고려할 때 평균 10년 정도 요양원이나 요양병원에서 지내게 될 경우 6,000만원에서 최대 3억원 가량 소요된다.

<표 9-8> 2013년 가계지출 자료

(단위: 만원)

생활수준	전국평균	수도권	비수도권
평균수준	169.85	197.45	156.81
품위있는 수준	198.41	209.37	193.21
풍족한 수준	253.49	266.25	243.23

자료 : 통계청 "2013년 가계금융복지조사" "가구지출 총액(소비지출+비소비지출) 중 2인 가구 기준 '평균수준'은 전체 평균값, '품위있는 수준'은 소득 3분위 평균지출, '풍족한 수준'은 소득 4분위 평균지출 기준

그렇다면 요양원이나 요양병원에 입소하지 않는 경우 노후에는 얼마나 필요할까? 전국 평균금액은 169만원 가량으로 조사되었으나 상대적으로 물가 수준이 높은 수도권은 197만원 가량으로 조사되었다.

2013년 국민노후보장 패널 조사에서 부부기준 월평균 최소 노후 생활비는 159만원으로 조사되었고, 부부기준 적정 수준의 노후생활비는 225만원으로 조사되었다.

<표 9-9> 응답자 특성별 주관적 필요 최소 노후생활비 및 적정 노후생활비

(단위: 만원)

구분		필요최소 노후생활비		필요적정 노후생활비	
		부부기준	개인기준	부부기준	개인기준
성별	남성	164.1	101.5	231.9	146.2
	여성	156.8	97.0	219.9	139.3
거주지역	서울	189.3	115.5	270.9	167.0
	광역시	156.8	95.6	216.8	134.6
	도	151.0	94.4	212.4	136.8
전체		159.9	98.9	225.0	142.2

자료 : 2013년 국민노후보장 패널 조사, 국민연금관리공단 홈페이지(http://www.nps.or.kr) 자료인용.

이렇게 많은 노후자금 준비가 필요한 데에 반해 실제 우리나라 국민들의 노후준비는 매우 취약한 것으로 나타나고 있다. 성인의 64.5%가 은퇴준비를 전혀 하지 않고 있는 것으로 나타났다. 은퇴준비를 하지 못하는 이유로는 '생활비가 부족해서'가 41.8%로 가장 높게 나타났고, '노후준비의 필요성을 못느껴서'가 29.0%로 그 다음을 차지했다. 그 외에도 자녀교육이나 결혼비용, 수입부족, 주택비용 등을 이유로 들고 있었다.

또한 '가족이 부모를 부양해야 한다'는 의식구조도 희박해져서 청소년 3명 중 1명 정도만이 부모 부양에 대한 인식을 가지고 있었다. 이는 2002년 67.1%에서 2012년 35.6%로 급감한 것만 보더라도 쉽게 알 수 있다.

2. 연금보험의 구성

「연금보험」이란 가입자가 경제활동기에 납입한 보험료를 적립하여 경제활동이 어려운 노년기에 일정액의 연금을 지급하는 보험상품을 말한다. 개인이 가입하는 연금보험은 계약자가 납입한 보험료를 적립하는 방식에 따라 일반연금과 투자형 연금인 변액연금 및 자산연계형연금 보험으로 구분된다.

흔히 한국의 노후보장은 3층 체계로 구성되어 있다고 한다. 1층은 전국민이 의무적으로 가입하는 '국민연금'으로 2층은 국민연금과는 별도로 안정적인 노후생활을 위해 노사합의에 의해 자율적으로 가입하는 '퇴직연금', 그리고 마지막 3층은 은퇴 후 여유로운 생활을 위해서 개인이 자발적으로 준비하는 '개인연금'로 구성되어 있다.

〈그림 9-5〉 3층 연금체계

3. 국민연금

「국민연금」은 국민의 노령, 장애 또는 사망에 대하여 연금급여를 실시함으로써 국민의 생활안정과 복지증진에 이바지하는 것으로 목적[80]으로 1988년에 시행된 사회보장제도이다.

국민연금은 가입자와 사용자가 각각 4.5%씩 월 소득의 9%를 보험료로 납부하고, 연금의 수급가능연령이 되면 연금급여를 받는다.

평균수명이 급격히 연장되면서 국민연금 수급 연령을 점차 늘리고 있지만 연금고갈에 대한 우려는 식지 않고 있다. 한편으로는 가정주부 등의 임의가입도 증가하면서 국민연금에 대한 국민적 관심도 증가하고 있다.

4. 퇴직연금

「퇴직연금」이란 근로자들의 퇴직후 노후생활을 안정시키기 위해 기업들이 사내에 자체적으로 충당하던 퇴직금을 회사 외부의 금융기관에서 적립하고 운용하다가 실제 근로자가 퇴직할 때에 일시금 또는 연금형태로 지급하도록 한 연금제도를 말한다.

기존의 퇴직금제도는 근속년수 1년당 30일분 이상의 평균임금을 퇴직시 일시에 지급하는 제도이다. 그러나 이러한 퇴직금 제도는 해당 회사가 파산하거나 회사가 정상적으로 퇴직금을 적립운용하지 못하는 경우 근로자는 해당 퇴직금을 받을 수 없게 되는 문제점이 있었다.

이에 따라 근로자의 퇴직금 수급권을 보호하기 위한 「근로자퇴직급여 보장법」에 따라 2005년 12월[81]부터 회사는 근로자의 동의를 얻어 확정급여형 퇴직

---

80) 국민연금법 제1조(목적).

연금제도, 확정기여형 퇴직연금제도, 퇴직금제도 중 1개 이상의 제도를 설정하여 운영해야 한다.

5. 개인연금

　개인연금은 국민연금, 공무원연금, 퇴직금 제도와 함께 노후대비를 위해 1994년 6월에 도입된 제도이다. 개인연금보험은 생명보험회사, 손해보험회사, 은행, 투자신탁회사 등이 판매할 수 있다.

6. 주택연금

　「주택연금」이란 주택을 소유한 자 또는 그 배우자가 만60세 이상 고령자인 경우 소유주택을 담보로 맡기고 평생 혹은 일정한 기간 동안 매월 연금방식으로 노후생활 자금을 지급받는 국가보증의 역모기지론 금융상품을 말한다. '주택연금'은 한국주택금융공사에서 연금가입자를 위해 은행에 보증서를 발급하고 은행은 공사의 보증서에 의해 가입자에게 주택연금을 지급하는 구조로 이루어진다.

---

81) 5인 이하 모든 사업장에 적용한 시점은 2010년 12월 1일부터이다.

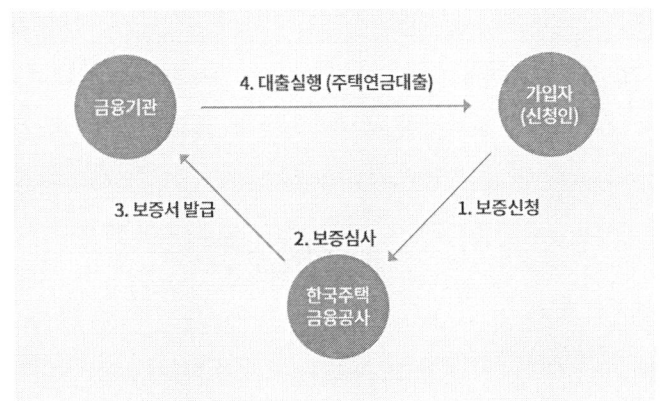

<그림 9-6> 주택연금의 상품구조
자료 : 한국주택금융공사 홈페이지 자료 캡쳐.

주택연금은 가입자나 배우자 모두에게 평생동안 거주를 보장하고 부부 중 한명이 사망한 경우에도 연금액의 감액없이 100% 동일한 금액을 지급한다. 또한 국가에서 연금지급을 보장하는 구조로 되어 있어 매우 안정적이다. 만약 가입자나 그 배우자가 모두 사망한 후 주택을 처분한 결과 연금수령액 등이 집값을 초과해도 상속인에게 청구하지 않으며, 반대로 주택을 처분한 값이 연금수령액보다 크면 남은 금액은 상속인에게 지급한다.

주택연금에 대한 자세한 정보는 한국주택금융공사 홈페이지(www.hf.go.kr)에서 확인할 수 있다.

7. 농지연금

「농지연금」이란 농지를 소유한 만65세 이상의 고령농업인이 소유한 농지를 담보로 노후생활 안정자금을 매월 연금으로 지급받는 제도를 말한다. 농지연금 제도는「한국농어촌공사 및 농지관리기금법」제10조(사업) 및 제24조의5(농지를 담보로 한 농업인의 노후생활안정 지원사업 등)에 따라 농지자산을 유동화하여 노후생활자금이 부족한 고령농업인의 노후생활 안정 지원으로 농촌사회의 사회 안정망 확충 및 유지를 위해 시행되었다.

신청자격은 영농경력이 5년 이상으로서 신청인이 농지소유자로서 만65세 이상인 자이어야 하며, 대상농지의 지목이 전, 답, 과수원으로서 실제 영농에 이용중인 농지를 대상으로 한다.

농지연금을 지급받던 농업인이 사망할 경우에는 배우자가 이를 승계할 수 있으며 배우자 사망시까지 농지연금을 지급한다. 농지연금을 활용할 경우 담보로 제공한 농지를 직접 경장하거나 임대할 수 있으며, 연금채무를 상환할 때 담보농지처분으로 상환하고 남은 금액이 있으면 상혹인에게 돌려주고 부족하더라도 더 이상 청구하지 않는다.

농지연금은 가입자의 사망시까지 매월 일정한 금액을 지급하는 '종신형'과 가입자가 선택한 일정기간 동안 매월 일정한 금액을 지급하는 '기간형'이 있다.

농지연금에 대한 자세한 정보는 농지연금포탈(www.fplove.or.kr)에서 확인할 수 있다.

8. 연금설계

가. 목표연금의 설정

노후의 연금을 설계하기 위해서는 목표연금을 설정해야 한다. 노후의 필요자금을 계산하여 실제 받을 수 있는 연금액을 산출하는 것이 우선이다. 노후

의 예상 필요자금은 개인일 경우와 부부일 경우를 각각 예상하여 필요한 자금을 산출해야 한다. 보통의 노후생활을 기준으로 산출한다. 2013년 국민노후보장 패널 조사에 따르면 월 평균 필요한 적정 노후 생활비는 부부기준 216만 8천원, 개인기준 134만 6천원으로 조사 되었다.

그 다음 내가 가입한 연금상품을 확인해야 한다. 이때 금융감독원에서 개설한 '통합연금포털(http://100lifeplan.fss.or.kr)'을 활용하면 모든 금융기관에 가입한 연금상품을 한꺼번에 확인할 수 있다.

국민연금을 포함한 퇴직연금이나 사학연금, 군인연금과 개별 금융회사에 가입한 개인연금보험 상품까지 모두 확인한 다음 필요자금과 비교하여 부족한 금액만큼을 개인연금 상품의 가입을 통해 보완할 수 있다.

<그림 9-7> 통합연금포털(100lifeplan.fss.or.kr)

나. 연금보험의 선택

연금보험을 가입할 때에는 가장 먼저 금융상품을 가입하려는 목적이 무엇인지를 분명히 해야 한다. 만약 납입한 금액을 단기 또는 장기에 주택자금이나 자녀의 교육비, 결혼자금 등으로 활용할 목적이라면 은행이나 증권회사 등의 적금이나 펀드 등을 활용하는 것이 유리하다. 따라서 향후 목돈수요가 예상되는 금액은 연금상품에 가입하면 안된다. 노후자금은 중도에 해지하지 않고 장기간 운용할 수 있는 자금을 대상으로 해야 한다. 이렇게 금융상품을 가입할 때에는 중도해지시의 원금손실에 대한 불이익을 받지 않기 위해서 반드시 목적을 고려하여 상품을 선택해야 하고, 노후자금 마련을 위한 경우 개인연금보험상품을 선택한다. 〈1단계〉

우선 「세제적격 연금저축」이란 보험료를 납입하는 동안 연말정산 등의 과정에서 소득공제 또는 세액공제 혜택이 주어지지만 연금을 수령할 때에는 연금소득세를 납부해야 하는 상품이다. 반면, 「세제비적격 연금저축」 상품은 보험료 납입기간 동안의 소득공제나 세액공제 혜택은 없지만 연금을 받을 때 연금소득세가 면제되는 상품이다. 따라서 연금저축을 가입할 때에는 보험료 납입기간 동안 세제혜택을 받을 것인지 아니면 연금을 수령할 때에 세제혜택을 받을 것인지를 우선 선택해야 한다. 〈2단계〉

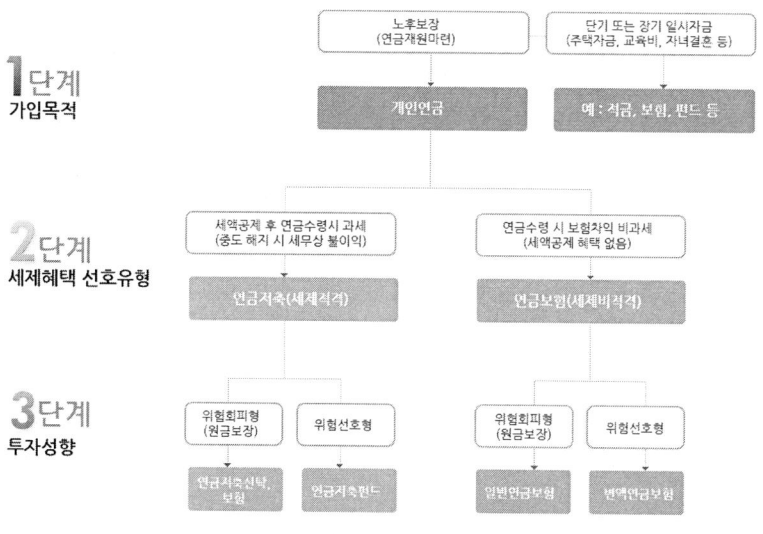

〈그림 9-8〉 연금보험의 선택

다음은 가입자의 투자성향을 고려하여 철저하게 원금보장에 중점을 둘 것인지(위험회피형) 아니면 다소간의 위험부담은 있더라도 투자수익에 중점을 둘 것인지(위험선호형)의 여부를 결정해야 한다. 만약 가입자가 직장생활을 하는 동안 연말정산시 세금혜택을 누리면서 위험회피형이라 한다면 연금저축신탁이나 연금보험을 가입하고, 연말정산시의 세금혜택과 함께 투자수익까지 고려한다면 증권회사에서 판매하는 연금저축펀드를 가입해 볼만 하다. 〈3단계〉

이렇게 가입자의 투자성향에 따른 보험상품유형을 선택했다면, 금융회사의 재무건전성이나 그동안의 투자수익, 평판 등을 고려하여 수익률이 높고 수수료율이 낮은 상품 중 믿을만한 금융회사를 선택한다. 상품을 비교할 때에는 세제적격 연금저축의 경우 금융감독원의 연금저축비교공시(finlife.fss.or.kr) 자료를 확인하고, 세제비적격 연금보험상품은 생명보험협회의 공시실(pub.insure.or.kr) 자료 검색을 통해 확인한다. 〈4단계〉

마지막으로 판매접근성이나 전문성, 그리고 수수료 등을 고려하여 판매채널을 선택한 다음, 중도해지 가능성이나 연금수령기간과 예상 수령금액을 확인하여 상품을 가입한다. 〈5단계〉

9. 연말정산과 세액공제

가. 연말정산

소득이 있는 곳에는 반드시 소득세가 부과된다. 직장생활을 하면서 개인이 얻은 소득에 대하여 부과하는 '소득세'는 1년 단위로 부과한다. 그러나 급여를 지급할 당시에는 한 개인의 정확한 소득을 알 수 없다. 왜냐하면 급여 인상이 있을수도 있고 승진 등에 따른 급여 상승이 있을 수도 있으며 상여금 등의 추가 소득이 발생할 수도 있기 때문이다. 따라서 국가가 한 개인에 대하여 대략적인 세금을 미리 원천징수하고 나중에 정산을 통해 많이 거둬들인 세금은 돌려주고, 적게 받은 세금은 추가 납부하도록 '정산'과정을 거치게 되는데 이를 연말정산이라 한다.

1 총급여액 − 근로소득공제 = 근로소득금액
2 근로소득금액 − 소득공제 = 과세표준
3 과세표준 × 세율 = 산출세액
4 산출세액 − 세액공제 = 납부(환급) 세액

① 연말정산을 위해서는 우선 '총급여액'을 산출한 다음 '근로소득공제'를 공제한다. 근로소득공제는 근로자들이 소득을 얻는 과정에서 필수적으로 들어가는 경비를 세금 부과대상에서 빼주는 것을 말한다. 총급여액에서 일정금액이 공제되는데, 총급여액에 따라 근로소득공제액도 달라진다.
② 근로소득금액이 산출되면 '근로소득금액'에서 '소득공제'를 빼면 세금 부과기준이 되는 과세표준이 산출된다.
③ 산출된 과세표준에 소득구간별 세율을 곱하면 산출세액이 나온다.

과세표준	세율	누진공제액
1200만원 이하	6%	-
1200만원 ~ 4600만원	15%	108만원
4600만원 ~ 8800만원	24%	522만원
8800만원 ~ 1억5000만원	35%	1490만원
1억5000만원 ~ 5억원	38%	1940만원
5억원 이상	40%	2940만원

④ 산출된 세액에서 '세액공제'항목 금액을 제외하면 근로자가 납부할 세금이 산출된다. 산출된 세금에 따라 환급을 받기도 하고 추가로 납부하기도 한다.

나. 소득공제와 세액공제

「소득공제」란 과세대상이 되는 소득 중에서 일정 금액을 소득에서 빼주는 것을 말한다. 즉 세금을 계산하기 전에 아예 소득 중의 일정 금액을 빼는 것을 말한다. 따라서 소득공제는 공제되고 남은 소득에서 세율이 곱해지기 때문에 세율에 따라 혜택이 달라지게 된다. 소득공제 방식은 세율이 높은, 즉 소득이 높은 사람이 더 많은 공제를 받게 된다. 주된 소득공제 항목으로는 인적공제, 연금보험료 공제, 기타 소득공제 등이 있는데, 4대보험이나 신용카드 사용액, 청약저축 등이 여기에 해당한다.

반면, 「세액공제」란 납세의무자가 부담하는 세액 중에서 세금을 빼주는 것을 말한다. 즉 납부해야 하는 세금 자체를 깎아주는 방식으로서 흔히 소득공제보다 세금혜택이 더 클 수 있다. 세액공제는 정해진 금액이 공제되기 때문에 소득과 관계없이 세금을 공제받게 된다.

제3절 간병보험

1. 치매현황

가. 치매유병률

「치매유병률」이란 전체 인구 중 치매 증상을 가지고 있는 사람들의 점유율을 의미한다. 일반적으로 치매는 연령의 증가와 높은 관련이 있으므로 연령이 증가할수록 치매유병률은 증가한다.

우리나라의 연령대별 치매유병률을 비교한 결과 65~69세의 치매유병률은 1.3~3.6%이나 연령이 증가하면서 치매유병률은 계속 증가하여 85세 이상의 경우에는 30.5%에 이르고 있다.

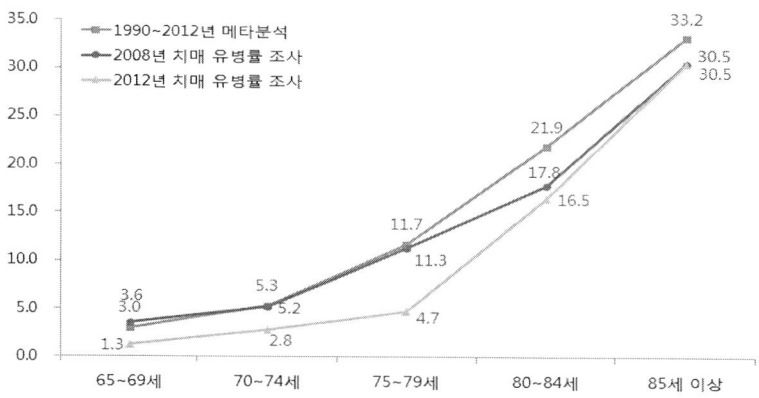

<그림 9-9> 국회예산정책처, 치매관리사업의 현황과 개선과제(2014) 자료 재인용.

2010년에 실시한 인구주택총조사 기준으로 추산한 치매 노인의 비중은 전체 인구 대비 2012년 1.1%에서 2050년 5.6%로 5배 넘게 증가할 것으로 전망되며, 65세 이상 노인의 치매유병률은 2012년 9.18에서 2020년 10.39%, 2040년 11.9%, 2050년 15.06%로 급등할 전망이다.[82]

<그림 9-10> 65세 이상 노인 치매 환자 수 및 치매 유병률 추이

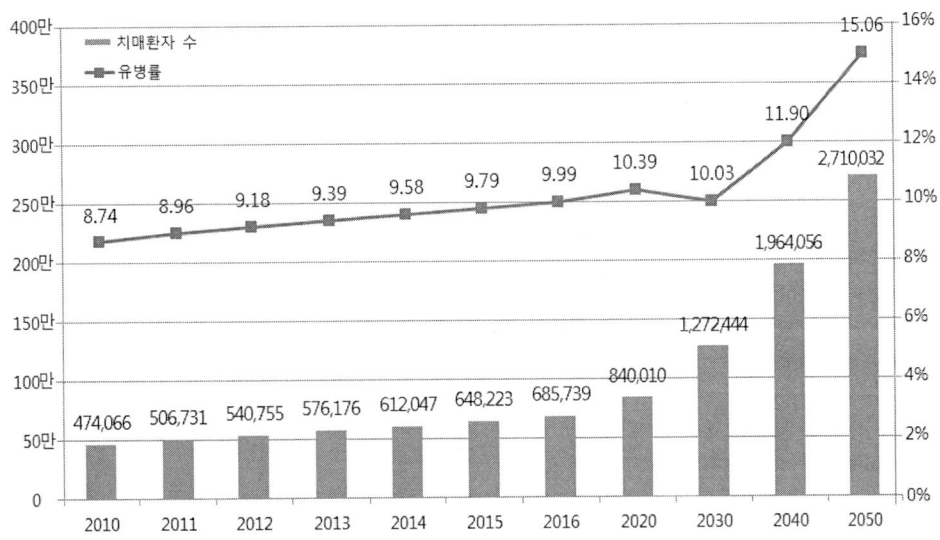

※ 자료 : 보건복지부, 「2012년 치매 유병률 조사」, (2012)

우리나라보다 먼저 노령화가 진행된 일본의 경우 노인인구비중은 점차 증가하여 2035년 33%, 2060년 40%에 도달할 것으로 전망되며, 치매유병률은 연령이 5세 증가시마다 두배씩 증가하는 경향을 보이고 있다.[83]

---

[82] 생명보험협회, "치매치료비용 연간 2,030만원, 환자·가족을 위한 대비책 필요", 생명보험협회 2016년 9월 20일자 보도자료, p.8.
[83] 생명보험협회, "치매치료비용 연간 2,030만원, 환자·가족을 위한 대비책 필요", 생명보험협회 2016년 9월 20일자 보도자료, p.12.

나. 치매의 경제적 비용

치매로 인한 사회 경제적 비용은 2013년말 기준 약 11.7조원으로 GDP의 약 1% 수준이다. 2050년에는 약 432조원으로 GDP의 약 1.5%까지 증가할 것으로 예측되고 있다.[84]

여기에서 치매의 사회경제적 비용으로 산출된 11조 7천억원은 환자 1인당 연간 비용 2,030만원을 2013년 기준 치매환자수 576,176명을 곱하여 산출한 금액이다.

<표 9-10> 치매로 인한 사회적 비용 추이

(단위 : 조원)

구분		'13	'20	'30	'40	'50
실질GDP(C)		1,134.9	1,471.3	1,938.6	2,384.7	2,787.9
치매의 사회적 비용	실질비용(D)	11.7	15.2	23.1	34.2	43.2
	GDP대비 비율(D/C)	1.0%	1.0%	1.2%	1.4%	1.5%

자료 : 보건복지부, 제3차 치매관리종합계획('16~'20)

2014년 현재 치매환자의 1인당 연간 총 진료비는 364만원 수준이며, 연간 요양비용은 1,023만원 정도로 추산되고 있으며, 최근 연평균 증가율은 20%에 이르고 있다. 여기에 치매환자 가족의 간병부담을 포함할 경우 1인당 연간 치료비용은 2,030만원에 이른다.[85] 여기에는 의료비와 약제비와 같은 직접의료비와 간병비 등의 직접비의료비, 교통비, 보조용품구입비, 환자 및 보호자 등의 시간비용, 그리고 생산성손실 등의 간접비 등이 포함된다.

따라서 진료비와 요양비용 및 간병부담비용을 포함한 치매환자 1인당 연간

---

84) 보건복지부, "제3차 치매관리종합계획('16~'20), 2015년 12월 발표자료, p.3.
85) 생명보험협회, "치매 치료비용 연간 2,030만원, 환자··가족을 위한 대비책 필요", 생명보험협회 2016년 9월 20일자 보도자료, pp.11-12.

총 치료비용을 2,030만원으로 볼 경우 치매진단후 잔여생존기간을 고려해볼 때 2억~3억원 가량의 비용이 부담될 것으로 예상된다.

다. 치매보험 상품

치매에 대하여 보상하는 상품을 보통은 '치매보험'으로 불리기도 하지만 장기간병보험(LTC: Long Term Care), 실버보험 등으로 불리기도 한다.

치매보험은 CDR척도[86] 등에 의해 치매로 진단받은 후 90일간 그 상태가 지속되어 진단확정시에 보험금을 일시에 또는 분할하여 지급하는 보험상품이다. 최근 고령화의 진전 등으로 치매환자가 최근 4년간 치매환자가 연평균 14.3%씩 증가하면서 치매보험의 가입도 증가하고 있다.[87]

치매보험은 2015년 12월말 기준으로 28개 보험회사가 79개 치매보험상품을 판매중이다. 가입자의 평균가입연령은 44.1세로 향후 고령화에 따른 치매발생 위험에 대비하여 경제활동 시기에 미리 보험에 가입하고 있다.

<표 9-11> 치매보험 가입연령 현황

(단위: 명)

연령	0~19세	20~29세	30~39세	40~49세	50~59세	60~69세	70세 이상	합계
가입자 수	151,340	690,084	951,876	1,332,709	1,729,532	1,143,749	405,281	6,404,571
구성비	(2.4%)	(10.8%)	(14.9%)	(20.8%)	(27.0%)	(17.9%)	(6.2%)	(100%)

자료 : 금융감독원, "치매보험 관련 불합리한 관행 개선", 금융감독원 2016.5.25. 브리핑자료.

---

86) CDR(Clinical Dementia Rating scale)이란 치매관련 전문의가 실시하는 인지기능 및 사회기능의 정도를 측정하는 검사로서, 점수구성은 0, 0.5, 1, 2, 3, 4, 5로 되어 있으며 점수가 높을수록 중증을 의미한다. 통상 경증치매는 CDR척도가 1 또는 2인 경우를 말하고, 중증치매는 CDR 척도가 3이상인 경우를 말한다.
87) 금융감독원, "치매보험 관련 불합리한 관행 개선", 2016년 5월 25일자 브리핑자료.

치매보험은 상품에 따라 보장 내용이 크게 다르다. 즉, 피보험자의 치매상태에 따라 중증치매와 경증치매와 구분하고, 중증치매만을 보장하는 상품과 경증치매로 진단시에 중증치매 진단보험금의 10%를 지급하였다가 추후 중증치매로 진단시에 나머지 중증치매 보험금을 지급하는 형태로 구성되어 있다. 최근에는 노인장기요양보험과 등급을 맞추기 위해 노인장기요양등급에 따라 보험금을 차등지급하는 형태로도 개발되고 있다.

<표 9-12> 치매보험의 상품별 보장방식

"중증치매"만 보장	"경증치매 + 중증치매" 보장
• 치매척도(CDR)가 3이상인 중증치매인 경우 보험금 지급	• 치매척도(CDR)가 1 또는 2인 경증치매인 경우 중증치매보험금의 10% 선지급 • 경증치매 발생 후 중증치매 추가 진단확정 시 나머지 중증치매보험금(90%)을 지급

노인장기요양보험의 판정결과를 따르는 보험의 경우 장기요양등급을 1등급 또는 2등급을 받는 경우에는 고액의 보험금을 지급하고 3등급으로 판정된 경우에는 상대적으로 소액의 보험금을 지급하는 등 장기요양등급에 따라 차등화하는 것이 일반적이다.

2. 노인장기요양보험

가. 개요

노인장기요양보험제도는 기존에 가족들에게만 부담지워지던 노부모의 부양을 국가적인 보험제도로서 분담하자는 취지에서 2008년 7월 시작되었다. 노인장기요양보험의 대상자는 65세 이상의 노인 또는 65세 미만의 치매·뇌혈관성 질환 등 노인성 질환을 앓는 사람이다.

기존의 「노인복지법」에서 노인요양을 다루긴 하였으나 이는 주로 국민기초생활보장수급자 등 특정 저소득층을 대상으로 국가나 지방자치단체가 공적부조방식으로 제공하는 서비스 위주였다. 「노인장기요양보험법」에서는 대상자의 소득에 관계없이 심신기능 상태를 고려한 요양필요도에 따라 장기요양인정을 받은 자에게 서비스가 제동되고 있다.

나. 장기요양인정점수 구간별 장기요양인정등급

노인장기요양보험은 심신의 기능상태에 따라 일상생활에서 장기요양이 얼마나 필요한가를 지표화한 '장기요양인정점수'를 기준으로 등급을 판정한다. 장기요양 인정점수는 심신상태를 나타내는 52개 항목의 조사결과에 따라 영역별 점수합계와 영역별 100점 환산점수를 산정하고, 수형분석에 적용하여 장기요양 인정점수 산정 후 합계를 구하여 등급을 판정한다.

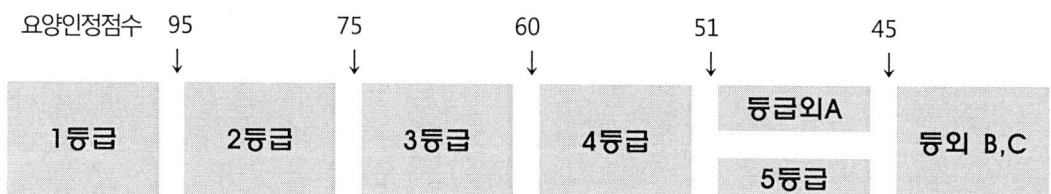

<그림 9-11> 장기요양인정점수 구간별 장기요양인정등급

<표 9-13> 장기요양등급과 심신의 기능상태

장기요양등급	심신의 기능상태
1등급	심신의 기능상태 장애로 일상생활에서 전적으로 다른 사람의 도움이 필요한 자로서 장기요양인정 점수가 95점 이상인자
2등급	심신의 기능상태 장애로 일상생활에서 상당 부분 다른 사람의 도움이 필요한 자로서 장기요양인정 점수가 75점 이상 95점 미만인 자
3등급	심신의 기능상태 장애로 일상생활에서 부분적으로 다른 사람의 도움이 필요한 자로서 장기요양인정 점수가 60점 이상 75점 미만인 자
4등급	심신의 기능상태 장애로 일상생활에서 일정 부분 다른 사람의 도움이 필요한 자로서 장기요양인정 점수가 51점 이상 60점 미만인 자
5등급	치매환자로서(노인장기요양보험법 시행령 제2조에 따른 노인성 질병으로 한정) 장기요양인정 점수가 45점 이상 51점 미만인 자

단원요약

1. 한국인의 평균수명이 증가하면서 고령자의 자살이나 노인학대, 노령층 빈곤과 같은 사회문제가 대두되고 있다.

2. 평균수명은 기대수명이라고도 하는데 특정연도의 0세 출생자가 앞으로 생존할 것으로 기대되는 평균 생존연수, 즉 0세에서의 기대여명을 말한다.

3. 평균수명이 생존해 있는 기간을 말한다면, 건강수명이란 '삶의 질'을 반영하여 평균수명에서 질병이나 부상 등으로 인하여 활동하지 못한 기간을 뺀 것으로서 통상 10년 정도는 질병으로 인한 치료과정을 거치게 된다.

4. 기존에는 50세 이상 55세 미만을 '준고령자'라 하고 55세 이상을 '고령자'로 분류하였으나 최근 법령 개정으로 55세 이상을 모두 '장년'으로 통칭하였다.

5. 고령화사회는 65세 이상 인구비율이 7% 이상인 사회를 말하고, 14% 이상인 경우를 '고령사회', 20% 이상인 사회를 '초고령사회'라 한다.

6. 노후를 대비하기 위해 국민연금과 퇴직연금, 그리고 개인연금의 3층 구조로 보장하도록 하고 있다.

7. 퇴직연금이란 근로자들의 퇴직후 노후생활을 안정시키기 위해 자체적으로 충당하던 퇴직금을 퇴직할 때에 일시금 또는 연금 형태로 지급하도록 설계된 것을 말한다.

8. 국가에서 개인의 노후보장을 위해 실시하도록 한 국민연금과 퇴직연금 외에도 개인연금, 주택연금, 농지연금 등이 있다.

주요용어

- 간병살인
- 노인학대
- 평균수명
- 기대수명
- 기대여명
- 건강수명
- 행복수명지표
- 장년
- 고령화사회
- 고령사회
- 초고령사회
- 생애의료비
- 국민연금
- 퇴직연금
- 개인연금
- 주택연금
- 농지연금
- 연말정산
- 소득공제
- 세액공제
- 치매유병률
- 장기간병보험
- 중증치매
- 경증치매
- 노인장기요양보험
- 장기요양인정점수

연습문제

1. 기대수명과 기대여명을 비교하여 설명하시오.
2. 평균수명이 길어지면서 발생하는 초고령사회의 문제점을 설명하시오.
3. 고령화사회, 고령사회, 초고령사회를 비교하여 설명하시오.
4. 65세 이상 노후 생애의료비와 노후의 부부기준 최소생활비와 표준생활비를 설명하시오.
5. 노후보장 3층 연금에 대하여 설명하시오.
6. 퇴직연금의 종류 3가지를 설명하시오.
7. 주택연금과 농지연금에 대하여 설명하시오.
8. 치매보험의 중증치매와 경증치매를 비교하여 설명하시오.

참고문헌

국회예산정책처, "치매관리사업의 현황과 과제", 2014.
금융감독원, "치매보험 관련 불합리한 관행 개선", 금융감독원 2016.5.25. 브리핑자료.
미래에셋은퇴연구소, "인생후반을 좌우하는 5대 리스크", 2013년 5월 7일자 기사.
통계청, "2013년 가계금융복지조사", 2014년.
통계청, 「2014 고령자통계」, 2014년 9월 29일자 보도자료
통계청, 장래인구추계, 2016.
보건복지부, 제3차 치매관리종합계획(16~20).
보건복지부, "2012년 치매유병률 조사", 2012.
보건복지부, 2014년 노인학대 현황보고서, 2014년.
생명보험협회, "치매치료비용 연간 2,030만원, 환자와 가족을 위한 대비책 필요", 생명보험협회2016년 9월 20일자 보도자료.
조선일보, "정년 늘리고 연금 빨리 타려, 생년월일 바꾼다", 2014년 10월 22일자 보도자료.
질병관리본부, "요양기간별 본인부담금", 2014.
한국보건산업진흥원, "주요 질병의 65세 이후 1인당 생애의료비", 2015.
국민연금관리공단(http://www.nps.or.kr)
통계청(http://kostat.go.kr)
통합연금포털(http://www.100lifeplan.fss.or.kr)

에듀컨텐츠·휴피아
CH Educontents·Huepia

제10장

배상책임보험과 자동차보험

학습목표

- 민법상 불법행위책임을 이해하고 손해배상책임에 대해 이해할 수 있다.
- 배상책임보험의 보상하는 손해와 보상하지 않는 손해, 그리고 배상책임보험의 종류에 대해 이해할 수 있다.
- 자동차보험의 담보항목의 구성과 보상하는 내용을 이해할 수 있다.
- 자동차보험의 운전이 가능한 자에 대해 이해할 수 있다.

제10장 배상책임보험과 자동차보험

제1절 배상책임보험

1. 민법상의 불법행위책임

가. 책임무능력자의 손해배상책임

민법에서는 고의 또는 과실로 인한 위법행위로 타인에게 손해를 가한 자는 그 손해를 배상할 책임을 지우고 있다. 그러나 모든 행위자에 대하여 손해배상책임을 부담지운 것은 아니고 미성년자가 타인에게 손해를 가한 경우에 그 행위의 책임을 변식할 지능이 없는 경우(민법 제753조(미성년자의 책임능력))나 심신상실 중에 타인에게 손해를 가한 자는 배상책임이 없는 것(민법 제754조(심신상실자의 책임능력))으로 하고 있다.

> 민법 제750조(불법행위의 내용)
> 고의 또는 과실로 인한 위법행위로 타인에게 손해를 가한 자는 그 손해를 배상할 책임이 있다.

그러나 민법 제755조(감독자의 책임)에서는 '다른 자에게 손해를 가한 사람이 제753조 또는 제754조에 따라 책임이 없는 경우에는 그를 감독할 법정의무자가 있는 자가 그 손해를 배상할 책임이 있다'고 하여 사실상의 배상책임을 인정하고 있다.

따라서 미성년자가 타인에게 고의 또는 과실로 피해를 입혔다면, 또는 심신상실자가 타인에게 손해를 가한 경우에는 배상책임은 면제되지만, 이를 감독할 법정의무자는 타인에 대한 손해배상책임을 면하지 못한다.

나. 공작물과 동물 점유자의 배상책임

우리가 길을 가다가 어떤 물체에 의해 다치게 되었다면 손해배상을 청구할 수 있을까? 또는 길을 가다가 개에 물리는 사고를 당하였다면 누구에게 손해배상을 청구할 수 있을까?

만약, 이러한 사고가 실제 발생하였다면 해당 공작물 또는 동물의 점유자에게 손해배상을 청구할 수 있다. 즉, 공작물의 설치 또는 보존의 하자로 인하여 타인에게 손해를 가한 때에는 공작물 점유자가 손해를 배상할 책임이 있으며, 동물이 타인에게 손해를 가했다면 동물의 점유자가 손해배상책임을 부담한다.

다. 피해자 직접청구권

피해자가 가해자에게 손해배상을 청구하였으나 가해자가 피해자에게 악의 등으로 손해배상의 이행을 거절할 경우에 피해자가 할 수 있는 대응방법으로는 무엇이 있을까? 물론 가해자가 가입한 보험으로 손해배상을 요구할 수도 있을 터인데 가해자가 이마저도 거부한다면 피해자가 할 수 있는 대안은 무엇일까?

> 배상책임표준약관 제12조(손해배상청구에 대한 회사의 해결)
> ① 피보험자가 피해자에게 손해배상책임을 지는 사고가 생긴 때에는 피해자는 이 약관에 의하여 회사가 피보험자에게 지급책임을 지는 금액한도내에서 회사에 대하여 보험금의 지급을 직접 청구할 수 있습니다. 그러나 회사는 피보험자가 그 사고에 관하여 가지는 항변으로써 피해자에게 대항할 수 있습니다.
> ② 회사가 제1항의 청구를 받았을 때에는 지체없이 피보험자에게 통지하여야 하며, 회사의 요구가 있으면 계약자 및 피보험자는 필요한 서류증거의 제출, 증언 또는 증인출석에 협조하여야 합니다.

배상책임보험 표준약관에서는 가해자가 피해자에 대한 손해배상책임을 거절하는 등의 사유가 있으면 피해자는 언제든지 가해자가 가입한 보험회사에 대하여 손해배상을 청구할 수 있다. 이를 「피해자 직접청구권」이라 한다. 따라서 가해자가 피해자에 대한 손해배상 및 일체의 보험사고 접수 등을 거부한 경우에는 법에 따라 피해자 직접청구권을 행사할 수 있다.

라. 교차책임주의와 단일책임주의[88]

1) 교차책임주의(Cross liability)

교차책임주의는 쌍방과실에 의하여 손해가 발생한 경우에 각자가 서로 상대방의 손해액에 자기의 과실비율을 곱하여 산출한 금액을 서로가 교차하여 배상책임을 부담하는 방식을 말한다.

2) 단일책임주의(Single liability)

단일책임주의는 쌍방의 손해액을 합산한 금액에 양측의 과실비율을 곱하여 자기분담금을 산출한 다음, 자기 손해액을 공제하고 차액만을 보상하는 방식을 말한다. 또는 각각 상대방에 대한 배상책임에서 상대로부터 변제받을 금액을 상계하고 차액만을 배상하는 방식을 단일책임주의라 한다.

마. 징벌적 손해배상

「징벌적 손해배상」이란 민사상 가해자가 피해자에게 "악의를 가지고" 또는 "무분별하게" 재산 또는 신체상의 피해를 입힐 목적으로 불법 행위를 행한 경우에 이에 대한 손해배상 청구시 가해자에게 손해원금과 이자만이 아니라 형벌적인 요소로서의 금액을 추가적으로 포함시켜서 배상받을 수 있게 한 제도이다. 이는 기존의 민법상의 불법행위 책임에 형벌로서의 벌금을 혼합한 제도

---

[88] 이경재, 「포인트 손해사정이론」, 보험연수원, 2015, p.188.

로서 우리나라에서는 아직 도입되지 않은 제도이다.[89]

가해행위를 행한 행위자의 실수나 불가피한 경우가 아닌 악의적이고 반사회적일 경우 실제의 손해액에 처벌을 대신한 고액의 배상액을 부과하는 것을 말한다. 이를 통해 가해자가 똑같은 불법행위를 하거나 유사한 행위를 방지하도록 예방하는데 이 제도의 목적이 있다.

실제 사례로 1992년 맥도날드에서 커피를 받아 운전석에 앉은 채로 두 다리 사이에 두었으나 커피가 엎질러지면서 이 여성은 두 다리에 3도 화상을 입게 되었다. 피해여성은 맥도날드를 상대로 286만달러(30억원)의 손해배상을 청구했으나 법원은 64만달러(약 7억원)를 배상하라는 판결을 내렸다. 법원이 이렇게 판결을 내린 근거는 첫째, 커피가 뜨겁다는 것을 표시하지 않은 점, 둘째, 커피의 온도가 업계의 기준보다 높았다는 점을 들었다. 지나치게 뜨거운 커피로 인해 손해배상청구 당시 지난 10여년간 화상 사고가 700여건 이상 발생했지만 회사가 이를 알고도 같은 온도를 유지했다는 이유로 손해배상을 청구한 것이다. 손해배상액으로 청구한 금액 중 16만 달러는 치료비 명목으로 청구했으나 나머지 270만 달러는 형벌성격의 손해배상금으로 청구하였다. 이 사고로 맥도날드에서 제공되는 커피의 종이컵에는 뜨거우니 조심하라는 문구가 삽입되었다.

---

[89] 위키백과 자료 인용.

2. 배상책임보험의 보상

가. 배상책임보험에서 보상하는 손해

배상책임보험에서 보상하는 손해는 보험기간 중에 발생된 사고로 인하여 법률상 배상책임을 부담함으로써 입은 손해를 보상한다. 보상하는 손해는 피해자에 대하여 지는 법률상의 손해배상금외에도 계약자 또는 피보험자가 지출한 비용 중 손해의 방지 또는 경감을 위하여 지출한 필요 또는 유익하였던 비용이나 소송비용, 변호사비용, 중재, 화해 또는 조정에 관한 비용 등을 보상한다.

> 배상책임표준약관 제3조(보상하는 손해)
> 　회사는 피보험자가 보험증권상의 보장지역 내에서 보험기간중에 발생된 보험사고로 인하여 피해자에게 법률상의 배상책임을 부담함으로써 입은 아래의 손해를 이 약관에 따라 보상하여 드립니다.
> 1. 피보험자가 피해자에게 지급할 책임을 지는 법률상의 손해배상금
> 2. 계약자 또는 피보험자가 지출한 아래의 비용
>   가. 피보험자가 제11조(손해방지의무)제1항제1호의 손해의 방지 또는 경감을 위하여 지출한 필요 또는 유익하였던 비용.
>   나. 피보험자가 제11조(손해방지의무)제1항제2호의 제3자로부터 손해의 배상을 받을 수 있는 그 권리를 지키거나 행사하기 위하여 지출한 필요 또는 유익하였던 비용
>   다. 피보험자가 지급한 소송비용, 변호사비용, 중재, 화해 또는 조정에 관한 비용
>   라. 보험증권상의 보상한도액내의 금액에 대한 공탁보증보험료. 그러나 회사는 그러한 보증을 제공할 책임은 부담하지 않습니다.

> 마. 피보험자가 제12조(손해배상청구에 대한 회사의 해결)제2항 및 제3항의 회사의 요구에 따르기 위하여 지출한 비용

나. 배상책임보험에서 보상하지 않는 손해

배상책임보험은 보험금을 받을 대상자가 궁극적으로는 피해자이다. 물론 피해자인 상대방에게 손해배상을 이행하고 보험회사에 해당 보험금을 청구할 수도 있으나 통상은 보험회사가 피해자에게 직접 손해액을 산정하여 지급하는 형태로 이루어진다.

배상책임보험 표준약관에서는 계약자나 피보험자 등의 고의로 생긴 손해에 대한 배상책임과 피보험자가 소유, 사용 또는 관리하는 재물이 손해를 입었을 경우에 그 재물에 대하여 정당한 권리를 가진 자에게 부담하는 손해배상책임, 그리고 벌과금이나 징벌적 손해에 대한 배상책임 등은 보상하지 않는다.

세월호 사고와 손해배상

※ 아래의 내용은 신문기사중 일부를 스크랩한 내용입니다. 세월호 사고의 피해자에 대한 손해배상과 관련해서는 사고경위와 국가손해배상 등의 많은 논란거리가 있지만, 여기서는 단지 손해배상의 방법에 대한 이해를 돕기 위해 관련된 기사를 스크랩하였음을 알려드립니다.

[세월호 피해 보상] 세월호 賠·補償 1400억… 유족 치료비 등 500억은 별도

세월호 배·보상 심의위원회(위원장 안영길 수원지법 부장판사)는 1일 배상금 지급액 결정에 대해 "특별법에서 정한 바대로 법령과 법원의 판례를 참조했다"고 밝혔다. 지난 1월 여야 합의로 국회를 통과한 세월호 피해 구제 특별법은 배상금 규모에 대해 민법과 국가배상법 등에 따르도록 규정하고 있는데, 이를 따랐다는 설명이다. 배상금은 이르면 오는 5월 말부터 지급될 예정이다.

또한 배상금과 별도로 과거 대형 사고에 적용됐던 국민 성금 지급 원칙이 동일하게 적용될 것으로 보인다. 위원회는 세월호 희생자 1인당 국민 성금 등에서 나오는 위로지원금(3억원 추정)이 추가로 지급될 것이라고 밝혔다.

◇ 세월호 배상·보상금 총 1400억원 이상 될 듯

위원회는 국가가 부담하는 배상금과 보상금으로 총 1400억원 이상이 소요될 것으로 전망했다. 여기에 세월호 유족 등에 대한 긴급복지금, 휴직·휴업지원금, 심리안정 치료비 등 지원금으로 534억원가량이 집행될 예정이다.

이날 확정된 배상금은 단원고 학생이 4억2000만원 안팎, 교사가 평균 7억6000만원, 일반인이 1억5000만원에서 6억원 가량으로 결정됐다. 과거 대형사고 희생자에 대한 배상금보다 금액이 많은 편이다. 성수대교 붕괴(1994년) 때는 사망자에게 1억2200만원의 배상금과 지자체 예산으로 1인당 1억5000만원의 특별위로금이 지급됐다. 대구 지하철 화재(2003년)는 평균 배상금 2억5000만원, 국민 성금에서 위로금 2억2000만원이 지급됐다. 천안함 폭침(2010년)의 경우 계급에 따라 2억~3억6000만원의 보상금과 국민 성금·군인성금에서 5억5000만원 등 7억5000만~9억1000만원이 지급됐다. 천안함 폭침의 경우 희생 용사가 46명으로 세월호 희생자(304명)보다 적어 통상 국민성금액의 60~70%가 지급되는 위로금이 컸다고 위원회는 설명했다.

◇ 배상금 어떻게 산정됐나

세월호 희생자에 대한 배상금은 생존 시 기대소득(일실수익)과 위자료(1억원),

장례비(500만원), 배상금이 지연 지급된 데 따른 손해금 등으로 구성된다. 여기서 개인별로 가장 큰 차이가 나는 항목은 '생존 시 기대소득'이다. 기대소득은 사고 당시 연령이 낮을수록, 소득이 높을수록 커진다. 이 때문에 생전 소득이 높았던 교사가 평균 배상금이 높고, 일반인은 직업과 연령 등에 따라 배상금에 큰 차이가 난다고 위원회 측은 설명했다.

기대소득은 월소득에 장래 취업 가능 기간을 곱한 금액에서, 연 5%의 이자를 빼고 산출했다. 향후 나눠서 받을 소득을 일시금으로 받는 점을 감안해 이자를 차감하는 것이다.

단원고 학생의 경우는 직업이 없는 사망자에게 적용하는 기준에 따라 2015년 기준 보통인부 노임 단가(월 193만원)에 향후 취업 가능 기간(490개월 안팎) 가운데 판례가 인정하는 최대 기간(414개월)을 기준으로 기대소득을 산출했다. 이에 따른 단원고 학생의 기대소득은 3억원가량으로 계산됐다. 교사의 기대수익은 연차에 따라 3억6000만~9억원, 평균 6억1000여만원으로 계산됐다.

일반인은 43세 남성이 월수입 350만원을 올리고 있었다고 가정할 때 3억3000만원, 60세에 소득이 없었다면 5600만원가량의 기대수익을 인정받는다.

위자료(1억원)의 경우 사고 당시(작년 4월 16일) 법원에서 적용한 교통·산재사고 위자료 금액은 8000만원이었지만, 법원이 지난 3월 1일 이후 발생한 사고에 대해 이 기준을 1억원으로 올린 점과 위원회 판단에 따라 20%를 상향 조정할 수 있는 점 등을 감안해 1억원으로 결정했다. 위원회 관계자는 "당초 위원회가 위자료로 8000만원을 정했으나, 유족과 협의하는 과정에서 1억원으로 상향됐다"고 설명했다.

하지만 대한변호사협회 세월호 특위 간사인 황필규 변호사는 "(위자료 지급액에서) 단순 교통사고라고 전제한 기준이라 잘못됐다"면서 "세월호 참사는 정부의 합작품이라는 점이 고려돼야 한다"고 말했다. 이에 대해 박경철 세월호 배·보상지원단장은 "세월호 특별법 제정 과정에서도 위자료 같은 경우는 손해배상 법리와 판례에 따라서 통상적인 수준으로 지급하게 돼 있다"고 말했다.

이 밖에 구조된 승선자에게 사고로 인해 거두지 못한 소득과 치료비, 위자료 등이 지급된다. 또 사고 당시 유출된 유류로 인한 양식장 피해, 적재된 화물 유실·훼손에 따른 재산 손실, 구조 및 수습에 참여한 어민의 수입 손실 등에 대해 보상금이 지급된다.

조선일보 2015년 4월 2일자 보도자료 中

3. 배상책임보험의 종류

가. 생산물 배상책임보험

생산물 배상책임보험(PL, Product Liability Insurance)은 제조물책임보험이라고도 하는 것으로 제조물의 결함 등으로 인해 타인에게 손해를 입힌 경우 이를 보상하는 보험이다. 우리나라에서는 2002년 제조물책임법이 시행되면서 물건의 제조업자는 물론 판매업자에게도 손해배상책임이 부과됨에 따라 본격적으로 판매되기 시작한 보험이다.

전자제품이나 부탄가스, 라이터 등의 물건을 생산하여 소비자에게 제공하였으나 생산물의 하자 등으로 인해 발생한 손해를 보상하는 보험이다.

나. 영업배상책임보험

영업배상책임보험은 영업활동중에 발생한 피해자의 손해를 보상하는 보험이다. 예를 들어, 식당에서 음식물을 전해주다가 뜨거운 음식물이 손님에게 쏟아지면서 화상을 입혔다면 이로 인해 발생한 손해를 보상한다.

영업배상책임보험은 실제의 영업행위로 인한 손해뿐만 아니라, 시설소유관리자 특별약관, 임차자배상 특별약관 등의 다양한 특별약관을 통해 보상하는 영역을 다양화하고 있다.

다. 수탁자 배상책임보험

일반적인 배상책임보험에서는 피보험자가 소유, 사용 또는 관리하는 재물이 손해를 입었을 경우에 그 재물에 대하여 정당한 권리를 가진 사람에게 부담하는 손해는 보상하지 않는다. 즉 피보험자가 소유, 사용, 관리 하는 재물에 대한 배상책임은 보상하지 않는다는 의미이다.

그러나 창고업자나 주차장업자의 경우에는 수행하는 업무 자체가 타인의 물건을 사용 또는 관리하는 입장에 있기 때문에 사용 또는 관리 하던 중에 보관 중인 타인의 물건에 손해를 입혔을 경우 실질적인 손해배상책임을 부담하게 된다. 이러한 위험을 보장하도록 한 것이 수탁자배상책임보험이다.

라. 전문직업인 배상책임보험

전문직업인 배상책임보험은 의사, 변호사, 회계사, 미용업자, 공인중개사업자 등의 전문직업인이 자신의 전문직업을 수행하는 과정에서 발생할 수 있는 배상책임의 위험을 보상하도록 한 보험이다. 따라서 의사가 치료과정중에 의료사고를 야기하였다면 의사배상책임보험에서 피해자에 대하여 손해배상을 이행할 수 있으며, 미용업자나 공인중개사 등이 업무 수행과정에서 피해자에게 손해를 입혔다면 이 역시도 피해자에게 손해배상을 할 수 있다.

제2절 교통사고와 보험

1. 교통사고

우리나라에서 한해에 발생하는 교통사고는 얼마나 될까? 자동차로 인하여 발생하는 교통사고는 〈표 10-1〉에서 보다시피 연간 22만건에 달한다. 매년 교통사고 발생건수는 큰 폭의 변동없이 22만건에 달하는데, 이는 경찰청에 접수된 통계자료일뿐 경찰서에 신고되지 않은 교통사고까지 포함할 경우 이보다 훨씬 많을 것으로 추정된다. 한 가지 확실한 것은 신고된 교통사고 건수는 연간 22만건 정도 수준이 지속적으로 유지되고 있다는 점이다.

교통사고 사망자수는 2008년부터 2015년까지 4,621명~5,870명으로 분포되고 있다. 최근 10년간의 분포를 보면 2005년의 5,870명에서 2015년 4,621명으로 감소하여 전체적으로는 감소추세를 보이지만, 평균적으로 5,000명 내외로 사망자가 추산되고 있다. 5천만명에 이르는 대한민국 구민을 기준으로 볼 때 5,000명은 낮은 수치일 수 있지만 이상하게도 5천명을 전후로 하여 사망자수가 형성되고 있다. 누군가 매년 사망자수를 정해놓은 것처럼 비슷한 수치를 나타내고 있는 것이다.

<표 10-1> 교통사고 현황

구분	2008	2009	2010	2011	2012	2013	2014	2015
사고(건)	215,822	231,990	226,878	221,711	223,656	215,354	223,552	232,035
사망(명)	5,870	5,838	5,505	5,229	5,392	5,092	4,762	4,621
부상(명)	338,962	361,871	352,458	341,391	341,391	328,711	337,497	350,400

자료 : 경찰청 통계자료 인용(http://www.police.go.kr).

2. 교통사고 발생시의 책임

연간 22만건 정도 발생하는 교통사고에도 모두 가해자와 피해자가 있기 마련이다. 가해자는 피해자에 대하여 다양한 책임을 부담하게 된다. 가해자는 우선 피해자의 치료를 위한 치료비와 치료중의 소득상실에 대한 배상, 위자료 등의 손해배상을 해야 함은 물론 피해자가 입은 물적손해도 배상해야 한다. 이러한 상대방의 신체 또는 재물에 대한 배상과 같은 책임을 민사상의 책임이라 하며, 이는 민법과 자동차손해배상 보장법에 따라 자동차보험에서 손해배상의무를 이행한다.

자동차 사고의 가해자는 상대방 피해자에 대하여 형사상의 책임도 부담한다. 즉 상대방을 다치게 한 것에 대한 책임을 부담한다는 의미이다. 단순히 상대방의 치료비와 같은 손해배상 외에도 상대방을 죽거나 다치게 한 것이니 만큼 형법상의 책임, 즉 형벌을 받게 된다. 이렇게 상대방을 다치게 한 것에 대한 형사상의 책임은 형법과 교통사고처리특례법에 의한다.

또한 가해자는 교통사고를 일으켰으므로 도로교통법에 따른 행정상의 책임도 부담한다. 도로교통법에 따라 교통사고의 경중에 따라 벌점을 부여 받고 일정 점수 이상의 벌점이 누적되면 가해자의 운전면허가 정지되거나 취소된다. 운전면허가 정지되거나 취소되면 운전자는 정지기간 동안 또는 취소된 이후에 자동차의 운전을 할 수 없고, 이 기간 동안 운전을 하면 무면허운전이 된다.

<표 10-2> 교통사고 발생시의 책임과 보험

자동차 사고시 법적 책임	관련 법률	보험상품
민사상 책임	민법, 자동차손해배상 보장법	자동차보험
형사상 책임	형법, 교통사고처리특례법	운전자보험
행정상 책임	도로교통법	

이러한 책임에 대하여 가해자가 피해자에 대하여 부담하는 민사상의 책임은 자동차보험에서, 형사상의 책임과 행정상의 책임은 운전자보험에서 위험을 부담할 수 있다.

3. 교통사고처리특례법

가. 교통사고시의 형사처벌

우리 형법에서는 다른 사람을 고의든 과실이든 다치게 하거나 사망에 이르게 한 자는 각각 폭행치사상, 상해치사, 과실치사상의 죄를 지은 것이 되어 형법에 의해 처벌을 받는다.

「폭행치사(暴行致死)」는 사람을 죽일 의사까지는 없고 다만 사람을 폭행할 의사만이 있었는데 여러 가지 이유 등으로 피해자가 사망에 이르게 된 경우로서 상해치사(傷害致死)의 경우와 비슷하게 적용되어 형법 제257조(상해, 존속상해), 형법 제258조(중상해, 존속중상해), 형법 제259조(상해치사)에 의해 처벌을 받는다.

그러나 「과실치사(過失致死)」는 사람을 죽게 할 고의는 없었으나 과실로 사람을 죽게 한 경우로서 폭행치사나 상해치사와는 구별된다. 또한, 「과실치상(過失致傷)」은 피해자의 의사에 반하여 공소를 제기할 수 없도록 함(형법 제266조 제2항)으로써 그 책임을 경감시키고 있다.

업무상 과실 또는 중대한 과실로 인하여 사람을 사상에 이르게 한 자는 5년 이하의 금고 또는 2천만원 이하의 벌금에 처해진다(형법 제268조).

'업무상 과실·중과실 치사상'이 일반적인 '과실치사상'과는 상대적으로 더 무거운 형벌을 가하고 있으나, 이는 수행하는 직무 자체의 위험성 때문에 사람의 생명이나 신체의 위험을 방지하기 위해, 보다 세심한 주의를 촉구하기 위함이다. 이 죄의 적용을 받는 업무의 예로는 자동차·기차·항공기·선박 등의 운전업, 폭발물·약품·식료품 등을 취급하는 업무, 사람의 건강이나 생명과 관계된 의료업 등으로 교통사고나 불량부패식품의 판매공급, 의료사고 등이 대표적인 예이다.

따라서 과실 또는 중대한 과실로 교통사고를 일으켜 다른 사람을 다치게 하거나 죽게 한 경우에는 '업무상 과실·중과실 치사상'에 해당하여 형사처벌을 받게 된다.

교통사고는 형법에 의해 처벌을 받음은 물론 도로교통법에 의해서도 처벌을 받는다. 형법 제268조가 업무상 과실이나 중과실로 다른 사람을 사상에 이르게 한 경우를 제재하고 있다면, 도로교통법 제151조는 자동차의 운전자가 과실 또는 중대한 과실로 다른 사람의 건조물이나 그 밖의 재물을 손괴한 경우의 처벌을 명시하고 있다.

나. 교통사고처리특례법의 특례

현재 우리나라의 차량은 매년 꾸준히 증가하여 2013년에는 1,940만대를 넘어 서고 교통사고 발생건수도 연간 215,354건에 달하고 있으며, 사망자수는 5,092명, 부상자수는 32만여명에 이르고 있다.[90]

우리 형법에 업무상과실치사상죄를 두고 있으므로 우리나라에서 발생하는 모든 교통사고를 형사입건하여 처벌을 하게 되면, 경미한 교통사고임에도 불구하고 5년 이하의 금고나 2,000만원 이하의 벌금형에 처해져야 하는데 이럴 경우 매년 약 22만명 이상의 범죄자를 양산하는 결과를 낳게 된다.

따라서 업무상 과실 또는 중대한 과실로 교통사고를 일으킨 운전자에 대해 형사처벌의 특례를 정함으로써 교통사고로 인한 피해의 신속한 회복을 촉진하고 국민생활의 편익을 증진시키기 위해(교통사고처리특례법 제1조) 1981년 12월 31일 교통사고처리특례법을 제정하였다.

교통사고처리특례법의 본질은 사고를 일으킨 운전자에 대하여 일정한 경우에 형법으로 처벌하지 않는데 있으며, 과실범죄에 대한 '신뢰의 원칙'과 '허용된 위험의 원칙'에 기초를 두고, '피해의 신속한 회복'과 '국민생활의 편익증진', 그리고 형사사법기관의 부담을 경감하기 위한 것이다. 또한 이 법의 제정 당시에는 고용운전에서 자가운전으로 전환되는 시점에서 필요한 입법이라는 공감대가 형성된 것에 기인한다.[91]

교통사고처리특례법에서는 일정한 경우를 제외하고는 피해자의 의사에 반하여 처벌할 수 없게 한 것과 동법에 정한 보험에 가입한 경우에도 처벌할 수 없게 한 것의 두 가지 특례를 두고 있다.

---

90) 경찰청 통계자료실 자료 인용, http://www.police.go.kr
91) 김일수, "교통사고처리특례법 개선방안 마련의 필요성", 「손해보험」, 2008. 8. p.4.

1) 반의사불벌죄의 적용

교통사고처리특례법 제3조 제1항에서는 차의 운전자가 교통사고로 인하여 형법 제268조에 정한 업무상과실치상죄 또는 중과실치상죄를 범한 때에 5년 이하의 금고 또는 2천만원 이하의 벌금에 처하도록 하고 있으나, 제2항에서 형법 제268조와 도로교통법 제151조의 죄를 범한 운전자에 대하여는 피해자의 명시적인 의사에 반하여 공소를 제기할 수 없도록 한 특례를 두고 있다.

피해자 등의 고소권자가 고소하지 않으면 죄를 물을 수 없는 '친고죄'와는 달리, 피해자 등의 고소권자의 고소가 없어도 공소를 제기할 수는 있으나 피해자가 명백하게 가해자의 처벌을 원하지 않는다는 의사표시를 할 경우 처벌되지 않도록 하는 반의사불벌죄의 특례를 적용하고 있다.

다시 말해, 교통사고의 가해자와 피해자가 원만히 합의하고 피해자가 가해자의 형사처벌을 원하지 않는다고 명백히 밝힌 경우에는 공소를 제기하지 않도록 하여 가해자인 운전자의 부담을 경감시킨 것이다.

그러나 이 경우에도 ① 도로교통법 제54조 제1항의 규정에 의한 조치를 하지 아니하고 도주하거나, ② 피해자를 사고장소로부터 옮겨 유기하고 도주한 경우와, ③ 교통사고처리특례법 제3조 제2항의 단서조항에 해당하는 사고를 일으킨 때에는 이 특례를 적용하지 아니하고 형사처벌 한다.

2) 보험 등에 가입된 경우의 특례

교통사고의 피해자가 가해자의 처벌을 원하지 않는 경우에 형사처벌을 제한하는 특례외에도 보험에 가입된 경우에도 가해자의 형사처벌이 제한된다.

여기에서 「보험」이란 교통사고의 경우 피보험자와 피해자간의 손해배상에 관한 합의와 관련하여 피보험자를 대신하여 피해자의 치료비에 관한 통상비용의 전액을, 기타 손해는 보험약관에서 정한 지급 기준금액을 대통령령이 정하는 바에 의하여 우선 지급하되, 최종적으로는 교통사고로 인한 손해배상금 전액을 보상하는 보험을 말한다(교통사고처리특례법 제4조 제2항).

그러나 이 경우에도 보험계약이 무효 또는 해지되거나 계약상의 면책규정 등으로 인하여 보험금 지급의무가 없는 경우에는 형사처벌을 제한하는 특례가 적용되지 않는다.

3) 교통사고처리특례법의 위헌여부

우리나라의 형법은 고의로 범행을 저지른 자에 대해 처벌함을 원칙으로 하고 과실범에 대한 처벌은 법률상 특별한 규정이 있는 경우에 한하여 처벌하도록 하고 있다.[92] 그러나 과실에 의한 사고라고 하더라도 기본권에 해당하는 국민의 생명과 신체의 안전을 위해하는 제 요인들로부터 국민을 보호하기 위해 형법에 과실치사상죄(형법 제266조, 제267조), 업무상과실치사상죄(형법 제268조)를 두고 있다. 그러면서도 과실치사상에 대하여는 반의사불벌죄를 적용토록 하고 있지만, 업무상과실치사상죄에 대하여는 직무자체가 위험성을 갖기 때문에 사람의 생명이나 신체의 위험을 방지하기 위해 반의사불벌죄의 적용을 하지 않고 있다.

문제는 업무상과실치상[93]에 대하여 반의사불벌죄의 적용규정이 없으면서도 교통사고처리특례법에 차의 운전자에 대하여는 반의사불벌죄를 적용하도록 함으로써 오히려 보다 세심한 주의를 요하는 '운전업무'에 면죄부를 주는 결과가 되고, 교통사고처리특례법 제4조 제1항에서 가해자가 보험에 가입한 경우 피해자에게 공소권을 제한함으로써 보험가입을 무기삼아 사죄나 반성의 태도는 전혀 없이 무조건 보험처리만 하면 된다는 뻔뻔한 자세를 보일 때 느끼는 법 현실에 대한 배신감은 적지 않을 것이다. 사람을 다치게 해놓고서도 피해자가

---
92) 형법 제14조(과실) 정상의 주의를 태만함으로 인하여 죄의 성립요소인 사실을 인식하지 못한 행위는 법률에 특별한 규정이 있는 경우에는 예외로 한다.
93) 교통사고처리특례법에서도 피해자가 사망한 경우에는 그 특례를 적용하지 아니한다.

가해자에게 미안하다는 최소한의 사과 한마디 받을 수 없는 것이 우리나라의 현실이다.

이러한 사유로 보험에 가입하였다고 하여 공소권을 제한하도록 한 교통사고처리특례법 제4조 제1항이 사고운전자들의 평등권을 침해하고 사고피해자들의 생명이나 신체에 대한 보호청구권 및 평등권을 침해한다고 하여 몇 차례 헌법소원[94])이 제기되어 2009년 2월 26일 위헌결정을 내렸다.

업무상과실 또는 중대한 과실로 인한 교통사고로 피해자에게 중상해를 입힌 경우에 공소를 제기할 수 없도록 규정한 교통사고처리특례법 제4조 제1항이 헌법에 위반된다고 선고하였다.

이에 따라 기존 운전자보험의 형사합의지원금에서 중과실로 인한 사고만을 보상하던 것을 일반교통사고로 피해자가 중상해를 입은 경우까지 보상하는 것으로 상품개정이 이루어지게 되었다.

---

[94]) 헌법재판소 1997.1.16. 90헌마110. 여기에서는 교통사고처리특례법 제4조 제1항에 대하여만 그 대상으로 하였으나, 동법 제3조 제2항도 비슷한 수준에서 논의되는 것이 일반적이다. 이후에도 2005헌마764, 2008헌마118에서도 논의되었다.

제3절 자동차보험

1. 자동차보험

가. 자동차보험의 종류

자동차보험은 가입하는 자동차의 종류에 따라 개인용자동차보험, 업무용자동차보험, 영업용자동차보험, 이륜자동차보험, 농기계보험으로 구분된다. 개인용자동차보험은 법정 정원 10인승 이하의 개인 소유의 자가용 승용차를 대상으로 한다. 개인용 자동차를 제외한 모든 비사업용 자동차는 업무용자동차보험을 가입해야 한다. 사업용으로 사용하는 자동차는 영업용자동차보험을 가입해야 하고, 이륜자동차 및 원동기장치자전거는 이륜자동차보험을 가입해야 한다. 경운기, 농업용 트랙터나 콤바인 등의 농기계는 농기계보험을 가입해야 한다.

<표 10-3> 자동차보험의 종류

보 험 종 목	가 입 대 상
개인용자동차보험	법정 정원 10인승 이하의 개인 소유 자가용 승용차. 다만, 인가된 자동차학원 또는 자동차학원 대표자가 소유하는 자동차로서 운전교습, 도로주행교육 및 시험에 사용되는 승용자동차는 제외
업무용자동차보험	개인용 자동차를 제외한 모든 비사업용 자동차
영업용자동차보험	사업용 자동차
이륜자동차보험	이륜자동차 및 원동기장치자전거
농기계보험	동력경운기, 농용트랙터 및 콤바인 등 농기계

나. 자동차보험의 구성

보험회사가 판매하는 자동차보험은 「대인배상Ⅰ」, 「대인배상Ⅱ」, 「대물배상」, 「자기신체사고」, 「무보험자동차에 의한 상해」, 「자기차량손해」의 6가지 보장종목과 특별약관으로 구성되어 있다.

1) 가입의 강제여부

자동차보험은 가입이 강제되는지의 여부에 따라 의무보험[95]과 임의보험으로 구분된다.

---

[95] 의무보험: 「자동차손해배상보장법」 제5조에 따라 자동차보유자가 의무적으로 가입하는 보험을 말한다.

① 의무보험

「자동차손해배상보장법」 제5조에 의해 보험에 가입할 의무가 있는 자동차보유자[96]는 「대인배상Ⅰ」과 「대물배상」(「자동차손해배상보장법」에서 정한 보상한도에 한함)을 반드시 가입하여야 한다.

② 임의보험

의무보험에 가입하는 보험계약자는 의무보험에 해당하지 않는 보장종목을 선택하여 가입할 수 있다.

2) 배상책임여부에 따른 분류

자동차보험은 자동차 사고로 이하여 피보험자가 상대방에게 손해배상책임을 부담하는지의 여부에 따라 배상책임종목과 배상책임이외의 종목으로 구분된다.

① 배상책임 보장종목

배상책임종목으로는 자동차사고로 인하여 피보험자가 손해배상책임을 짐으로써 입은 손해를 보상하는 담보항목이다. 대표적인 배상책임 보장종목으로는 「대인배상Ⅰ」, 「대인배상Ⅱ」, 「대물배상」이 있다.

---

[96] 자동차보유자: 자동차의 소유자나 자동차를 사용할 권리가 있는 자로서 자기를 위하여 자동차를 운행하는 자를 말합니다(「자동차손해배상보장법」 제2조 제3호).

<표 10-4> 배상책임 보장종목

보장종목	보상하는 내용
「대인배상Ⅰ」	자동차사고로 다른 사람을 죽게 하거나 다치게 한 경우에 「자동차손해배상보장법」에서 정한 한도에서 보상
「대인배상Ⅱ」	자동차사고로 다른 사람을 죽게 하거나 다치게 한 경우, 그 손해가 「대인배상Ⅰ」에서 지급하는 금액을 초과하는 경우에 그 초과 손해를 보상
「대물배상」	자동차사고로 다른 사람의 재물을 없애거나 훼손한 경우에 보상

② 배상책임 이외의 보장종목

배상책임 이외의 보장종목은 자동차사고로 인하여 피보험자가 입은 손해를 보상하는 종목이다. 배상책임 이외의 보장종목으로는 「자기신체사고」, 「무보험자동차에 의한 상해」, 「자기차량손해」가 있다.

<표 10-5> 배상책임 이외의 보장종목

보장종목	보상하는 내용
「자기신체사고」	피보험자가 죽거나 다친 경우에 보상
「무보험자동차에 의한 상해」	무보험자동차에 의해 피보험자가 죽거나 다친 경우에 보상
「자기차량손해」	피보험자동차에 생긴 손해를 보상

2. 자동차보험의 배상책임 보장종목

가. 대인배상 Ⅰ

1) 보상하는 손해

「대인배상Ⅰ」에서 보험회사는 피보험자가 피보험자동차의 운행[97]으로 인하여 다른 사람을 죽거나 다치게 하여「자동차손해배상보장법」제3조에 의한 손해배상책임을 짐으로써 입은 손해를 보상한다.

2) 피보험자

「대인배상Ⅰ」에서 피보험자라 함은 다음 중 어느 하나에 해당하는 자를 말하며, 다음에서 정하는 자 외에도「자동차손해배상보장법」상 자동차보유자에 해당하는 자가 있는 경우에는 그 자를「대인배상Ⅰ」의 피보험자로 본다.

① 기명피보험자
② 친족피보험자
③ 승낙피보험자
④ 사용피보험자
⑤ 운전피보험자

3) 보상하지 않는 손해

보험계약자 또는 피보험자의 고의로 인한 손해는「대인배상Ⅰ」에서 보상하

---

[97] 운행: 사람 또는 물건의 운송 여부와 관계없이 자동차를 그 용법에 따라 사용하거나 관리하는 것을 말합니다(「자동차손해배상보장법」제2조 제2호)

지 않는다. 다만, 「자동차손해배상보장법」 제10조의 규정에 따라 피해자가 보험회사에 직접청구를 한 경우, 보험회사는 자동차손해배상보장법령에서 정한 금액을 한도로 피해자에게 손해배상금을 지급한 다음 지급한 날부터 3년 이내에 고의로 사고를 일으킨 보험계약자나 피보험자에게 그 금액의 지급을 청구한다.

나. 대인배상Ⅱ와 대물배상

1) 「대인배상Ⅱ」의 보상하는 손해

「대인배상Ⅱ」에서 보험회사는 피보험자가 피보험자동차를 소유·사용·관리하는 동안에 생긴 피보험자동차의 사고로 인하여 다른 사람을 죽게 하거나 다치게 하여 법률상 손해배상책임을 짐으로써 입은 손해(「대인배상Ⅰ」에서 보상하는 손해를 초과하는 손해에 한함)를 보상한다.

2) 「대물배상」의 보상하는 손해

「대물배상」에서 보험회사는 피보험자가 피보험자동차를 소유·사용·관리하는 동안에 생긴 피보험자동차의 사고로 인하여 다른 사람의 재물을 없애거나 훼손하여 법률상 손해배상책임을 짐으로써 입은 손해를 보상한다.

3) 피보험자

「대인배상Ⅱ」와 「대물배상」에서 피보험자라 함은 다음 중 어느 하나에 해당하는 자를 말한다.

① 기명피보험자
② 친족피보험자
③ 승낙피보험자. 다만, 자동차 취급업자가 업무상 위탁받은 피보험자동차를 사용하거나 관리하는 경우에는 피보험자로 보지 않습니다.
④ 사용피보험자
⑤ 운전피보험자. 다만, 자동차 취급업자가 업무상 위탁받은 피보험자동차를 사용하거나 관리하는 경우에는 피보험자로 보지 않습니다.

다. 배상책임의 지급보험금의 계산

「대인배상Ⅰ」,「대인배상Ⅱ」,「대물배상」에서 보험회사는 이 약관의 '보험금 지급기준에 의해 산출한 금액'과 '비용'을 합한 금액에서 '공제액'을 공제한 후 보험금으로 지급하되 다음의 금액을 한도로 합니다.

① 「대인배상Ⅰ」: 자동차손해배상보장법령에서 정한 기준에 따라 산출한 금액

② 「대인배상Ⅱ」,「대물배상」: 보험증권에 기재된 보험가입금액

| 지급보험금 | = | '보험금지급기준에 의해 산출한 금액' 또는 '법원의 확정판결 등(*1)에 따라 피보험자가 배상하여야 할 금액' | + | 비용 | - | 공제액 |

라. 음주운전 또는 무면허운전 관련 사고부담금

1) 자기부담금

피보험자 본인이 음주운전[98]이나 무면허운전을 하는 동안에 생긴 사고 또는 기명피보험자의 명시적·묵시적 승인하에서 피보험자동차의 운전자가 음주운전이나 무면허운전을 하는 동안에 생긴 사고로 인하여 보험회사가 「대인배상 Ⅰ」, 「대인배상 Ⅱ」 또는 「대물배상」에서 보험금을 지급하는 경우, 피보험자는 다음에서 정하는 사고부담금을 보험회사에 납입하여야 한다.

음주운전 또는 무면허운전중 사고시의 자기부담금은 기존에는 대인과 대물 등에서 각각 200만원과 50만원이었으나, 2015년 4월 9일부터는 현재와 같은 300만원과 100만원으로 상향되었다.

① **음주운전 사고부담금**[99]: 1 사고당 「대인배상Ⅰ·Ⅱ」는 300만원, 「대물배상」은 100만원

② **무면허운전 사고부담금**[100]: 1 사고당 「대인배상Ⅰ」는 300만원, 「대물배상」은 100만원

2) 자기부담금의 미납

피보험자는 지체 없이 음주운전 또는 무면허운전 사고부담금을 보험회사에 납입하여야 한다. 다만, 피보험자가 경제적인 사유 등으로 이 사고부담금을 미납하였을 때 보험회사는 피해자에게 이 사고부담금을 포함하여 손해배상금을 우선 지급하고 피보험자에게 이 사고부담금의 지급을 청구할 수 있다.

---

[98] 음주운전(조종): 「도로교통법」에 정한 술에 취한 상태에서 운전(조종)하거나 음주측정에 불응하는 행위를 말한다.
[99] 음주운전중 사고시의 자기부담금은 대인, 대물, 자손까지 가입금액을 한도로 보상한다.
[100] 무면허운전중 사고시의 자기부담금은 의무보험에 해당하는 대인1과 자손부분까지만 보상한다.

3. 자동차보험의 배상책임 이외의 보장종목

가. 자기신체사고

「자기신체사고」에서 보험회사는 피보험자가 피보험자동차를 소유·사용·관리하는 동안에 생긴 자동차의 사고로 인하여 죽거나 다친 때 그로 인한 손해를 보상하여 드립니다.

나. 무보험자동차에 의한 상해

「무보험자동차에 의한 상해」에서 보험회사는 피보험자가 무보험자동차로 인하여 생긴 사고로 죽거나 다친 때에 그로 인한 손해에 대하여 배상의무자[101]가 있는 경우에 이 약관에서 정하는 바에 따라 보상한다.

무보험자동차란 피보험자동차가 아니면서 피보험자를 죽게 하거나 다치게 한 자동차로서 다음 중 어느 하나에 해당하는 것을 말한다. 이 경우 자동차라 함은 「자동차관리법」에 의한 자동차, 「건설기계관리법」에 의한 건설기계, 「군수품관리법」에 의한 차량, 「도로교통법」에 의한 원동기장치자전거 및 「농업기계화촉진법」에 의한 농업기계를 말하며, 피보험자가 소유한 자동차를 제외한다.

① 자동차보험 「대인배상Ⅱ」나 공제계약이 없는 자동차
② 자동차보험 「대인배상Ⅱ」나 공제계약에서 보상하지 않는 경우에 해당하

---

[101] '배상의무자'라 함은 무보험자동차로 인하여 생긴 사고로 피보험자를 죽게 하거나 다치게 함으로써 피보험자에게 입힌 손해에 대하여 법률상 손해배상책임을 지는 사람을 말한다.

는 자동차

③ 이 약관에서 보상될 수 있는 금액보다 보상한도가 낮은 자동차보험의 「대인배상Ⅱ」나 공제계약이 적용되는 자동차. 다만, 피보험자를 죽게 하거나 다치게 한 자동차가 2대 이상이고 각각의 자동차에 적용되는 자동차보험의 「대인배상Ⅱ」 또는 공제계약에서 보상되는 금액의 합계액이 이 약관에서 보상될 수 있는 금액보다 낮은 경우에 한하는 그 각각의 자동차

④ 피보험자를 죽게 하거나 다치게 한 자동차가 명확히 밝혀지지 않은 경우 그 자동차

다. 자기차량손해

「자기차량손해」에서 보험회사는 피보험자가 피보험자동차를 소유·사용·관리하는 동안에 발생한 사고로 인하여 피보험자동차에 직접적으로 생긴 손해를 보험증권에 기재된 보험가입금액을 한도로 보상한다.

다만, 보험가입금액이 보험가액보다 많은 경우에는 보험가액[102]을 한도로 보상한다. 이 경우 피보험자동차에 통상 붙어있거나 장치되어 있는 부속품[103]과 부속기계장치[104]는 피보험자동차의 일부로 본다. 그러나 통상 붙어 있거나 장치되어 있는 것이 아닌 것은 보험증권에 기재한 것에 한한다.

---

102) '보험가액'이라 함은 보험개발원이 정한 차량기준가액표에 따라 보험계약을 맺었을 때에는 사고발생 당시 보험개발원이 정한 최근의 차량기준가액을 말한다. 그러나 위 차량기준가액이 없거나 이와 다른 가액으로 보험계약을 맺었을 경우 보험증권에 기재된 가액이 손해가 생긴 곳과 때의 가액을 현저하게 초과할 때에는 그 손해가 생긴 곳과 때의 가액을 보험가액으로 한다.
103) 부속품: 자동차에 정착 또는 장비되어 있는 물품을 말하며, 자동차 실내에서만 사용하는 것을 목적으로 해서 자동차에 고정되어 있는 내비게이션이나 고속도로통행료단말기를 포함한다. 다만 다음의 물품을 제외합니다. ① 연료, 보디커버, 세차용품, ② 법령에 의해 자동차에 정착하거나 장비하는 것이 금지되어 있는 물건, ③ 통상 장식품으로 보는 물건, ④ 부속기계장치.
104) 부속기계장치: 의료방역차, 검사측정차, 전원차, 방송중계차 등 자동차등록증상 그 용도가 특정한 자동차에 정착되거나 장비되어 있는 정밀기계장치를 말한다.

제4절 자동차사고와 손해배상

1. 자동차사고 발생시 대처요령

가. 사고의 신고

교통사고가 발생하면 사고의 경중이나 사람이 다쳤는지의 여부와 관계없이 모든 사고를 경찰서에 신고해야 하는 것일까? 결론부터 말하자면, 그렇지 않다.

나. 접촉사고 발생시 사진 찍는 방법

교통사고가 발생한 경우 사람은 누구나 당황하게 된다. 설사 수십년간 자동차 보상업무를 하던 사람들이라 하더라도 본인이 사고의 당사자가 되면 당황하게 된다. 당황하다 보면 당연히 취했어야 할 조치마저도 망각하게 된다.

사고의 증거로서 블랙박스 영상이 있다면 사고 당사자끼리 다툴 필요가 없지만 블랙박스 영상이 모든 사고 상황을 전부 촬영할 수는 없는 것이기 때문에 사고후 사진 촬영도 중요한 증거가 된다. 특히 접촉사고에서는 과실비율에 따라 배상하거나 자부담해야할 금액의 차이가 발생하기 때문에 사고현장을 촬영하는 것은 매우 중요하다. 다음은 2015년 초에 현직 경찰관이 알려준 접촉

사고가 발생한 경우의 사진 찍는 4가지 방법을 소개한다.

경찰관이 알려주는 접촉사고 후 사진 찍는 법

① 차량의 파손 부위를 근접 촬영해라
파손부위와 정도는 사고차량 속도 추정에 중요한 자료가 된다

② 원거리 사진을 찍어라
상황파악을 위해 사고지점에서 2~30m 거리에서 4장정도 찍어라

③ 바퀴가 돌아가 있는 방향을 찍어라
바퀴의 방향은 가해자와 피해자를 결정하는 중요한 증거다

④ 상대차량의 블랙박스 유무도 찍어 놓자
블랙박스 없다고 발뺌하는 경우도 많다

경찰청 온라인소통계

1) 차량의 파손 부위를 근접 촬영해라

파손부위와 정도는 사고차량의 속도 추정에 중요한 자료가 된다. 따라서 파손 부위는 1~2m 정도의 원거리 촬영은 물론 파손부위를 정확하게 알 수 있도록 손가락 등으로 지시하면서 촬영하는 것도 방법이다. 또한 볼펜 등으로 지시함으로써 파손 부위의 크기(길이)를 측정할 수 있게 하는 것도 중요하다.

또한 파손 부위는 모두 근접 촬영하여야 하며, 기존 파손 부위 였는지의 여부도 상대 차량 운전자에게 확인을 해야 한다. 종종 기존 파손부위를 사고로 인해 파손된 것처럼 속이는 경우도 있기 때문이다.

2) 원거리 사진을 찍어라

사고발생 장소는 과실비율을 산정하는데 있어서 매우 중요한 요소이다. 차량 사진을 찍으면서 신호등이 있다면 신호등을 포함시켜 찍고, 횡단보도라면 횡단보도의 방향까지 나올 수 있도록 찍어야 한다.

원거리 사진도 각도에 따라 유불 리가 달라질 수 있으므로 동서남북의 4방향에서 찍되, 나의 진행방향과 반대방향, 그리고 상대방의 진행방향과 반대방향에서 각각 촬영해야 한다.

거리는 원거리에서부터 점점 가까이 접근하면서 촬영하고 20~30m 정도의 거리면 충분하며 4~8장 정도 촬영하면 된다.

3) 바퀴가 돌아가 있는 방향을 찍어라

바퀴의 방향은 가해자와 피해자를 결정하는 중요한 증거가 된다. 따라서 바퀴가 돌아가 있는 방향까지도 촬영해야 한다. 보통은 접촉사고가 발생하면 차량을 이동시키기도 하는데 그렇다 하더라도 증거를 확보할 수 있다면 모두 확보해야 한다.

4) 상대차량의 블랙박스 유무를 찍어라

가해자인 상대방이 본인의 불리함을 피하기 위하여 블랙박스가 없었다고 발뺌할 수 있기 때문에 상대차량의 파손 부위를 촬영하면서 블랙박스 유무도 함께 촬영해야 한다.

2. 대인사고 발생시의 손해배상

가. 자동차사고의 손해배상

자동차사고가 발생하여 피해를 입은 경우 손해배상은 어떤 기준에 의해 이루어질까? 결론부터 이야기하자면, 소송을 할 경우와 소송을 하지 않고 보험회사와의 합의에 의해 종결하는 경우 손해배상금액이 달라질 수 있다.

자동차보험약관에서는 보험금 지급기준을 정하고 있으며 이에 따라 보상한다. 만약, 자동차보험 약관의 지급기준에 의한 손해배상액이 실제 손해액보다 작다면 피해자는 소송 등을 통해 합리적인 손해배상액을 요구할 수 있다.

사람이 사망한 경우에는 장례비(지급기준 300만원)와 사망에 따른 정신적 피해에 대한 위자료(지급기준 4500만원 또는 4000만원), 상실수익액, 치료비 등을 보장받게 된다.

나. 과실

과실이란 통상적인 사람을 기준으로 하여 마땅히 해야 할 의무를 게을리 하였거나, 또는 해서는 아니 될 의무를 행한 경우로서 행위자에게 부과된 주의의무 위반을 말한다. 여기서 가해자의 과실은 법적 의무위반의 강한 의미의 주의의무 위반을 말하고, 피해자의 과실은 사회통념상, 신의성실의 원칙상, 공동생활상 요구되는 약한 의미의 부주의를 말한다.[105]

과실을 상계하는 이유는 피해자 스스로의 과실로 초래된 손해는 피해자 자심이 부담하고 이를 가해자에게 전가할 수 없고 자기의 고의 내지 과실에 의한 손해는 자신이 책임을 분담하는 과실책임의 원칙과 가해자와 피해자간 손해의 공평한 분담이라는 기본원칙에 과실상계의 근거가 있다.

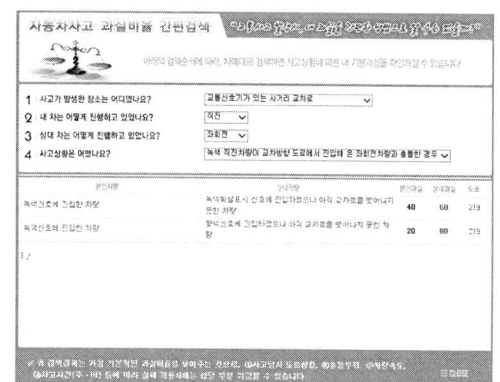

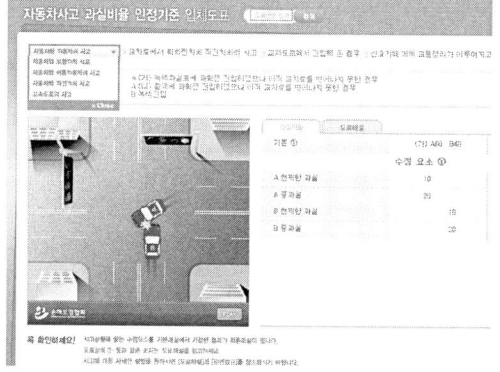

<그림 10-1> 과실비율 간편검색   <그림 10-2> 과실비율 인정기준

---

105) 손해보험협회, 과실인정기준 홈페이지 자료실 자료 인용

제10장. 배상책임보험과 자동차보험

교통사고 신속처리 표준 협의서

【안내사항】

1. 본 양식을 운전자 모두가 작성·서명한 경우에는 뺑소니 사고로 간주되는 등의 위험에서 벗어날 수 있으며 특별한 사정이 없는 한 신속한 보상처리가 가능하므로 항상 차량에 비치하시고, 경미한 교통사고라도 본 양식을 사고현장에서 각 당사자(운전자)가 함께 작성·서명한 후 각각 1부씩 보관하시기 바랍니다.

2. 보험처리를 원하시는 경우에는 우선 별첨된 해당 보험사의 콜센터 등으로 사고를 접수하시고 본 협의서를 보험사에 Fax 등을 통해 제출하시면 신속한 보상처리를 받으실 수 있습니다. 본 협의서를 Fax 등을 통해 보험사에 제출하신 경우 반드시 담당직원과의 전화통화 등을 통해 협의서 수신여부를 확인하시기 바랍니다.

3. 사고 상대방과 연락이 안되는 경우 작성된 협의서를 해당 보험사에 제출하여 직접청구하시면 일정 절차를 거쳐 보상처리를 받으실 수 있습니다.

4. 본 양식을 작성·서명했다는 사실만으로 그 사고에 대한 책임이 있는 것으로 간주되지 아니합니다. 본 양식은 단순히 사고와 관련된 사실관계를 확인하는데 그 목적이 있습니다.

5. 본 협의서 작성과 더불어 사고현장 및 차량 파손부위 등 피해사항에 대한 사진, 동영상 등을 촬영하여 보험사로 함께 제출하시면 교통사고로 인한 불이익을 최소화할 수 있을 뿐만 아니라 보다 신속한 보상처리가 가능합니다.

6. 본 협의서 양식은 손해보험협회(www.knia.or.kr), 각 손해보험회사 홈페이지에서 내려받을 수 있습니다.

【작성요령】 : 뒷면 작성예시 참조

1. 사고일시는 년월일 및 오전,오후를 구분한 시간을 최대한 구체적으로 기재해 주시기 바랍니다.
2. 사고장소는 인근의 큰 건물 등을 중심으로 구체적으로 기재하여 주시기 바랍니다.
3. 사고당시 날씨는 해당란에 ∨표기해 주시기 바랍니다
4. 차량번호, 주민번호, 운전자 성명과 연락처, 주소, 가입보험회사 등은 정확히 기재하여 주시기 바랍니다.
   · 운전자 이름과 주민번호, 연락처를 정확히 기재하셔야 뺑소니사고로 오해를 받지 않습니다.
5. 차량파손부위에 ∨표기해 주시기 바라며, 각 차량의 탑승인원수를 기재하여 주시기 바랍니다.
6. 야간, 악천후 등으로 인해 피해내용에 대한 현장확인이 곤란한 경우에는 가능한 사항에 대해서만 우선기재하시고 다음날에 다시 확인한다'는 등의 메모기재
7. 사고약도는 알기 쉽게 차로 및 큰 건물 등을 중심으로 구체적인 차량위치, 접촉상황 등을 그려 주시기 바라며 파손정도 및 특이사항에 대해서도 가급적 자세히 기술해 주시기 바랍니다.
8. 각 사고차량 운전자는 각각의 서명란에 자필로 서명하신 후 각 1부씩 소지하시기 바랍니다.

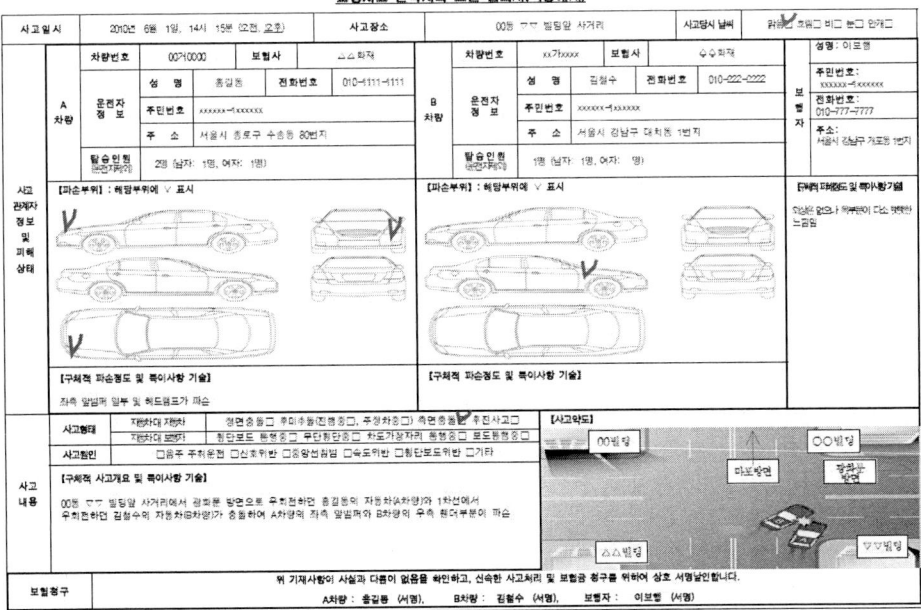

교통사고 신속처리 표준 협의서의 작성례

3. 자동차보험의 보험료와 할인할증

가. 보험료의 할인과 할증

1) 자동차보험 할인할증제도

자동차보험의 보험료를 산정할 때 생명보험처럼 연령(보험나이)에 의해서만 보험료를 차등 부과한다면 어떤 현상이 발생할까? 아마도 운전자 본인이 다치지만 않는다면 어차피 보험료는 확정되어 있기 때문에 경미한 접촉사고는 늘어날 것이다. 게다가 확인되지 않은 고의사고도 늘어날 것이다.

따라서 높은 위험에 높은 보험료를 부과한다는 취지를 적극반영하고, 자동차의 경우 위험의 정도가 운전자의 운전성향에 의해 많은 영향을 받는다는 점을 고려하여 자동차보험은 할인할증제도를 적용하고 있다. 즉 사고가 없는 경우에는 보험료를 할인하고, 사고가 있는 경우에는 보험료를 할증함으로써 운전자의 안전운전을 유도하고 궁극적으로는 교통사고율 감소 및 자동차보험료 인하효과를 도모하기 위해 운영되고 있다.

2) 무사고시 할인, 사고시 할증

자동차보험료 할인할증제도의 핵심은 사고가 없으면 보험료를 할인하고, 사고가 발생하면 보험료를 할증하는 구조이다. 즉 보험가입자의 과거 사고유무 및 내용에 따라 할인할증 등급을 평가·결정한다.

자동차보험을 최초로 가입하면 11Z등급(100%)을 부여하고 이후 매년 재가입 시마다 사고가 없으면 1등급씩 할인하고 사고가 발생한 경우에는 사고점수에 따라 할증 등급을 적용한다.

할인할증 등급별 적용률은 최고적용률(1Z, 200%)과 최저적용률(30%) 사이에서 보험회사별 실적통계를 기초로 자율 적용할 수 있다.

장기간 무사고로 보호등급이 된 보험가입자의 경우, 사고점수 1점 이하의 사고시에는 등급할증이 없고, 사고점수 2점 이상의 사고시에는 최초 1점을 뺀 나머지 점수로 등급할증을 계산한다.

<표 10-6> 할인할증 적용율별 전환되는 적용등급

적용율(%)	적용등급	적용율(%)	적용등급
200	1Z	115	9F
195	1F	110	10Z
190	2Z	105	10F
185	2F	100	11Z
180	3Z	95	11F
175	3F	90	12Z
170	4Z	85	12F
165	4F	80	13Z
160	5Z	75	13F
155	5F	70	14Z
150	6Z	65	14F
145	6F	60	15Z
140	7Z	55	15F
135	7F	50	16Z
130	8Z	45	17Z
125	8F	40	18P
120	9Z		

주) Z(Zero)는 일반등급, P(Protection)는 장기무사고 보호등급, F(Five)는 현등급과 다음등급의 가운데 등급을 의미함(즉, 18Z은 18등급, 18F은 18Z와 19Z의 중간인 18.5등급을 의미함)할인할증 적용율별 전환되는 적용등급 목록
자료 : 보험개발원(http://www.kidi.or.kr) 자료 인용.

나. 자동차보험료의 할인

자동차보험료를 할인 받는 가장 좋은 방법은 자동차를 운행할 때 주의하여 운행함으로써 사고가 발생하지 않도록 하는 것이다. 일부 보험회사에서는 타사 가입경력을 포함하여 3년 연속 무사고시 보험료의 6%를 할인하는 무사고 운전자 보험료 할인제도를 운영하고 있다. 그 외에도 어차피 납부해야할 보험료라면 몇가지 특약의 가입으로 보험료를 할인 받을 수 있다.

1) 다이렉트 자동차보험 가입

다이렉트 보험이란 보험가입 채널을 보험설계사나 보험대리점을 통하지 않고 보험회사의 인터넷이나 전화 등을 통해 직접 보험을 가입하는 보험을 말한다. 통상 다이렉트 자동차보험은 동일한 손해보험회사에 가입하더라도 13~15% 정도 보험료가 저렴한 것이 특징이다.

2) 블랙박스 장착 할인

자동차에 차량용 블랙박스 장치를 설치하고 블랙박스 특약에 가입하면 자동차보험료를 3~5% 정도 할인받을 수 있다.

3) 요일제 운행 할인

보험가입시 승용차 요일제 특약에 가입한 후 주중 하루는 쉬고 나머지 요일에만 운행하는 경우 보험료를 할인해주는 특약이다.

4) 주행거리에 따른 보험료 할인

자동차의 연간 주행거리가 10,000km 이하인 경우 보험료의 일정액을 할인해주는 특약이다. 자동차의 주행거리가 늘어날수록 그만큼 사고에 노출될 위험이 커지기 때문에 연간 주행거리가 10,000km 이하인 경우 보험료의 11%~18% 정도를 할인해주는 특약이다.

5) 보험료의 비교

보험료 자율화가 시행된 이후 각 보험사는 경쟁력있는 보험료율을 제시하고 있다. 각 보험회사마다 경영안정성이나 서비스 요인 등이 거의 비슷한 상황에서는 보다 저렴한 보험료를 찾아 가입하더라도 가입자는 별다른 불이익이 없다. 특정 브랜드나 특정 보험사에 대한 충성도가 매우 높은 경우가 아니라면 보다 저렴한 보험료를 책정한 보험사에 가입하는 것이 어쩌면 당연한 것이다.

그렇다면 자동차보험을 판매하는 국내 10개 손해보험사의 자동차보험을 손쉽게 전부 비교하는 방법은 없을까?

손해보험협회의 홈페이지에 들어가서 운전자의 몇 가지 인적사항을 입력하면 자동으로 보험료를 계산해준다. 이를 통해 자동차보험료를 비교해본 후 가입할 수 있다.

4. 운전이 가능한 자와 임시운전자 특약

자동차보험은 그 특성상 보험에 가입한 자동차, 즉 피보험자동차를 운전할 수 있는 사람을 제한하는 경우 보험료를 할인해주고 있다. 다만, 보험료를 할인받은 이후 운전이 가능한 자가 아닌 자가 자동차를 운전하다가 사고가 발생하는 경우 대인배상 I 을 제외한 다른 담보는 보상하지 않는다.

자동차보험에서는 운전가능자를 제한함으로써 보험료를 할인하는 특약으로는 크게 두 가지를 운용하고 있다. 운전자의 연령을 제한하는 특약과 운전자의 범위를 제한하는 특약이 그것이다.

가. 운전자의 연령제한 특별약관

피보험자동차를 운전할 수 있는 자의 연령을 제한함으로써 보험료를 할인하도록 한 특별약관이다. 아무래도 미혼자나 군입대전의 자녀 등은 안전운전에 대한 주의가 소홀할 수 있다는 점과 실제 사고가 발생하는 경우 손해도 커서 각각의 연령대에 대한 할인폭을 달리 정하고 있다.

보험사별로 운전가능자에 대한 연령 구분은 각기 상이하지만 통상 만21세 이상, 만22세 이상, 만24세 이상, 만 26세 이상, 만 28세 이상, 만 30세 이상, 만 35세 이상, 만 43세 이상, 만 48세 이상 한전운전 특별약관 등으로 구분하고 있다. 즉 해당 연령 미만자가 피보험자동차를 운전하던 중 사고가 발생하는 경우 보험사는 대인배상 I 을 제외한 다른 담보항목은 보험금을 지급하지 않는다.

이때 적용하는 운전자의 나이는 만나이를 기준으로 적용하며 주민등록상의 생년월일을 기준으로 사고일 현재의 나이로 구분한다.

나. 운전자의 범위 제한 특별약관

자동차 보험료를 할인받는 또 하나의 방법은 운전가능한 자의 범위를 연령이 아닌 가족관계 등으로 구분하는 방법이다. 운전이 가능한 자를 연령제한 외에 보험증권에 기재된 자(이하 '기명피보험자'라 한다) 1인만을 피보험자로 할 수도 있고, 기명피보험자의 부부, 기명피보험자의 가족 등으로 한정할 수도 있다. 이렇게 운전이 가능한 자를 한정함으로써 보험사고 발생 가능성을 줄이도록 한 것이다.

<표 10-6> 특별약관에 따른 운전이 가능한 자

특별약관 \ 운전할 수 있는 사람	기명 피보험자의						
	본인	배우자	부모·자녀	배우자의 부모	사위·며느리	형제·자매	지정 1인
기명 피보험자 1인	○	X	X	X	X	X	X
기명 피보험자 1인 + 지정 1인	○	X	X	X	X	X	○
부부	○	○	X	X	X	X	X
부부 + 지정 1인	○	○	X	X	X	X	○
가족	○	○	○	○	○	X	X
가족 + 지정 1인	○	○	○	○	○	X	○
가족 + 형제자매	○	○	○	○	○	○	X
지정 1인	X	X	X	X	X	X	○
미가입	○	○	○	○	○	○	○

주1) ○는 보상하는 경우이며, ×는 운전하는 사람이 다를 경우 보상하지 않는 경우를 말한다.
주2) 가족이란 증권에 기재된 피보험자의 부모와 양부모, 배우자의 부모 또는 양부모, 배우자, 자녀, 며느리, 사위를 말한다.

물론 운전가능자의 범위를 연령이나 가족관계 등과 관계 없이 '누구나' 운전이 가능하도록 설정할 수도 있다. 대신 보다 많은 보험료를 납입해야 한다. 매일 운전하는 사람이 제한된다면 굳이 많은 보험료를 낼 필요가 없기 때문에 운전자의 범위를 한정한 것이다.

운전가능한 자의 범위를 제한하는 것은 보험사별로 차이가 있을 수 있으나 위의 표와 같이 제한하는 것이 일반적이다.

다. 임시운전자 특약

추석이나 설 명절 때 멀리서 친척이 찾아와 명절기간동안만 자동차를 빌려 달라고 한다면 어떻게 해야 할까? 그동안의 혈연에 의한 친분이나 오랜만에 만나 모처럼 한 부탁인데 거절할 수도 없고, 빌려주자니 사고가 발생한 경우의 뒷감당이 자신 없다. 자동차보험도 부부한정특약 만 35세 이상 운전으로 제한되어 있다면 어떻게 해야 할까?

> ※ 임시운전자 특별약관
>
> 보험회사는 이 특별약관에 의하여 기명 피보험자의 승낙을 얻은 운전자가 피보험자동차를 운전하던 중 발생된 사고에 대하여 '운전자 연령 한정운전 특별약관' 또는 '운전자(범위) 한정운전 특별약관' 가입여부에 관계없이 이 특약에서 선택한 기간에는 해당 운전자를 피보험자동차가 가입한 보통약관의 피보험자로 간주하여 이 특별약관이 정하는 바에 따라 보상합니다.
> **삼성화재 자동차보험 임시운전자 특별약관** 中

이럴 때를 대비한 것이 임시운전자 특약이다. 이 특별약관은 기명피보험자의 승낙을 얻은 운전자가 피보험자동차를 운전하던 중 발생한 사고에 대해 연령제한이나 운전자 범위 제한과 같은 특약의 적용을 배체시킨 특약이다.

5. 대리운전과 자동차보험

술을 마시게 되는 경우 보통 대리운전을 이용하여 차량을 운행한다. 만약 대리운전기사의 부주의로 사고가 발생하여 상대방 차량과 대리운전 기사가 운전한 내 차량간의 과실비율이 각각 50%라고 한다면 손해배상과 관련된 문제는 어떻게 될까?

우선 상대방이 있는 사고에서 인사사고가 발생한 경우에는 먼저 책임보험 한도까지는 차주의 자동차보험의 대인1(책임보험)에서 보상한다. 물론 술을 마신 상태에서 운전자체를 대리운전기사에게 맡겼다하더라도 차주는 자동차손해배상보장법에 정한 운행자 책임을 지게 되기 때문에 잘못이 없는 사고에 대해서도 배상책임을 부담한다. 즉 내 소유의 차량을 다른 사람에게 운전을 맡기는 경우에는 사고가 나더라도 책임을 공동으로 진다는 의미이다. 따라서 차주와 대리기사는 '부진정 연대책임'[106]의 관계에 있으므로 상대 피해자는 차주와 대리기사 중 누구에게라도 손해배상책임을 물을 수 있으나 통상은 손해배상청구가 손쉬운 차주에게 묻는다.

대리운전 중에 사고가 발생하면, 일단 대인배상1 영역에서 보상하고 나머지 대인배상2와 대물, 자손, 자차, 무보험차상해 등의 담보는 운전자 한정 위반으로 거의 대부분 면책이 된다.

---

106) 연대채무자의 의사와 상관없이 우연히 발생하게 되는 채무

가. 인사사고의 경우

우선, 대리운전중 사람이 죽거나 다치는 인사사고가 발생하면 책임보험(대인배상 1) 한도까지는 차주의 자동차보험에서 보상처리하고, 초과되는 금액에 대해서만 대리운전보험에서 보상한다. 이때 차주의 책임보험에서 보상하는 부분에 대해서는 차후 자동차보험료는 할증되지 않는다.

그러나 대리운전자가 보험을 가입하지 않았다면 대리기사와 차주는 공동으로 배상책임을 져야 하는데, 부진정 연대책임을 부담하기 때문에 사실상 손해배상청구가 손쉬운 차주가 전액을 배상하게 된다. 따라서 대리운전 특약의 가입이 필수적이다.

만약, 대리운전기사가 운전 중에 차주가 사망하였을 때에는 대리운전보험의 대인배상2에서 보상하되, 차주가 안전띠를 착용한 상태라면 차주의 과실은 무과실을 적용한다.

나. 대물사고의 경우

인사사고와는 달리 대물사고는 민법 제750조에 정한 불법행위책임만 적용되기 때문에 운전중 사고에 대한 잘못이 없는 차주에게 손해배상책임이 발생하지 않는다. 즉 대리기사와 대리운전 회사의 책임으로 귀속된다. 그러나 대리기사에게 정상 속도 이상으로 빨리 갈 것을 요구하거나 신호위반이나 중앙선 침범 등을 종용하였다면 이 경우에는 차주에게도 과실이 적용될 수 있다.

자차사고의 경우에는 차주가 가입한 자동차보험에서는 운전자의 한정범위를 벗어난 제3자가 운전하던 중 사고가 발생하였기 때문에 차주가 가입한 자동차보험의 자손, 자차, 그리고 무보험차 상해와 같은 담보에서는 보험처리가 안된다. 대리운전자보험에서 자차로 처리하더라도 수리기간 동안의 렌트비와 격락손해는 보상하지 않는다. 왜냐하면, 대리운전의 자차보험이기 때문이다.

> ※ 대리운전중 사고 보상 특별약관
> ① 보험회사는 이 특별약관의 피보험자가 당해자동차의 피보험자의 요청에 의하여 당해자동차를 운전 중(주차 또는 정차중을 제외합니다) 발생한 사고에 대하여 보통약관 배상책임의 피보험자로 간주하며, 보통약관'자기신체사고', '무보험차에 의한 상해' 및 '자기차량손해'에 대해서도 보통약관이 정하는 바에 따라 보상하여 드립니다. 또한 이 경우에는 "운전자연령한정 운전 특별약관" 및 "운전자한정 운전 특별약관"을 적용하지 않습니다.
> ② 위'①'의 사고로 발생한 손해에 대해 자동차취급업자 종합보험 또는 대리운전업자보험 등의 다른 보험계약에 의하여 보험금이 지급될 수 있는 경우에는, 회사는 발생한 손해가 위 다른 보험계약에 의하여 지급될 수 있는 금액을 초과하는 때에 한하여 그 초과액만을 이 특별약관에 따라 보상합니다.
> **삼성화재 자동차보험 대리운전중 사고보상 특별약관 中**

단원요약

1. 고의 또는 과실로 인한 위법행위로 타인에게 손해를 가한 자는 그 손해를 배상할 책임이 있다.

2. 가해자가 피해자에 대한 손해배상책임을 거절하는 등의 사유가 있으면 피해자는 언제든지 가해자가 가입한 보험회사에 대하여 손해배상을 청구할 수 있는데 이를 「피해자 직접청구권」이라 한다.

3. 「교차책임주의(cross liability)」란 쌍방과실에 의하여 손해가 발생한 경우에 각자가 서로 상대방의 손해액에 자기의 과실비율을 곱하여 산출한 금액을 서로가 교차하여 배상책임을 부담하는 방식을 말한다.

4. 「징벌적 손해배상」이란 가해자가 피해자에게 손해를 입힌 경우, 통상적인 손해액 이외에도 형벌적인 요소로서의 벌금을 추가적으로 포함시켜서 배상받을 수 있도록 한 제도를 말한다.

5. 교통사고를 야기한 경우에는 형사적인 책임, 민사적인 책임, 행정적인 책임을 부담한다.

6. 교통사고처리특례법에서는 '반의사불벌죄의 적용'과 '보험등에 가입한 경우의 특례'와 같은 특례를 적용하고 있다.

7. 자동차보험의 담보항목은 배상책임종목과 배상책임이외의 종목으로 구성되어 있다.

8. 음주운전 사고시의 자기부담금은 대인배상 I Ⅱ는 300만원, 대물배상은 100만원이며, 무면허운전 사고시의 자기부담금은 대인배상 I 은 300만원, 대물배상은 100만원이 부과된다.

주요용어

- 책임무능력자
- 손해배상책임
- 불법행위
- 동물점유자
- 피해자 직접청구권
- 교차책임주의
- 단일책임주의
- 징벌적 손해배상
- 생산물배상책임보험
- 제조물책임법
- 영업배상책임보험
- 수탁자 배상책임보험
- 전문직업인 배상책임보험
- 교통사고처리특례법
- 의무보험
- 임의보험
- 음주운전
- 무면허운전
- 자기부담금
- 무보험자동차
- 과실
- 할인할증
- 다이렉트 자동차보험
- 블랙박스
- 임시운전자 특약
- 대리운전특약

연습문제

1. 책임무능력자의 손해배상책임에 대하여 기술하시오.
2. 피해자 직접청구권에 대하여 설명하시오.
3. 교차책임주의와 단일책임주의를 비교하여 설명하시오.
4. 징벌적 손해배상에 대하여 설명하시오.
5. 교통사고처리특례법에 정한 특례 2가지를 설명하시오.
6. 음주운전 및 무면허운전으로 사고를 야기한 경우의 자기부담금에 대하여 설명하시오.
7. 자동차사고 발생시의 과실에 대하여 설명하시오.
8. 임시운전자 특별약관에 대하여 설명하시오.
9. 대리운전중 사고발생시 보상에 대하여 설명하시오.

참고문헌

김일수, "교통사고처리특례법 개선방안 마련의 필요성", 「월간 손해보험」, 2008년 8월호
이경재, 「포인트 손해사정이론」, 보험연수원, 2015.
경찰청(www.police.go.kr)
보험개발원(www.kidi.or.kr)
삼성화재(www.samsungfire.com)
손해보험협회(www.knia.or.kr)
위키백과(ko.wikipedia.org)

에듀컨텐츠·휴피아
CH Educontents·Huepia

제11장

화재보험

학습목표

○ 화재보험과 화재보험을 구성하는 원리에 대해 이해할 수 있다.

○ 화재보험의 다양한 특별약관을 이해할 수 있다.

제11장 화재보험

제1절 화재보험

1. 화재보험의 종류

　화재보험은 보험목적이 화재로 입은 손해를 보상하는 보험이다. 화재보험은 보상하는 보장기간이나 운용하는 방식에 따라 (일반)화재보험, 주택화재보험, 장기화재보험으로 구분한다.
　보험기간이 단기간인 화재보험을 주택화재보험과 쉽게 구별하기 위해 「일반화재보험」이라고 부르기도 한다. 「주택화재보험」이 주택물건의 건물과 수용하는 가재를 주로 보상하는 보험상품이라면 일반화재보험은 일반물건과 공장물건을 보험목적으로 하는 보험상품을 말한다.
　「일반물건」이란 주택물건이나 공장물건이 아닌 물건으로서 병용주택, 점포, 사무실, 창고 등의 건물이나 옥외설비 등이 포함된다. 공장물건은 제조, 가공, 수리작업 등을 하는 공장 또는 작업장 구내에 있는 건물, 기계, 집기비품, 옥외장치 등을 말한다.
　「장기화재보험」은 일반보험의 보험기간과는 달리 보험기간을 3년 이상의 장기간 동안 유지하며 보험기간 중 화재사고가 발생하더라도 보험가입금액이 자동복원 되는 등의 특성을 가지고 있다.

<표 11-1> 화재보험의 종류

보험의 종류	대상물건	담보내용	보험기간
주택화재보험	주택물건의 건물과 가재	화재(낙뢰포함), 폭발, 파열 소방손해와 피난손해	1~3년의 단기
(일반)화재보험	일반물건 공장물건	화재(낙뢰포함) 소방손해와 피난손해	
장기화재보험	주택물건과 가재, 공장, 일반물건	화재(낙뢰포함) 소방손해와 피난손해	3년 이상 장기

2. 화재보험의 주요 용어

가. 보험의 목적

보험계약에 따라 보험에 가입한 물건으로 보험증권에 기재된 건물 등 보험에 가입한 대상물을 말한다. 예를 들어, 주택을 화재보험에 가입했다면 보험에 가입한 그 주택이 보험의 목적이 된다. 화재보험에서 보험의 목적은 별도의 다른 약정이 없으면 보험의 목적에 포함되는 물건과 반드시 보험증권에 명기해야만 보험목적물로서 보상하는 물건으로 구분된다.

(1) 다른 약정이 없으면 보험의 목적에 포함되는 물건

　(가) 건물인 경우

　　1) 건물의 부속물
　　　피보험자의 소유인 칸막이, 대문, 담, 곳간 및 이와 비슷한 것

　　2) 건물의 부착물
　　　피보험자 소유인 간판, 네온사인, 안테나, 선전탑 및 이와 비슷한 것

　(나) 건물이외의 경우
　　피보험자 또는 그와 같은 세대에 속하는 사람의 소유물(생활용품, 집기·비품 등)도 별도의 다른 약정이 없으면 보험의 목적에 포함되는 것으로 본다.

(2) 보험증권에 명기해야 하는 물건
　① 통화, 유가증권, 인지, 우표 및 이와 비슷한 것
　② 귀금속, 귀중품(무게나 부피가 휴대할 수 있으며, 점당 300만원 이상인 물건), 보옥, 보석, 글·그림, 골동품, 조각물 및 이와 비슷한 것
　③ 원고, 설계서, 도안, 물건의 원본, 모형, 증서, 장부, 금형(쇠틀), 목형(나무틀), 소프트웨어 및 이와 비슷한 것
　④ 실외 및 옥외에 쌓아둔 동산

나. 보험가입금액

보험회사와 계약자간에 약정한 금액으로 보험사고가 발생할 때 회사가 지급할 최대 보험금을 말한다. 즉 보험가입당시 해당 보험목적물에 대한 금액을 어느 정도로 할지에 대해 정한 금액을 말한다.

다. 보험가액

보험가액은 재산보험에 있어 피보험 이익을 금전으로 평가한 금액으로 보험목적에 발생할 수 있는 최대 손해액을 말하며, 실제 지급하는 보험금은 보험가액을 초과할 수 없다. 보험가액은 보험목적물의 가치를 금전으로 환산한 것으로서 보험가액을 평가한 후 보험가입금액과 비교하여 초과보험, 중복보험, 일부보험 등으로 구분하기도 한다.
초과보험이란 보험목적물의 가치를 평가한 보험가액보다 보험가입금액을 더 많이 설정하여 가입한 보험을 말한다. 일부보험이란 보험가액보다 보험가입금액을 더 낮게 설정하여 가입한 보험을 말한다.

> 초과보험 : 보험가액 < 보험가입금액
> 전부보험 : 보험가액 = 보험가입금액
> 일부보험 : 보험가액 > 보험가입금액

라. 자기부담금

보험사고로 인하여 발생한 손해에 대하여 계약자 또는 피보험자가 부담하는 일정 금액을 말한다. 이에 따라 보험회사는 손해액에서 자기부담금으로 설정한 금액만큼 보험금에서 공제한 후 지급한다.

마. 보험금 분담

화재보험계약에서 보장하는 위험과 같은 위험을 보장하는 다른 계약(공제계약을 포함한다)이 있을 경우 보험약관에 정한 비율에 따라 손해를 보상한다.

바. 대위권

회사가 보험금을 지급하고 취득하는 법률상의 권리를 말한다. 화재보험에서는 보험목적물에 대한 대위와 보험금청구권에 대한 대위의 두 가지가 있다.

3. 화재보험의 보상하는 손해

화재보험에서는 보험의 목적이 화재로 입은 화재사고에 따른 직접손해, 화재사고에 따른 소방손해, 사고에 따른 피난손해와 함께 잔존물 제거비용이나 손해방지비용, 대위권보전비용, 잔존물보전비용, 기타 협력비용 등을 보상한다.

가. 사고에 따른 직접손해

화재보험에서는 보험사고에 따른 직접손해를 보상한다. 여기에서의 손해는 화재사고로 입은 직접손해를 의미하지만 화재사고와 손해의 발생 사이에 상당인과관계가 성립하는 경우에는 이를 보상한다. 예를 들어, 화재사고가 발생하고 벽이 그대로 남아 있다가 7일 후 바람에 의해 그 벽이 무너졌다면 그 벽의 붕괴와 화재사이에 인과관계가 성립하는 것으로 보아 그 손해는 보상한다.

나. 사고에 따른 소방손해

사고에 따른 소방손해란 화재의 소방으로 인한 수침손이나 파괴손을 말한다. 즉 화재를 진압하는 과정에서 소방호스로 물을 뿌려 보험목적물이 물에 잠기는 손해가 발생할 수도 있고, 화재의 확산연소를 막기 위해 건물의 구조물이나 건물을 파괴 또는 도괴시키는 과정에서도 손해가 발생할 수 있는데, 이렇게 화재의 진압과정에서 발생한 손해까지도 보상한다는 의미이다. 화재보험에서는 화재 자체로 인한 직접손해뿐만 아니라 화재진압과정에서 발생하는 소방손해도 보상한다.

다. 사고에 따른 피난손해

사고에 따른 피난손해란 화재가 발생한 경우 보험의 목적이 객관적으로 화재의 위험에 직면하여 이를 방치할 경우에는 화재손해를 입을 것이 확실한 경우 보험목적물을 피난시키면서 발생한 손해를 의미한다. 즉 주택에 화재가 발생한 경우 주택 내에 있던 고가의 가구를 건물 밖으로 던지는 과정에서 발생할 수 있는 파손이나 오손과 같은 손해를 보상한다. 또한 피난지에서 5일의 기간 동안 보험의 목적에 생긴 직접손해와 소방손해도 보상한다.

라. 추가적으로 보상하는 비용손해

화재보험에서 보장하는 위험으로 인하여 손해가 발생한 경우 계약자 또는 피보험자가 지출한 아래의 비용을 추가로 지급한다.

1) 잔존물 제거비용

잔존물 제거비용이란 화재사고 발생 후 남아있는 잔존물들을 제거하는 비용으로서, 사고현장의 잔존물 해체비용, 청소비용(사고현장 및 인근 지역의 토양, 대기 및 수질 오염물질 제거비용과 차에 실은 후 폐기물 처리비용은 포함되지 않는다) 및 차에 싣는 비용을 말한다. 그러나 화재보험에서 보장하지 않는 위험으로 보험의 목적이 손해를 입거나 관계법령에 의하여 제거됨으로써 생긴 손해는 보상하지 않는다.

2) 손해방지비용

손해의 방지 또는 경감을 위하여 지출한 필요 또는 유익한 비용

3) 대위권 보전비용

제3자로부터 손해의 배상을 받을 수 있는 경우 그 권리를 지키거나 행사하기 위하여 지출한 필요 또는 유익한 비용

4) 잔존물 보전비용

잔존물을 보전하기 위하여 지출한 필요 또는 유익한 비용. 그러나 잔존물 보전비용은 보험사고의 발생에 따라 회사가 보험금을 지급하고 그 잔존물을 취득할 의사표시를 하여 그 잔존물이 회사의 소유가 되는 경우에 한하여 이를 인정한다.

5) 기타 협력비용

회사의 요구에 따르기 위하여 지출한 필요 또는 유익한 비용

4. 화재보험 손해의 통지 및 조사

가. 손해발생 통지의무

보험의 목적에 손해가 생긴 경우 계약자 또는 피보험자는 지체없이 이를 회사에 알려야 한다. 만약 이를 게을리하여 손해가 증가된 때에는 회사는 그 증가된 손해는 보상하지 않는다.

나. 손해사실 확인이 어려운 경우

보험사고의 발생으로 인한 손해의 사실을 확인하기 어려운 경우에는 계약자 또는 피보험자에게 필요한 증거자료의 제출을 요청할 수 있다.

다. 보험사고의 통지와 보험회사의 조사

보험회사가 사고의 발생 통지를 받은 때에는 사고가 생긴 건물 또는 그 구내와 거기에 들어있는 피보험자의 소유물을 조사할 수 있다.

5. 보험금의 지급절차

가. 보험사고의 접수와 가지급보험금

화재사고로 인한 보험금 청구서류를 접수한 때에는 접수증을 교부하고 그 서류를 접수받은 후 지체없이 지급할 보험금을 결정하며, 지급할 보험금이 결정되면 7일 이내에 이를 지급한다. 또한 지급할 보험금이 결정되기 전이라도 피보험자의 청구가 있을 때에는 회사가 추정한 보험금의 50% 상당액을 가지급보험금으로 지급한다.

나. 보험금 지급 지연에 따른 이자

보험금청구서류를 접수한 후 지급기일 내에 보험금을 지급하지 않았을 때에는 그 다음날부터 지급일까지의 기간에 대하여 '보험금을 지급할 때의 적립이율'에 따라 연단위 복리로 계산한 금액을 보험금에 더하여 지급한다. 그러나 계약자 또는 피보험자의 책임 있는 사유로 지급이 지연될 때에는 그 해당 기간에 대한 이자를 더하여 지급하지 않는다.

〈표 11-2〉 보험금을 지급할 때의 적립이율

기 간	지 급 이 자
지급기일의 다음 날부터 30일 이내 기간	보험계약대출이율
지급기일의 31일 이후부터 60일 이내 기간	보험계약대출이율 + 가산이율(4.0%)
지급기일의 61일 이후부터 90일 이내 기간	보험계약대출이율 + 가산이율(6.0%)
지급기일의 91일 이후 기간	보험계약대출이율 + 가산이율(8.0%)

6. 보험금 등의 지급한도

가. 보험금 지급한도

화재로 인한 손해에 대한 보험금과 잔존물 제거비용은 '지급보험금의 계산' 조항을 준용하여 계산하며, 그 합계액은 보험증권에 기재된 보험가입금액을 한도로 한다. 다만, 잔존물 제거비용은 손해액의 10%를 초과할 수 없다.

나. 비용손해가 보험가입금액을 초과하는 경우

비용손해 중 손해방지비용, 대위권 보전비용 및 잔존물 보전비용은 '지급보험금의 계산' 조항을 준용하여 계산하며, 계산된 금액이 보험가입금액을 초과하는 경우에도 이를 지급한다.

다. 기타 협력비용의 보상

비용손해 중 기타 협력비용은 보험가입금액을 초과한 경우에도 이를 전액 지급한다.

라. 보험금의 지급과 잔존보험가입금액

손해를 보상한 경우에는 보험가입금액에서 보상액을 뺀 잔액을 손해가 생긴 후의 나머지 보험기간에 대한 잔존보험가입금액으로 한다. 보험의 목적이 둘 이상일 경우에도 각각 동 항의 규정을 적용한다.

7. 지급보험금의 계산

가. 보험가입금액에 따른 계산방식

손해보험계약에서는 보험가액만큼 보험가입금액을 설정하여 전부보험으로 가입할 것이 예상되지만 물가의 변동이나 기타 경제 환경의 변화 등에 따라 보험가입금액이 보험가액에 비하여 낮아질 수 있다. 또한 보험료 절감 등의 목적으로 계약자가 의도적으로 보험가입금액을 낮출 수도 있다.

실제 발생한 손해를 보상하는 손해보험에서는 보험가액과 보험가입금액을 비례하여 보상하는 것이 손해의 공평부담의 원칙에도 부합한다. 그러나 주택물건이나 일반물건에 대하여 이러한 비례보상의 원칙을 엄격하게 적용하는 것은 보험계약에 대한 전문지식이 없는 일반인들에게는 가혹할 수 있으므로 보험가액의 80% 이상만 가입하면 비례보상하지 않고 보험가입금액을 한도로 실제 손해액 전액을 보상하고 있다.

(1) 보험가입금액이 보험가액의 80% 해당액과 같거나 클 때

보험가입금액이 보험가액의 80% 해당액과 같거나 클 때는 보험가입금액을 한도로 손해액 전액을 보상한다. 그러나 보험가입금액이 보험가액보다 클 때에는 보험가액을 한도로 보상한다.

(2) 보험가입금액이 보험가액의 80% 해당액보다 적을 때

보험가입금액이 보험가액의 80% 해당액보다 적을 때에는 보험가입금액을 한도로 보험가입금액의 보험가액의 80% 해당액에 대한 비율에 따라 비례보상 한다.

$$\text{손해액} \times \frac{\text{보험가입금액}}{\text{보험가액의 80\% 해당액}}$$

나. 중복보험의 보험금 계산방식

동일한 계약의 목적과 동일한 사고에 관하여 보험금을 지급하는 다른 계약(공제계약을 포함)이 있고 이들의 보험가입금액의 합계액이 보험가액보다 클 경우에는 아래에 따라 지급보험금을 계산한다. 이 경우 보험자 1인에 대한 보험금 청구를 포기한 경우에도 다른 보험자의 지급보험금 결정에는 영향을 미치지 않는다.

(1) 다른 계약의 지급보험금의 계산방법이 이 계약과 같은 경우 :

$$\text{손해액} \times \frac{\text{이 계약의 보험가입금액}}{\text{다른 계약이 없는 것으로 하여 각각 계산한 보험가입금액의 합계액}}$$

(2) 다른 계약의 지급보험금의 계산방법이 이 계약과 다른 경우 :

$$\text{손해액} \times \frac{\text{이 계약의 보험금}}{\text{다른 계약이 없는 것으로 하여 각각 계산한 보험금의 합계액}}$$

다. 둘 이상의 보험목적을 계약하는 경우

하나의 보험가입금액으로 둘 이상의 보험의 목적을 계약하는 경우에는 전체 가액에 대한 각 가액의 비율로 보험가입금액을 비례배분하여 지급보험금을 계산한다.

라. 손해액의 조사결정

회사가 보상할 손해액은 그 손해가 생긴 때와 장소에서의 보험가액에 따라 계산한다. 대부분의 손해보험계약은 보험계약 체결당시에 보험가액을 미리 정하지 않고 보험사고가 발생한 때와 장소에서의 보험가액을 기준으로 체결하는 미평가보험이다.

마. 현물보상

회사는 손해의 일부 또는 전부에 대하여 재건축, 수리 또는 현물의 보상으로서 보험금의 지급을 대신할 수 있다.

1) 손해방지의무
보험사고가 생긴 때에는 계약자 또는 피보험자는 손해의 방지와 경감에 힘

써야 한다. 만약, 계약자 또는 피보험자가 고의 또는 중대한 과실로 이를 게을리 한 때에는 방지 또는 경감할 수 있었을 것으로 밝혀진 값을 손해액에서 뺀다.

2) 잔존물

보험회사가 화재손해에 따른 보험금을 지급하고 잔존물을 취득할 의사표시를 하는 경우 그 잔존물은 회사의 소유가 된다.

3) 대위권

(1) 제3자에 대한 보험자대위

보험금을 지급한 때(현물보상한 경우를 포함) 회사는 지급한 보험금 한도 내에서 계약자 또는 피보험자가 제3자에 대하여 가지는 손해배상청구권을 취득한다. 다만, 회사가 보상한 금액이 피보험자가 입은 손해의 일부인 경우에는 피보험자의 권리를 침해하지 않는 범위 내에서 그 권리를 취득한다.

(2) 대위권의 행사와 포기

계약자 또는 피보험자는 회사가 취득한 권리를 행사하거나 지키는 것에 관하여 필요한 조치를 해야 하며 또한 회사가 요구하는 증거 및 서류를 제출해야 한다. 그러나 회사는 타인을 위한 계약의 경우에는 계약자에 대한 대위권을 포기한다.

또한 회사가 취득한 대위권이 계약자 또는 피보험자와 생계를 같이 하는 가

족에 대한 것인 경우에는 그 권리를 취득하지 못한다. 다만, 손해가 그 가족의 고의로 인하여 발생한 경우에는 그 권리를 취득한다.

(3) 손해방지비용

손해의 방지 또는 경감을 위하여 지출한 필요 또는 유익한 비용

(4) 대위권 보전비용

제3자로부터 손해의 배상을 받을 수 있는 경우 그 권리를 지키거나 행사하기 위하여 지출한 필요 또는 유익한 비용

(5) 잔존물 보전비용

잔존물을 보전하기 위하여 지출한 필요 또는 유익한 비용. 그러나 잔존물 보전비용은 보험사고의 발생에 따라 회사가 보험금을 지급하고 그 잔존물을 취득할 의사표시를 하여 그 잔존물이 회사의 소유가 되는 경우에 한하여 이를 인정한다.

(6) 기타 협력비용

회사의 요구에 따르기 위하여 지출한 필요 또는 유익한 비용

8. 화재보험의 주요 특별약관

가. 구내폭발손해 담보 특별약관

구내폭발손해 담보 특별약관은 보통약관에서 면책으로 하고 있는 보험의 목적물이 있는 구내에서 생긴 폭발 또는 파열의 손해를 담보하는 특별약관이다. 이 특별약관에서 말하는 '폭발 또는 파열'이란 급격한 산화반응을 포함하는 파괴 또는 그러한 현상을 말한다. 그러나 기관, 기기, 증기기관, 내연기관, 수도관, 유압기 등에서 발생하는 물리적 폭발이나 파열은 기계보험의 담보위험이기 때문에 제외된다.

나. 도난위험담보 특별약관

도난위험담보 특별약관은 강도, 절도로 생긴 도난, 훼손 또는 망가짐 손해 외에도 도난품을 회수하는데 소요된 필요하고도 정당한 비용을 보상한다. 그러나 1사고 당 10만원의 자기부담금이 있다.

다. 풍수재위험담보 특별약관

풍수재위험담보 특별약관은 화재보험 보통약관에서 보상하지 않는 태풍, 회오리바람, 폭풍, 폭풍우, 홍수, 해일, 범람 및 이와 유사한 풍재 또는 수해로 생긴 손해를 보상한다. 풍수재위험담보 특별약관은 발생한 손해액에서 1사고

당 50만원을 빼고 화재보험보통약관 지급보험금의 계산에 따라 보상한다. 특수건물은 특수건물 특별약관에서 풍수재 손해를 담보하고 있기 때문에 별도로 추가 가입할 필요가 없다.

라. 전기적사고위험담보 특별약관

발전기, 여자기(정류기 포함), 변류기, 변압기, 전압조정기, 축전기, 개폐기, 차단기, 피뢰기, 배전반 및 그 밖의 전기기기 또는 장치 중 일부 또는 전부를 보험의 목적으로 하였을 경우, 그 전기기기 또는 전기적 사고로 발생한 손해는 화재보험에서 보상하지 않는다. 따라서 이 특별약관을 부가하면 해당 물건에 발생한 전기적 사고 위험을 담보할 수 있다.

마. 재조달가액보상담보 특별약관

보험증권에서 부담하는 위험으로 보험의 목적에 손해가 생긴 경우 이 특별약관에 따라 재조달가액을 보상한다. 재조달가액이라 함은 보험의 목적과 동형, 동질의 신품을 재조달하는데 소요되는 금액을 말한다. 보험가입금액이 보험목적의 재조달가액의 80% 이상인 경우에는 보험가입금액을 한도로 재조달가액 기준의 손해액 전액을 보상하지만 80%에 미달할 경우에는 재조달가액 기준의 손해액에 보험가입금액의 재조달가액에 대한 비율에 따라 비례보상하는 특별약관이다.

단원요약

1. 화재보험은 보상하는 보장기간이나 운용하는 방식에 따라 (일반)화재보험, 주택화재보험, 장기화재보험으로 구분한다.

2. 주택화재보험은 주택물건의 건물과 가재를 대상물건으로 하고, 낙뢰를 포함한 화재와 폭발, 파열로 인한 손해와 소방손해, 그리고 피난손해를 보상한다.

3. (일반)화재보험은 일반물건과 공장물건을 대상물건으로 하고, 낙뢰를 포함한 화재와 소방손해, 그리고 피난손해를 보상한다. 그러나 폭발 또는 파열로 인한 손해는 보상하지 않는다.

4. 장기화재보험은 주택물건과 가재, 공장, 일반물건을 대상물건으로 하며, 낙뢰를 포함한 화재와 소방손해, 그리고 피난 손해를 보상한다. 장기화재보험은 보험기간이 3년 이상이다.

5. 화재보험의 보험목적물은 다른 약정이 없으면 당연히 보험목적에 포함되는 물건과 보험증권에 명기해야만 보험목적에 포함되는 물건이 구분된다.

6. 화재보험에서 추가적으로 보상하는 비용손해로는 잔존물 제거비용, 손해방지비용, 대위권 보전비용, 잔존물 보전비용 및 기타 협력비용이 있다.

7. 구내폭발손해 담보 특별약관은 보통약관에서 면책으로 하고 있는 보험목적물이 있는 구내에서 생긴 폭발 또는 파열 손해를 담보하는 특별약관이다.

8. 도난위험 담보 특별약관은 강도, 절도로 생긴 도난, 훼손 또는 망가짐 손해 외에 도난품을 회수하는데 소요된 필요하고도 정당한 비용을 보상하는 특별약관이다.

9. 풍수재위험담보 특별약관은 화재보험에서 보상하지 않는 태풍, 회오리바람, 폭풍, 폭풍우, 홍수, 해일, 범람 및 이와 유사한 풍재 또는 수해로 생긴 손해를 보상한다.

주요용어

- 화재보험
- 일반화재보험
- 주택화재보험
- 장기화재보험
- 대상물건
- 보험의 목적
- 보험가입금액
- 보험가액
- 초과보험
- 전부보험
- 일부보험
- 자기부담금
- 보험금 분담
- 대위권
- 직접손해
- 소방손해
- 피난손해
- 비용손해
- 잔존물 제거비용
- 손해방지비용
- 대위권보전비용
- 중복보험
- 현물보상
- 손해방지의무

연습문제

1. 화재보험의 종류에 대하여 기술하시오.
2. 화재보험의 대상물건에 대하여 구분하여 설명하시오.
3. 전부보험과 초과보험, 일부보험을 비교하여 설명하시오.
4. 화재보험의 보험금 분담방식에 대해 설명하시오.
5. 화재보험의 대위권에 대해 설명하시오.
6. 화재보험의 보상하는 직접손해에 대하여 설명하시오.
7. 화재보험의 소방손해와 피난손해에 대하여 설명하시오.
8. 화재보험에서 보상하는 비용손해에 대하여 설명하시오.

저자약력

저자: 임동섭

現, 광주보건대학교 보건행정과 교수
前, 삼성화재 손해사정팀 근무
금융보험학 박사
제4종 손해사정사(2005)
제1종 손해사정사(2006)
한국손해사정학회 신체손해사정분과위원장 겸 광주전남 지부장
한국보험학회 평생회원
국가직무능력표준(NCS) 신체손해사정분야 개발위원(2014)
국가직무능력표준(NCS) 신체손해사정분야 학습모듈 대표집필진(2015)
국가직무능력표준(NCS) 신체손해사정분야 신자격설계 위원(2015)
국가직무능력표준(NCS) 보험동향분석분야 학습모듈 집필진(2016)

저서

제3보험이론, 두양사(2010, 2013)
실무자를 위한 제3보험 손해사정론, 두남출판사(2011)
제3보험의 손해액 및 보험금 사정론, 두남출판사(2013)
CKLU, 신창문화사(2013)
현장에서 활용하는 손해사정실무 제3보험편, 보험연수원(2015)
제3보험의 이론과 실무, 보험연수원(2017)

에듀컨텐츠·휴피아
CH Educontents·Huepia

보험학 강의

저 자 | **임동섭** 著

발 행 처 | 에듀컨텐츠휴피아
발 행 인 | 李 相 烈
발 행 일 | 초판 1쇄 • 2017년 3월 10일

출판등록 | 제22-682호 (2002년 1월 9일)
주　　소 | 서울 광진구 자양로 30길 79
전　　화 | (02) 443-6366
팩　　스 | (02) 443-6376
e-mail　 | huepia@daum.net
web　　 | http://cafe.naver.com/eduhuepia
만든사람들 | 기획•김수아 / 책임편집•이지원 김보경 송다은
　　　　　 디자인•김미나 / 영업•이순우

정　가 | 24,000원
I S B N | 978-89-6356-202-5 (93320)

※ 책의 일부 또는 전체에 대하여 무단복사, 복제는 저작권법에 위배됩니다.